新旧比較と留意点でわかる 表解

改正相続法実務ハンドブック

シティユーワ法律事務所 弁護士
古川和典［著］

ぎょうせい

はじめに

　お蔭様で、前書『表解　改正民法（債権関係）実務ハンドブック』はご好評を頂くことができました。ありがとうございます。なるべく正確に、かつ労力をかけずに理解できる本を提供するという、同様のコンセプトで、相続編の改正について解説をしたのが本書になります。

　民法の相続編の改正法案は平成30年7月6日に参議院本会議で可決成立し、同年7月13日に公布されました。なお、施行日についても原則として平成31年7月1日とすることが決定しております（施行日及び経過措置の詳細は第1編第2章2（39頁）参照）。

　本書も、前書と同様に、正確に理解するためには、条文からスタートすべきだと考えました。
　特に現行民法について一定の知識がある方には、現行民法との条文上の改正点を把握することが、新法理解の近道と言えます。**そこで、冒頭の第1編第1章では、旧法と新法を横に並べて、改正箇所に下線を引くことで、改正箇所をわかるように致しました。**
　そして、改正趣旨や、改正の影響をなるべく簡潔に、条文の横に記載を致しました。新旧条文の改正箇所を確認しつつ、改正趣旨等を確認することが、最も理解が早いと考えたためです。また改正趣旨等の記載が条文のどこの部分に関連するのかわかりやすくするため、条文上にも留意点欄記載と同じ番号で○をつけています。
　ここまでは前書と同様のコンセプトで作成を致しました。

　さらに、相続は、手続が重要であり、手続に沿って改正の影響をわかりやすくご説明することが、改正の理解を進めるものと考えられます。
　また、遺言や税法に与える影響についても、それぞれの全体像の中で、改正点をお示しすることがご理解に資するものと考えました。
　そこで、本書は、なるべく直感的に実質的な改正点を把握して頂けるように、第2編では相続手続につき、第3編では遺言につき、第4編では相続税・贈与税の基礎部分につきご説明をしつつ、改正点に触れるように致しました。
　また、新法施行後、当面の間、新法と旧法が混在することになると考えられ、経過措置が重要な意味を有します。そこで、手続の中で、経過措置をなるべく労力をかけずに確認ができるように、改正点に触れる都度、経過措置についても、簡単な表を使って記載を致しました。
　なお、第1編第1章の条文編は、あえて民法相続編の全条文を載せ、第2編以降を読むにあたり、条文を参照できるように致しました。
　第2編、第3編、第4編は、少々大げさかもしれませんが、相続に関する基礎的な部分につき、旧法、新法を通じて本書だけで理解できることを目指しました。なるべく多くの裁判例を引用するなどして、旧法、新法を通じて、相続手続及び遺言について、正確かつ容易に全体像を理解できる内容になっていれば幸いです。

　なお、前書と同様に、本書の読者の方を対象として、無料で動画による説明を配信することと致しました。本書はポイントを絞ってご説明していることから、少々ご説明が足りないと思われる部分をフォローするものです。動画では、図を使ったご説明なども予定しております。ま

た、必要な章だけを見て頂くことが可能なように、章ごとに閲覧できるように設定をする予定にしています。URLなどは、奥付（巻末の発行日記載頁）をご参照下さい。

　なお、本書において意見に及ぶ部分は、あくまでも個人的見解です。

　本書が多くの読者にとって相続法改正の理解に少しでも寄与すれば、著者にとって望外の喜びです。

平成31年2月

シティユーワ法律事務所
弁護士　古川　和典

利用の前に（必ずお読み下さい）

1　本書の構成

　本書では第1編第1章で、今般の相続法の改正につき、条文に沿って改正内容がわかるようにご説明を致しました（債権法改正にあわせて改正された部分も含みます）。なお、民法の相続編を、あえて全文を載せて、第2編、第3編で相続手続や、遺言に関して条文を確認する際に、必要に応じて参照をいただけるように致しました。

　また、条文だけを検討しても改正の全体像をつかみにくいことから、第1編第2章に重要な改正点についてのご説明を入れました。

　第2編と第3編は、相続手続と遺言に分けて、裁判例なども多数入れて、現行の実務をご説明するともに、その中で改正が影響を与える部分を明示することで、改正の影響が一目でわかるように致しました。

　第4編で、相続手続において必須の知識である相続税・贈与税の概要を載せました。これは、本書で相続関係の手続の全体像を把握できるようにする趣旨です。

　なお、本書でご紹介している最高裁判例については、巻末に判例一覧を記載しているので、必要に応じてご参照下さい。

2　記載上の留意点

- 相続法改正前（場合によっては債権法改正前）の条文を「旧法」と、相続法改正後の条文を「新法」と呼びます。
- 条文番号は、1027条までは、新旧で共通する条文番号であることから、改正が行われた条文や新設された条文は「新法○条」と表記しますが、その他の条文は新旧を通じて単に「○条」と表記します。1028条以降については、旧法の条文番号については「旧法○条」と、新法の条文番号は「新法○条」という表記を行います。
- 債権法改正後の条文を「改正法」と呼びます。
- 改正に関する部分は、第1編第2章を除き、原則としてゴシックで表示しました（例えば、2頁のゴシック部分）。
- 重要だと思われる箇所は**太字**にしました（例えば、9頁の909条の2）。
- 裁判例のHは平成、Sは昭和、Tは大正、Mは明治を指します。
- 条文上は「共同相続人」と表記されている場合も含め、「相続人」という用語を使用します。「共同相続人」は単独相続に対する概念ですが、あえて使い分けずに「相続人」とします。
- 遺留分減殺請求は、新法で遺留分侵害額請求権と呼称が変更されています。しかしながら、新旧両方の説明に及ぶ場合など、書き分けることが困難なこともあり、原則として使い分けはしていません（「遺留分減殺請求」という用語を基本的に使用しています）。

3　本書の内容に関する動画配信について

　本書をご購入頂いた方向けに、ご説明をさせて頂く動画を配信していますので、適宜ご参照下

さい（URL などは奥付（巻末の発行日記載頁）に表示）。なお、本書をお読み頂く前提での簡潔な内容とし、本書執筆時点では各章毎に 5 分から 10 分程度の簡単なものとすることで考えています。

4 施行期日及び経過措置に関する改正附則

本文では、個別に経過措置を定めた附則の条文を引用していません。そこで、下記に附則（抜粋）を掲載しますので、必要に応じてご参照下さい。

（施行期日）
第 1 条　この法律は、公布の日から起算して 1 年を超えない範囲内において政令で定める日から施行する。ただし、次の各号に掲げる規定は、当該各号に定める日から施行する。
　一　附則第 30 条及び第 31 条の規定　　公布の日【注：平成 30 年 7 月 13 日】
　二　第 1 条中民法第 968 条、第 970 条第 2 項及び第 982 条の改正規定並びに附則第 6 条の規定　　公布の日から起算して 6 月を経過した日【注：平成 31 年 1 月 13 日】
　三　第 1 条中民法第 998 条、第 1000 条及び第 1025 条ただし書の改正規定並びに附則第 7 条及び第 9 条の規定　　民法の一部を改正する法律（平成 29 年法律第 44 号）の施行の日【注：平成 32 年 4 月 1 日】
　四　第 2 条並びに附則第 10 条、第 13 条、第 14 条、第 17 条、第 18 条及び第 23 条から第 26 条までの規定　　公布の日から起算して 2 年を超えない範囲内において政令で定める日【注：平成 32 年 4 月 1 日】
　五　〔略〕

（民法の一部改正に伴う経過措置の原則）
第 2 条　この法律の施行の日（以下「施行日」という。）前に開始した相続については、この附則に特別の定めがある場合を除き、なお従前の例による。

（共同相続における権利の承継の対抗要件に関する経過措置）
第 3 条　第 1 条の規定による改正後の民法（以下「新民法」という。）第 899 条の 2 の規定は、施行日前に開始した相続に関し遺産の分割による債権の承継がされた場合において、施行日以後にその承継の通知がされるときにも、適用する。

（夫婦間における居住用不動産の遺贈又は贈与に関する経過措置）
第 4 条　新民法第 903 条第 4 項の規定は、施行日前にされた遺贈又は贈与については、適用しない。

（遺産の分割前における預貯金債権の行使に関する経過措置）
第 5 条　新民法第 909 条の 2 の規定は、施行日前に開始した相続に関し、施行日以後に預貯金債権が行使されるときにも、適用する。
2　施行日から附則第 1 条第三号に定める日の前日までの間における新民法第 909 条の 2 の規定の適用については、同条中「預貯金債権のうち」とあるのは、「預貯金債権（預金口座又は貯金口座に係る預金又は貯金に係る債権をいう。以下同じ。）のうち」とする。

（自筆証書遺言の方式に関する経過措置）
第 6 条　附則第 1 条第二号に掲げる規定の施行の日前にされた自筆証書遺言については、新民法第 968 条第 2 項及び第 3 項の規定にかかわらず、なお従前の例による。

（遺贈義務者の引渡義務等に関する経過措置）
第 7 条　附則第 1 条第三号に掲げる規定の施行の日（以下「第三号施行日」という。）前にされた遺贈に係る遺贈義務者の引渡義務については、新民法第 998 条の規定にかかわらず、なお

従前の例による。
2　第1条の規定による改正前の民法第1000条の規定は、第三号施行日前にされた第三者の権利の目的である財産の遺贈については、なおその効力を有する。
（遺言執行者の権利義務等に関する経過措置）
第8条　新民法第1007条第2項及び第1012条の規定は、施行日前に開始した相続に関し、施行日以後に遺言執行者となる者にも、適用する。
2　新民法第1014条第2項から第4項までの規定は、施行日前にされた特定の財産に関する遺言に係る遺言執行者によるその執行については、適用しない。
3　施行日前にされた遺言に係る遺言執行者の復任権については、新民法第1016条の規定にかかわらず、なお従前の例による。
（撤回された遺言の効力に関する経過措置）
第9条　第三号施行日前に撤回された遺言の効力については、新民法第1025条ただし書の規定にかかわらず、なお従前の例による。
（配偶者の居住の権利に関する経過措置）
第10条　第2条の規定による改正後の民法（次項において「第四号新民法」という。）第1028条から第1041条までの規定は、次項に定めるものを除き、附則第一条第四号に掲げる規定の施行の日（以下この条において「第四号施行日」という。）以後に開始した相続について適用し、第四号施行日前に開始した相続については、なお従前の例による。
2　第四号新民法第1028条から第1036条までの規定は、第四号施行日前にされた遺贈については、適用しない。
（以下略）

凡　例

1　法令名略語

旧法	相続法改正前（場合によっては債権法改正前）の条文を指す
新法	相続法改正後の条文を指す
改正法	債権法改正後の条文を指す
遺言保管法	法務局における遺言書の保管等に関する法律
承継円滑化法	中小企業における経営の承継の円滑化に関する法律
家事法	家事事件手続法
家事規則	家事事件手続規則
人訴	人事訴訟法
執行法	民事執行法
民訴法	民事訴訟法
相法	相続税法
相令	相続税法施行令
相基通	相続税法基本通達
所法	所得税法
所基通	所得税基本通達
国通法	国税通則法
措法	租税特別措置法
措令	租税特別措置法施行令

2　裁判例

大判	大審院判決
大決	大審院決定
最判	最高裁判決
最決	最高裁決定

（M：明治　T：大正　S：昭和　H：平成）

3　参考文献

民集	大審院民事判例集／最高裁判所民事判例集
判時	判例時報
判タ	判例タイムズ
金法	金融法務事情
金判	金融・商事判例

前田民法	前田陽一・本山敦・浦野由紀子著『民法Ⅵ　親族・相続〔第4版〕』（有斐閣、2017年）
遺産分割・遺留分の実務	片岡武・管野眞一編『家庭裁判所における遺産分割・遺留分の実務〔第3版〕』（日本加除出版、2017年）

相続ガイドブック	第二東京弁護士会法律相談センター運営委員会編集『相続・遺言ガイドブック』（第二東京弁護士会、2016年）
法律相談	東京弁護士会相続・遺言研究部編『遺産分割・遺言の法律相談』（青林書院、2011年）
相続関係訴訟	田村洋三・小坪眞史編著、北野俊光ほか著『実務　相続関係訴訟（遺産分割の前提問題等に係る民事訴訟実務マニュアル）』（日本加除出版、2016年）
執行トラブル	遺言・相続実務問題研究会編集『Q&A 遺言執行トラブル対応の実務』（新日本法規出版、2015年）
遺言執行者の実務	日本司法書士会連合会編『遺言執行者の実務［第2版］』（民事法研究会、2015年）
改正ポイント	山川一陽・松嶋隆弘編著『相続法改正のポイントと実務への影響』（日本加除出版、2018年）
債権ハンドブック	古川和典著『新旧比較と留意点でわかる　表解　改正民法（債権関係）実務ハンドブック』（ぎょうせい、2018年）
相続法制	米倉裕樹著『条文から読み解く　民法［相続法制］改正点と実務への影響』（清文社、2018年）
改正相続法	松嶋隆弘編著『法務と税務のプロのための改正相続法徹底ガイド』（ぎょうせい、2018年）
改正ガイドブック	安達敏男・吉川樹士・須田啓介・安重洋介著『相続実務が変わる！　相続法改正ガイドブック』（日本加除出版、2018年）
事業承継の法律実務	南繁樹編『事業承継の法律実務と税務 Q&A』（青林書院、2009年）
事例入門	相続事件研究会編『事例に学ぶ相続事件入門』（民事法研究会、2015年）

目　次

第1編　民法改正（相続関係）の内容

第1章　条文毎（882条〜1050条）の改正 1
1. 第1章　総則（882条〜885条） 1
2. 第2章　相続人（886条〜895条　改正なし） 2
3. 第3章　相続の効力（896条〜914条） 3
4. 第4章　相続の承認及び放棄（915条〜940条　改正なし） 10
5. 第5章　財産分離（941条〜950条　改正なし） 13
6. 第6章　相続人の不存在（951条〜959条　改正なし） 14
7. 第7章　遺言（960条〜1027条） 16
8. 第8章　配偶者の居住の権利（新設規定） 27
9. 第9章　遺留分 32
10. 第10章　特別の寄与（新設規定） 37

第2章　改正の概要 *38*
1. 改正の全体像 *38*
   - (1) 新設制度 *38*
   - (2) 既存制度の見直し *38*
2. 施行日、経過措置に関する概要 *39*
   - (1) 施行日（附則1条）の整理 *39*
   - (2) 経過措置の整理 *40*
3. 配偶者の居住権を保護する制度の新設（新法1028条〜1041条） *40*
   - (1) 改正趣旨 *40*
   - (2) 配偶者短期居住権（新法1037条〜1041条）の制度概要 *41*
   - (3) 配偶者居住権（新法1028条〜1036条）の制度概要 *42*
4. 特別の寄与制度の新設（新法1050条） *44*
   - (1) 制度の概要 *44*
   - (2) 経過措置 *45*
   - (3) 家事事件手続法の改正 *45*
5. 遺留分制度に関する改正 *45*
   - (1) まとめ *45*
   - (2) 経過措置 *48*
6. 遺産に属する預貯金債権の仮払い制度等の新設 *48*
   - (1) 遺産に属する預貯金債権の遺産分割協議成立前の払戻し *48*
   - (2) 家事事件手続法の改正（200条3項の新設） *49*
7. 遺言制度に関する改正 *49*

第2編　相続手続の実務

第1章　相続が発生した場合に対応すべき事項 …… 51
- 1. 対応すべき事項（概要） …… 51
- 2. 相続により処理をすべき相続財産等 …… 52
  - (1) 被相続人が所有していた資産 …… 52
  - (2) その他の相続に関連する資産、負債 …… 52
- 3. 遺産分割協議をする場合の主な対応（税務面は除く） …… 52
  - (1) 時系列による対応一覧 …… 52
  - (2) 相続に関する主な紛争及びその解決方法 …… 53
- 4. 相続人が存否不明の場合（相続人全員が相続放棄をした場合を含む） …… 54
  - (1) 手続の流れ …… 54
  - (2) 特別縁故者への財産分与（958条の3） …… 55
  - (3) 特別縁故者の対象者に関する裁判例 …… 55
  - (4) 内縁配偶者及び養親子の借家権の承継（借地借家法36条） …… 57

第2章　相続人の範囲及び各相続人の相続分 …… 58
- 1. 相続人の範囲及び法定相続分 …… 58
  - (1) まとめ …… 58
  - (2) 代襲相続の範囲（887条2項） …… 58
- 2. 相続欠格（891条） …… 59
- 3. 相続人の廃除（892条～894条） …… 60
  - (1) まとめ …… 60
  - (2) 廃除を認めた裁判例 …… 60
- 4. 相続人につき特殊な対応が必要となる場合 …… 61

第3章　相続の対象 …… 62
- 1. 相続の範囲 …… 62
  - (1) 相続の対象となるもの（まとめ） …… 62
  - (2) 生命保険金、死亡退職金 …… 62
  - (3) 系譜、祭具及び墳墓の所有権、遺骨の承継者 …… 63
  - (4) ゴルフ会員権 …… 64
  - (5) 内縁配偶者の共有持分 …… 65
- 2. 契約上の地位 …… 65
  - (1) まとめ …… 65
  - (2) 無権代理と相続 …… 66
- 3. 被相続人の債務 …… 67

第4章　特別受益（903条） …… 68
- 1. 実体面のまとめ …… 68
- 2. 特別受益（「生計の資本としての贈与」）の対象となるか問題となるもの …… 69
- 3. 特別受益者の範囲 …… 70
  - (1) 代襲相続の場合 …… 70
  - (2) 相続人の配偶者や子供への贈与等の場合 …… 70

4. 持戻し免除の意思表示の方法·· 70
　　　(1) まとめ·· 70
　　　(2) 黙示の持戻し免除の意思表示を肯定した裁判例···················· 71
　　5. 特別受益算定手続·· 71
第5章　寄与分（904条の2第1項）··· 72
　　1. まとめ·· 72
　　2. 相続人の子・配偶者等の寄与や、代襲相続の場合についての考え方······ 72
　　3. 寄与分成立の要件·· 73
　　4. 寄与分の具体例（類型）·· 74
　　　(1) 家事従事（労務提供）·· 74
　　　(2) 金銭拠出（財産給付）·· 74
　　　(3) 扶養·· 75
　　　(4) 療養看護（介護）·· 75
　　　(5) 財産管理·· 75
　　5. 寄与分算定の手続·· 76
第6章　遺産分割協議の手続··· 77
　　1. 遺産分割協議の検討の順番·· 77
　　　(1) まとめ·· 77
　　　(2) 遺産分割障害事由·· 77
　　　(3) 遺産分割協議が無効となる場合·· 78
　　2. 遺産分割の当事者·· 78
　　　(1) 基本的な当事者·· 78
　　　(2) 例外的に登場する当事者、その他手続に関連する関係者······ 78
　　　(3) 遺産分割の当事者とならない者·· 79
　　3. 遺産分割の対象となる財産等、ならない財産等························ 79
　　　(1) （原則として）遺産分割の対象になる財産···························· 79
　　　(2) 原則として遺産分割の対象とならないもの···························· 80
　　　(3) 相続預金／可分債権に関する補足·· 81
　　　(4) 相続後に発生した財産等·· 82
　　　(5) 当事者全員の合意があれば遺産分割の対象とすることが可能となる資産······ 83
　　　(6) 相続財産の調査方法·· 84
　　4. 遺産分割方法の決定·· 84
　　　(1) 遺産分割方法決定までの流れ·· 84
　　　(2) 相続財産の評価·· 85
　　5. 遺産分割協議・調停・審判·· 85
　　　(1) 全体像·· 85
　　　(2) 調停手続·· 86
　　　(3) 審判手続·· 87
　　6. 遺産分割の具体的な方法·· 89
　　　(1) まとめ·· 89
　　　(2) 換価分割の具体的方法·· 90

7. 遺産分割が確定するまでの相続財産の取扱い·· 90
    (1) 全体像（遺産共有の性質）·· 90
    (2) 相続財産の管理·· 91
    (3) 遺産分割未了の株式の議決権の取扱い······································ 92

第7章　遺留分（減殺請求）·· 93
1. 遺留分の定義··· 93
2. 遺留分額の計算（旧法1029条、旧法1030条、旧法1038条、旧法1039条、新法1043条〜1045条）·· 93
    (1) 遺留分額の計算式··· 93
    (2) 遺留分割合（旧法1028条、新法1042条）·································· 93
    (3) 遺留分算定の基礎財産（旧法1029条、旧法1030条、旧法1038条、旧法1039条、新法1043条〜1045条）··························· 93
3. 遺留分減殺請求の概要·· 95
    (1) 当事者·· 95
    (2) 請求方法·· 95
    (3) 請求の期間制限·· 96
    (4) 減殺額（遺留分侵害額）（旧法には明文の規定なし。新法1046条）···· 97
    (5) 減殺の対象及び減殺の順序（旧法1032条〜1037条、新法1047条）···· 98
    (6) 請求の効果·· 99
4. 遺留分に基づく紛争の防止策·· 100
5. 遺留分の放棄··· 100
    (1) 被相続人の相続開始前の放棄··· 100
    (2) 被相続人の相続開始後の放棄··· 100

第8章　相続放棄、限定承認、相続分の譲渡··· 101
1. 相続放棄（915条）·· 101
    (1) 定義·· 101
    (2) 手続·· 101
    (3) 効果·· 101
    (4) 法定単純承認（921条）·· 102
    (5) 相続分の放棄·· 103
2. 限定承認（922条）·· 103
3. 相続分の譲渡··· 104

第9章　遺産分割後の問題··· 105
1. 第三者との関係··· 105
    (1) 遺産分割の効力（909条）··· 105
    (2) 相続を原因とする所有権の取得と対抗要件······························ 105
2. 遺産分割の瑕疵··· 106
    (1) 相続人に関する瑕疵·· 106
    (2) 遺産に関する瑕疵·· 107
    (3) 遺言が発見された場合··· 107
    (4) 参加者の意思表示の瑕疵·· 107

(5) 手続上の瑕疵 ··· 108
　3. 遺産分割協議の解除 ··· 108
　4. 遺産分割協議の詐害行為取消しの可否 ··· 108
　5. 相続回復請求権（884条） ··· 109

第3編　遺言作成及び執行の実務

第1章　遺言能力 ··· 111
　1. 意思能力（遺言能力） ··· 111
　　(1) まとめ ··· 111
　　(2) 遺言能力を肯定した裁判例 ··· 111
　　(3) 遺言能力を否定した裁判例 ··· 112
　2. 制限行為能力者の遺言能力 ··· 113

第2章　遺言の方式 ··· 114
　1. まとめ ··· 114
　　(1) 通常方式の遺言方法の全体像 ··· 114
　　(2) 特別方式の遺言方法 ··· 114
　　(3) 共同遺言の禁止（975条） ·· 114
　　(4) 遺言の撤回 ··· 115
　2. 自筆証書遺言の作成方法等（968条） ··· 116
　　(1) まとめ ··· 116
　　(2) 作成方法に関する裁判例 ··· 117
　3. 公正証書遺言の作成方法等（969条、969条の2） ··································· 119
　　(1) まとめ ··· 119
　　(2) 公正証書遺言の作成（969条各号）に関する裁判例 ····························· 119
　4. 秘密証書遺言の作成方法等（970条～972条） ······································· 121

第3章　遺言の内容 ··· 122
　1. 遺言で定められる内容 ··· 122
　　(1) 遺言に定めることができる事項（まとめ） ····································· 122
　　(2) 遺産の承継に関する事項 ··· 123
　2. 遺　贈 ··· 125
　　(1) まとめ ··· 125
　　(2) 包括受遺者と相続人の主な相違点 ·· 127
　　(3) 受遺者の主な権利義務 ··· 127
　3. 特定遺贈と「相続させる」遺言の比較 ··· 128

第4章　遺言の執行 ··· 130
　1. 遺言の検認・開封 ·· 130
　2. 遺言執行の対象となる事項 ··· 130
　　(1) 遺言執行が必要な事項 ··· 130
　　(2) 遺言執行が不要な場合 ··· 130
　3. 遺言執行者による遺言執行 ··· 131
　　(1) 執行者の資格要件等 ··· 131

|　　(2)　執行業務の全体像 ……………………………………………………………… *133*
|　　(3)　具体的な主な執行業務 ………………………………………………………… *133*
|　　(4)　訴訟追行 ………………………………………………………………………… *134*
|　　(5)　遺言執行と遺留分との関係 …………………………………………………… *135*
|　　(6)　遺言執行者の解任に関する主な裁判例 ……………………………………… *136*

第5章　遺言をめぐる主な紛争 …………………………………………………… *137*

1.　遺言の効力をめぐる紛争 ………………………………………………………… *137*
　　(1)　遺言が無効となる主な場合 …………………………………………………… *137*
　　(2)　遺言無効の争い方 ……………………………………………………………… *137*
　　(3)　無効遺言につき死因贈与契約と認められる場合 …………………………… *137*

2.　遺言の内容（遺言の解釈）に関する紛争 ……………………………………… *138*

第4編　相続税・贈与税の実務（概要）

第1章　相続税 ……………………………………………………………………… *141*

1.　相続税の概要（計算の概要）／相続法改正の影響 …………………………… *141*
　　(1)　まとめ …………………………………………………………………………… *141*
　　(2)　相続税における、遺産分割方法の留意点 …………………………………… *142*
　　(3)　遺留分減殺請求と相続税 ……………………………………………………… *143*
　　(4)　寄与分（904条の2第1項）、特別の寄与制度（新法1050条）の税務上の取扱い …… *143*
　　(5)　相続放棄と相続税 ……………………………………………………………… *143*
　　(6)　遺産分割のやり直しと更生の請求 …………………………………………… *144*

2.　基礎財産額の計算 ………………………………………………………………… *144*
　　(1)　対象となる積極財産 …………………………………………………………… *144*
　　(2)　積極財産から控除できるもの（相法13条、14条） ………………………… *145*
　　(3)　相続税の税率表（27年1月1日以後の場合） ……………………………… *146*
　　(4)　主な税額控除 …………………………………………………………………… *146*

3.　相続税の申告手続（概要　相法27条） ………………………………………… *147*
　　(1)　まとめ …………………………………………………………………………… *147*
　　(2)　申告期限において遺産分割未了の場合の対応及びデメリット …………… *148*

第2章　贈与税 ……………………………………………………………………… *149*

1.　贈与税の概要 ……………………………………………………………………… *149*
　　(1)　暦年課税の概要（相法21条） ………………………………………………… *149*
　　(2)　対象となる贈与 ………………………………………………………………… *149*
　　(3)　暦年課税制度と相続時精算課税制度の比較 ………………………………… *150*

2.　みなし贈与 ………………………………………………………………………… *150*
　　(1)　まとめ …………………………………………………………………………… *150*
　　(2)　低額譲渡（相法7条）に関連する裁判例 …………………………………… *151*
　　(3)　その他の経済的利益（相法9条）に関連する裁判例（いずれもみなし贈与に
　　　　あたるとされた事例） ………………………………………………………… *152*

3.　贈与税率（暦年課税） …………………………………………………………… *153*
　　(1)　一般贈与財産用（一般税率） ………………………………………………… *153*

（2）特例贈与財産用（特例税率） ……………………………………………… *153*
　4．贈与税の主な特例 ……………………………………………………………… *153*
第3章　主な相続税対策 ……………………………………………………………… *154*
　1．相続税対策の全体像 …………………………………………………………… *154*
　　（1）相続税対策の検討 …………………………………………………………… *154*
　　（2）具体的な対策のまとめ ……………………………………………………… *154*
　　（3）不動産を利用した、相続対象資産の税評価額の引き下げ方 ……………… *154*
　　（4）養子縁組をすることで法定相続人を増やす方法 ………………………… *155*
　2．生前贈与の利用 ………………………………………………………………… *155*
　　（1）利用のポイント ……………………………………………………………… *155*
　　（2）具体的な手順 ………………………………………………………………… *156*

事項別索引 …………………………………………………………………………… *157*
判例年月日別索引 …………………………………………………………………… *159*

第1編　民法改正（相続関係）の内容

第1章　条文毎（882条～1050条）の改正

改正内容を条文毎に説明をする。**わかりやすいように、改正した条文だけでなく、民法相続編（第5編：882条から新法1050条まで）のすべての条文を記載する。第2編、第3編で条文を確認する必要がある場合は、こちらをご参照頂きたい。**なお、改正の概要を本編第2章にまとめたので、概要を確認する場合は、そちらをご参照頂きたい。

留意点で施行日及び経過措置に触れるのは、原則（施行日：平成31年7月1日、経過措置：相続開始日で区分）と異なる場合のみ。

本章の記載は以下の内容になっている。

- 「留意点」は、改正があった条文については主に改正内容の説明を、改正がなかった条文は第2編、第3編における主な説明箇所を記載している。
- 改正内容の説明における、留意点の〇番号は、条文上に付してある〇番号と対応をしている。条文番号の部分に〇がついているのは、条文全体に関する留意点という意味である。なお、留意点欄に記載があっても、条文には〇番号がない場合がある（例えば4頁の899条の2で、留意点は⑥まであるが、⑤⑥は条文には付けていない）。
- **変更箇所は下線により表示している**。なお、改正によっては、内容に（ほぼ）変更ないが、異なる条文に移動しているケースもある。そのような場合も、できるだけ実質的な改正箇所がわかるように記載をしたため、旧法は条文番号の順番になっていない箇所がある。なお、新法は条文番号の順番で記載している。
- 改正がなかった項や号は、旧法、新法の欄の間の線を取り払って、記載している（例えば、882条は改正がないため、そのような記載をしている）。
- 改正がなかった項や号は明朝で、改正された条文はゴシックで表示した（例えば、885条1項は改正がないため明朝で、同条2項は改正されているためゴシックで記載をしている）。
- 重要だと思われる箇所を**太字**にした（例えば、899条の2）。

1.　第1章　総則（882条～885条）

旧　法	新　法	留意点（改正内容／主な説明箇所）
第1章　総則		
（相続開始の原因） 第882条　相続は、死亡によって開始する。		
（相続開始の場所） 第883条　相続は、被相続人の住所において開始する。		
（相続回復請求権） 第884条　相続回復の請求権は、相続人又はその法定代理人が相続権を侵害された事実を知った時から5年間行使しないときは、時効によって消滅する。相続開始の時から20年を経過したときも、同様とする。		相続回復請求権（884条）については、第2編　第9章5（109頁）参照

第1編　民法改正（相続関係）の内容

旧　法	新　法	留意点（改正内容／主な説明箇所）
（相続財産に関する費用） 第885条　相続財産に関する費用は、その財産の中から支弁する。ただし、相続人の過失によるものは、この限りでない。 <u>2　前項の費用は、遺留分権利者が贈与の減殺によって得た財産をもって支弁することを要しない。</u>	<u>（削除）</u>①	①本条2項は、1項の「相続財産に関する費用」が相続財産の管理費用等を指すところ、遺留分の法的性格が変更され（新法1046条）、遺留分権利者は相続財産に対する物権的権利を有することはなくなったため削除されたものと解される。削除による実質的な影響は無いと思われる。

2.　第2章　相続人（886条〜895条　改正なし）

旧法（改正なし）	留意点（改正内容／主な説明箇所）
第2章　相続人	
（相続に関する胎児の権利能力） 第886条　胎児は、相続については、既に生まれたものとみなす。 2　前項の規定は、胎児が死体で生まれたときは、適用しない。	
（子及びその代襲者等の相続権） 第887条　被相続人の子は、相続人となる。 2　被相続人の子が、相続の開始以前に死亡したとき、又は第891条の規定に該当し、若しくは廃除によって、その相続権を失ったときは、その者の子がこれを代襲して相続人となる。ただし、被相続人の直系卑属でない者は、この限りでない。 3　前項の規定は、代襲者が、相続の開始以前に死亡し、又は第891条の規定に該当し、若しくは廃除によって、その代襲相続権を失った場合について準用する。	相続人の範囲（887条〜900条）については、第2編　第2章1（58頁）参照
第888条　削除	
（直系尊属及び兄弟姉妹の相続権） 第889条　次に掲げる者は、第887条の規定により相続人となるべき者がない場合には、次に掲げる順序の順位に従って相続人となる。 　一　被相続人の直系尊属。ただし、親等の異なる者の間では、その近い者を先にする。 　二　被相続人の兄弟姉妹 2　第887条第2項の規定は、前項第2号の場合について準用する。	
（配偶者の相続権） 第890条　被相続人の配偶者は、常に相続人となる。この場合において、第887条又は前条の規定により相続人となるべき者があるときは、その者と同順位とする。	
（相続人の欠格事由） 第891条　次に掲げる者は、相続人となることができない。 　一　故意に被相続人又は相続について先順位若しくは同順位にある者を死亡するに至らせ、又は至らせようとしたために、刑に処せられた者 　二　被相続人の殺害されたことを知って、これを告発せず、又は告訴しなかった者。ただし、その者に是非の弁別がないとき、又は殺害者が自己の配偶者若しくは直系血族であったときは、この限りでない。 　三　詐欺又は強迫によって、被相続人が相続に関する遺言をし、撤回し、取り消し、又は変更することを妨げた者	相続欠格事由（891条）については、第2編　第2章2（59頁）参照

旧法（改正なし）	留意点（改正内容／主な説明箇所）
四　詐欺又は強迫によって、被相続人に相続に関する遺言をさせ、撤回させ、取り消させ、又は変更させた者 五　相続に関する被相続人の遺言書を偽造し、変造し、破棄し、又は隠匿した者	
（推定相続人の廃除） 第892条　遺留分を有する推定相続人（相続が開始した場合に相続人となるべき者をいう。以下同じ。）が、被相続人に対して虐待をし、若しくはこれに重大な侮辱を加えたとき、又は推定相続人にその他の著しい非行があったときは、被相続人は、その推定相続人の廃除を家庭裁判所に請求することができる。	推定相続人の廃除（892条〜895条）については、第2編　第2章　3（60頁）参照
（遺言による推定相続人の廃除） 第893条　被相続人が遺言で推定相続人を廃除する意思を表示したときは、遺言執行者は、その遺言が効力を生じた後、遅滞なく、その推定相続人の廃除を家庭裁判所に請求しなければならない。この場合において、その推定相続人の廃除は、被相続人の死亡の時にさかのぼってその効力を生ずる。	
（推定相続人の廃除の取消し） 第894条　被相続人は、いつでも、推定相続人の廃除の取消しを家庭裁判所に請求することができる。 2　前条の規定は、推定相続人の廃除の取消しについて準用する。	
（推定相続人の廃除に関する審判確定前の遺産の管理） 第895条　推定相続人の廃除又はその取消しの請求があった後その審判が確定する前に相続が開始したときは、家庭裁判所は、親族、利害関係人又は検察官の請求によって、遺産の管理について必要な処分を命ずることができる。推定相続人の廃除の遺言があったときも、同様とする。 2　第27条から第29条までの規定は、前項の規定により家庭裁判所が遺産の管理人を選任した場合について準用する。	

3. 第3章　相続の効力（896条〜914条）

旧　法	新　法	留意点（改正内容／主な説明箇所）
第3章　相続の効力		
第1節　総則		
（相続の一般的効力） 第896条　相続人は、相続開始の時から、被相続人の財産に属した一切の権利義務を承継する。ただし、被相続人の一身に専属したものは、この限りでない。		相続の対象（896条〜897条）については、第2編　第3章（62頁）参照
（祭祀に関する権利の承継） 第897条　系譜、祭具及び墳墓の所有権は、前条の規定にかかわらず、慣習に従って祖先の祭祀を主宰すべき者が承継する。ただし、被相続人の指定に従って祖先の祭祀を主宰すべき者があるときは、その者が承継する。 2　前項本文の場合において慣習が明らかでないときは、同項の権利を承継すべき者は、家庭裁判所が定める。		
（共同相続の効力） 第898条　相続人が数人あるときは、相続財産は、その共有に属する。		

第1編　民法改正（相続関係）の内容

旧　法	新　法	留意点（改正内容／主な説明箇所）
第899条　各共同相続人は、その相続分に応じて被相続人の権利義務を承継する。 （新設）	（共同相続における権利の承継の対抗要件） 第899条の2　相続による権利の承継は、遺産の分割によるものかどうかにかかわらず、次条及び第901条の規定により算定した相続分を超える部分については、登記、登録その他の対抗要件を備えなければ、第三者に対抗することができない①②。 2　前項の権利が債権である場合において、次条及び第901条の規定により算定した相続分を超えて当該債権を承継した共同相続人が当該債権に係る遺言の内容（遺産の分割により当該債権を承継した場合にあっては、当該債権に係る遺産の分割の内容）を明らかにして④債務者にその承継の通知をしたときは、共同相続人の全員が債務者に通知をしたものとみなして、同項の規定を適用する③。	① 1項は「相続される」遺言により承継された不動産の権利取得について対抗要件なく第三者に対抗できるとしていた判例（最判H14.6.10）を変更するもの。相続人は、法定相続分を超える部分の権利の承継については、対抗要件なく第三者に対抗できなくなる。なお、遺贈については、従来から対抗問題とされており（最判S39.3.6）、この点については変更ない。改正の全体像は105頁参照。 ② 1項と新法1013条3項とをあわせると、遺言の内容や遺言執行者の有無にかかわらず、相続債権者や相続人の債権者は、相続登記がされる前に法定相続分に対して権利行使をすれば、有効になると解される。 ③ 2項は、旧法にはなかった¹、法定相続分を超える割合で遺産に含まれる債権を承継した受益相続人が単独で債権譲渡の対抗要件を具備する方法を定めた²。なお、2項は文言上、遺贈の場合には適用がない。 ④ 2項の「明らかにして」とは、債務者に対して、遺言原本の提示や検認調書の提示などが必要になると解される³。 ⑤ 経過措置の例外：施行日前に相続が開始した場合も、遺産分割による債権の承継がされ、その承継の通知が施行日以後にされたときは、新法が適用される（附則3条）。 ⑥ 参照頁：39頁、105頁など
第2節　相続分		

1　旧法下では、特例がなかったことから、相続人全員が譲渡人として通知をする必要があると解されていた（改正ポイント222頁）。しかしながら、相続人全員の了解を得ることは困難な場合があり、改正された。
2　なお、第三者に対する対抗要件を具備するためには、確定日付ある証書による必要がある（467条2項）。
3　部会資料26-2

第1章 条文毎（882条〜1050条）の改正

旧　法	新　法	留意点（改正内容／主な説明箇所）
（法定相続分） 第900条　同順位の相続人が数人あるときは、その相続分は、次の各号の定めるところによる。 　一　子及び配偶者が相続人であるときは、子の相続分及び配偶者の相続分は、各2分の1とする。 　二　配偶者及び直系尊属が相続人であるときは、配偶者の相続分は、3分の2とし、直系尊属の相続分は、3分の1とする。 　三　配偶者及び兄弟姉妹が相続人であるときは、配偶者の相続分は、4分の3とし、兄弟姉妹の相続分は、4分の1とする。 　四　子、直系尊属又は兄弟姉妹が数人あるときは、各自の相続分は、相等しいものとする。ただし、父母の一方のみを同じくする兄弟姉妹の相続分は、父母の双方を同じくする兄弟姉妹の相続分の2分の1とする。		法定相続分（900条〜901条）については、第2編　第2章1（58頁）参照
（代襲相続人の相続分） 第901条　第887条第2項又は第3項の規定により相続人となる直系卑属の相続分は、その直系尊属が受けるべきであったものと同じとする。ただし、直系卑属が数人あるときは、その各自の直系尊属が受けるべきであった部分について、前条の規定に従ってその相続分を定める。 2　前項の規定は、第889条第2項の規定により兄弟姉妹の子が相続人となる場合について準用する。		
（遺言による相続分の指定） 第902条　被相続人は、前2条の規定にかかわらず、遺言で、共同相続人の相続分を定め、又はこれを定めることを第三者に委託することができる。<u>ただし、被相続人又は第三者は、遺留分に関する規定に違反することができない</u>①。 2　被相続人が、共同相続人中の1人若しくは数人の相続分のみを定め、又はこれを第三者に定めさせたときは、他の共同相続人の相続分は、前2条の規定により定める。	第902条　被相続人は、前2条の規定にかかわらず、遺言で、共同相続人の相続分を定め、又はこれを定めることを第三者に委託することができる。	①旧法1項ただし書は、遺留分減殺請求の法的性格の変更（新法1046条）により、遺留分が金銭請求となったため、削除されたものと解される。削除による実質的な影響はないと思われる。
（新設）	（相続分の指定がある場合の債権者の権利の行使） 第902条の2①　被相続人が相続開始の時において有した債務の債権者は、前条の規定による相続分の指定がされた場合であっても、各共同相続人に対し、第900条及び第901条の規定により算定した相続分に応じてその権利を行使することができる。ただし、その債権者が共同相続人の1人に対してその指定された相続分に応じた債務の承継を承認したときは、この限りでない。	①本条は、遺言による相続分の指定があったとしても、相続債権者は法定相続分に従って相続債務の履行を求めることができるなどとした判例法理（**最判H21.3.24** →97頁参照）を明文化したもの。従来の実務に影響を与えるものではないと解される。
（特別受益者の相続分）		特別受益（903条〜904条）については、第2編　第4章（68頁）参照

旧　法	新　法	留意点（改正内容／主な説明箇所）
第903条　共同相続人中に、被相続人から、遺贈を受け、又は婚姻若しくは養子縁組のため若しくは生計の資本として贈与を受けた者があるときは、被相続人が相続開始の時において有した財産の価額にその贈与の価額を加えたものを相続財産とみなし、<u>前3条の規定</u>①により算定した相続分の中からその遺贈又は贈与の価額を控除した残額をもってその者の相続分とする。	第903条　共同相続人中に、被相続人から、遺贈を受け、又は婚姻若しくは養子縁組のため若しくは生計の資本として贈与を受けた者があるときは、被相続人が相続開始の時において有した財産の価額にその贈与の価額を加えたものを相続財産とみなし、<u>第900条から第902条までの規定</u>①により算定した相続分の中からその遺贈又は贈与の価額を控除した残額をもってその者の相続分とする。	① 1項は、902条の2が新設されたことによる形式的な改正。内容に変更はない。
2　遺贈又は贈与の価額が、相続分の価額に等しく、又はこれを超えるときは、受遺者又は受贈者は、その相続分を受けることができない。		② 3項は、遺留分減殺請求の法的性格の変更（新法1046条）により、遺留分が金銭請求となったため、旧法後段が削除されたものと解される。削除による実質的な影響はないと思われる。
3　被相続人が前2項の規定と異なった意思を表示したときは、その意思<u>表示は、遺留分に関する規定に違反しない範囲内で、その効力を有する。</u>	3　被相続人が前2項の規定と異なった意思を表示したときは、その意思<u>に従う</u>②。	③ 4項の新設は、配偶者保護のため、居住用不動産の遺贈又は贈与につき、持戻し免除の意思表示推定規程をおいた。あくまでも「推定」規定であり、被相続人が異なる意思表示をしていた場合は適用がない。対象については、概ね贈与税の特例[4]と平仄をあわせている。なお、文言上は、「相続させる」遺言に適用がない[5]。
	<u>4　婚姻期間が20年以上の夫婦の一方である被相続人が、他の一方に対し、その居住の用に供する</u>[4]<u>建物又はその敷地について遺贈又は贈与をしたときは、当該被相続人は、その遺贈又は贈与について第1項の規定を適用しない旨の意思を表示したものと推定する</u>③⑤。	④ 4項の、居住用か否かは遺贈又は贈与の時点の利用状況で判断される[6]。なお、店舗兼住居の場合に対象となるか否かは、不動産の構造や形態、被相続人の遺言の趣旨等により判断されると解される[7]。
		⑤ 経過措置の例外：施行日前にされた遺贈、贈与については適用がない（附則4条）。
第904条　前条に規定する贈与の価額は、受贈者の行為によって、その目的である財産が滅失し、又はその価格の増減があったときであっても、相続開始の時においてなお原状のままであるものとみなしてこれを定める。		
（寄与分） 第904条の2　共同相続人中に、被相続人の事業に関する労務の提供又は財産上の給付、被相続人の療養看護その他の方法により被相続人の財産の維持又は増加について特別の寄与をした者があるときは、被相続人が相続開始の時において有した財産の価額から共同相続人の協議で定めたその者の寄与分を控除したものを相続財産とみなし、第900条から第902条までの規定により算定した相続分に寄与分を加えた額をもってその者の相続分とする。		寄与分（904条の2）については、第2編　第5章（72頁）参照

4　婚姻期間が20年以上の夫婦の間で行われた居住用不動産又は居住用不動産を取得するための金銭の贈与につき、贈与税の基礎控除110万円のほかに最高2000万円まで控除（配偶者控除）ができるという特例。155頁参照。
5　「相続させる」遺言による特定資産の承継も含まれると解される（**広島高岡山支決 H17.4.11**）。
6　改正ガイドライン67頁
7　改正ポイント71頁、相続法制41頁、42頁

旧　法	新　法	留意点（改正内容／主な説明箇所）
2　前項の協議が調わないとき、又は協議をすることができないときは、家庭裁判所は、同項に規定する寄与をした者の請求により、寄与の時期、方法及び程度、相続財産の額その他一切の事情を考慮して、寄与分を定める。 3　寄与分は、被相続人が相続開始の時において有した財産の価額から遺贈の価額を控除した残額を超えることができない。 4　第2項の請求は、第907条第2項の規定による請求があった場合又は第910条に規定する場合にすることができる。		
（相続分の取戻権） 第905条　共同相続人の1人が遺産の分割前にその相続分を第三者に譲り渡したときは、他の共同相続人は、その価額及び費用を償還して、その相続分を譲り受けることができる。 2　前項の権利は、1箇月以内に行使しなければならない。		相続分の取戻権（905条）は53頁、90頁、104頁など参照
第3節　遺産の分割		遺産分割協議手続（907条）は第2編　第6章5（85頁）参照
（遺産の分割の基準） 第906条　遺産の分割は、遺産に属する物又は権利の種類及び性質、各相続人の年齢、職業、心身の状態及び生活の状況その他一切の事情を考慮してこれをする。		
（新設）	<u>（遺産の分割前に遺産に属する財産が処分された場合の遺産の範囲） 第906条の2①②　遺産の分割前に遺産に属する財産が処分された場合であっても③、共同相続人は、その全員の同意④により、当該処分された財産が遺産の分割時に遺産として存在するものとみなすことができる。 2　前項の規定にかかわらず、共同相続人の1人又は数人により同項の財産が処分されたときは、当該共同相続人については、同項の同意を得ることを要しない。</u>	①**本条は、遺産分割前に処分された相続財産は原則として遺産分割の対象にならないとする判例（最判S52.9.19）の例外を定めたもの**[8]。1項は従前の実務を明記するものであるが、2項は相続開始後に相続人の一人が遺産に属する財産を処分した場合[9]の不公平を是正するための新設制度[10]。なお、そもそも処分財産が遺産に属するものか否かに争いがある場合は、訴訟となる[11]。 ②本条及び新法909条の2により、遺産の分割前に預貯金債権が単独で権利行使された場合、当該預金債権も遺産分割時に遺産として存在するものとみなすことが可能となる。

8　なお、**最判S54.2.22**は、共有持分権を有する相続人全員によって売却された不動産の売却代金につき、一括して相続人の一人に保管させて遺産分割の対象に含める合意をするなどの特別の事情がある場合は、遺産分割の対象になる余地を認めていた。本条は、このような場合に、売却代金を遺産分割の対象とするものではなく、不動産が存在するものとして遺産分割の対象とするものである。

9　一般的に「勝手払い」と呼ばれる。

10　従前は、遺産分割手続の中で調整する規律は存在せず、処分者に対する不法行為や不当利得等により解決されていたが、不公平を解消するには限界があった（相続法制57頁～60頁参照）。今後は、本条と従前から認められていた方法が選択的に利用されるものと思われる（改正ポイント126頁参照）。

11　みなし遺産であることの確認の訴えとなるが、遺産確認訴訟（**最判S61.3.13**）と同様に認められるものと解される（改正ポイント121頁）。

旧　法	新　法	留意点（改正内容／主な説明箇所）
		③1項の「処分」に第三者による処分も含まれるか否かには争いがある。仮に含まれるとしても、第三者の同意がない場合は、遺産分割の対象とできず、相続人間の担保責任の問題になると解される（911条）[12]。 ④一度全員が同意して法律効果が発生した場合、一部の者のみが撤回することはできないと解されている。また、相続人に被保佐人がいる場合、保佐人の同意が必要かは解釈に委ねられている[13]。 ⑤参照頁：39頁、83頁など
（遺産の分割の協議又は審判等） 第907条　共同相続人は、次条の規定により被相続人が遺言で禁じた場合を除き、いつでも、その協議で、遺産の分割①をすることができる。 2　遺産の分割について、共同相続人間に協議が調わないとき、又は協議をすることができないときは、各共同相続人は、その分割を家庭裁判所に請求することができる。 3　前項の場合において特別の事由があるときは、家庭裁判所は、期間を定めて、遺産の全部又は一部について、その分割を禁ずることができる。	第907条　共同相続人は、次条の規定により被相続人が遺言で禁じた場合を除き、いつでも、その協議で、遺産の**全部又は一部**①の分割をすることができる。 2　遺産の分割について、共同相続人間に協議が調わないとき、又は協議をすることができないときは、各共同相続人は、その**全部又は一部**①の分割を家庭裁判所に請求することができる。**ただし、遺産の一部を分割することにより他の共同相続人の利益を害するおそれがある場合におけるその一部の分割については、この限りでない**②。 3　前項**本文**の場合において特別の事由があるときは、家庭裁判所は、期間を定めて、遺産の全部又は一部について、その分割を禁ずることができる。	①本条は、旧法では、一部分割が可能かどうか明確でなかったところ、1項が協議の場合、2項が審判の申立てにつき、一部分割が可能であることを明文で認めた。なお、旧法下においても、一部分割は一定の範囲で認められていた[14]。 ②2項は、旧法下において、審判によって一部分割が可能なのは、一部分割の必要性が認められかつ、一部分割をしても適正な分割を妨げないという許容性が認められる場合とされていたが（**大阪高決S46.12.7**）、許容性のみを要件と定め、必要性は要件からはずした[15]。 ③参照頁：48頁、85頁など
（遺産の分割の方法の指定及び遺産の分割の禁止） 第908条　被相続人は、遺言で、遺産の分割の方法を定め、若しくはこれを定めることを第三者に委託し、又は相続開始の時から5年を超えない期間を定めて、遺産の分割を禁ずることができる。		908条は77頁など参照
（遺産の分割の効力） 第909条　遺産の分割は、相続開始の時にさかのぼってその効力を生ずる。ただし、第三者の権利を害することはできない。		遺産分割の効力（909条）は、第2編　第9章1（105頁）参照

12　改正ポイント119頁
13　いずれも部会資料25-2
14　協議による一部分割は異論なく認められていた（改正ポイント105頁）。また、審判においても、残余遺産について審判事件が引き続き係属する前提で一部分割をすることは認められていた（家事法73条2項）。
15　改正ポイント108頁以下参照

旧　法	新　法	留意点（改正内容／主な説明箇所）
（新設）	(遺産の分割前における預貯金債権の行使) 第909条の2① 　各共同相続人は、遺産に属する預貯金債権[18]のうち②相続開始の時の債権額の3分の1に第900条及び第901条の規定により算定した当該共同相続人の相続分を乗じた額（標準的な当面の必要生計費、平均的な葬式の費用の額その他の事情を勘案して預貯金債権の債務者ごとに法務省令で定める額③を限度とする。）については、単独でその権利を行使することができる。この場合において、当該権利の行使をした預貯金債権については、当該共同相続人が遺産の一部の分割によりこれを取得したものとみなす。	①**本条は、判例（最決 H28.12.19、最判 H29.4.6）により、相続預金が遺産分割の対象とされたことを受けて**[16]**、相続預金について、葬儀費用や当面の必要生計費につき払い戻しができるようにするための制度を新設したもの。同時に、家庭裁判所の判断を経る方法として、家事事件手続法 200 条 3 項が新設されている。** ②本条の対象は「遺産に属する預貯金債権」とされ、遺贈された預貯金は含まれない。払い戻し限度額は、預金の契約単位ごとに計算される[17]。 ③法務省令で定める額は 150 万円。 ④経過措置の例外：施行日前に相続が開始した場合であっても、施行日以降に預貯金債権が行使される場合は適用される（附則 5 条 1 項）。 ⑤参照頁：39 頁、48 頁、82 頁など
（相続の開始後に認知された者の価額の支払請求権） 第910条　相続の開始後認知によって相続人となった者が遺産の分割を請求しようとする場合において、他の共同相続人が既にその分割その他の処分をしたときは、価額のみによる支払の請求権を有する。		910条は 107 頁など参照
（共同相続人間の担保責任） 第911条　各共同相続人は、他の共同相続人に対して、売主と同じく、その相続分に応じて担保の責任を負う。		
（遺産の分割によって受けた債権についての担保責任） 第912条　各共同相続人は、その相続分に応じ、他の共同相続人が遺産の分によって受けた債権について、その分割の時における債務者の資力を担保する。 2　弁済期に至らない債権及び停止条件付きの債権については、各共同相続人は、弁済をすべき時における債務者の資力を担保する。		
（資力のない共同相続人がある場合の担保責任の分担） 第913条　担保の責任を負う共同相続人中に償還をする資力のない者があるときは、その償還することができない部分は、求償者及び他の資力のある者が、それぞれその相続分に応じて分担する。ただし、求償者に過失があるときは、他の共同相続人に対して分担を請求することができない。		
（遺言による担保責任の定め） 第914条　前三条の規定は、被相続人が遺言で別段の意思を表示したときは、適用しない。		

16　預金債権以外の可分債権（不法行為債権や不当利得返還請求権など）については、これらの判例の射程は及ばないと解されている。よって、預金債権以外の可分債権については、従前通り、遺産分割の対象とならず、当然に法定相続分で分割承継されるものとして扱われる（**最判 S29.4.8**）。
17　金法 2100 号 10 頁「改正相続法の金融実務への影響」藤原彰吾発言
18　債権法（466 条の 2）が施行されるまでは「預貯金債権」は、「預貯金債権（預貯金口座又は貯金口座に係る預金又は貯金に係る債権をいう。以下同じ。）のうち」と読み替えられる（附則 5 条 2 項）。

4. 第4章　相続の承認及び放棄（915条〜940条　改正なし）

旧法（改正箇所なし）	留意点（改正内容／主な説明箇所）
第4章　相続の承認及び放棄 第1節　総則	相続の承認、相続放棄については、第2編　第8章1（101頁）参照
（相続の承認又は放棄をすべき期間） 第915条　相続人は、自己のために相続の開始があったことを知った時から3箇月以内に、相続について、単純若しくは限定の承認又は放棄をしなければならない。ただし、この期間は、利害関係人又は検察官の請求によって、家庭裁判所において伸長することができる。 2　相続人は、相続の承認又は放棄をする前に、相続財産の調査をすることができる。	
第916条　相続人が相続の承認又は放棄をしないで死亡したときは、前条第1項の期間は、その者の相続人が自己のために相続の開始があったことを知った時から起算する。	
第917条　相続人が未成年者又は成年被後見人であるときは、第915条第1項の期間は、その法定代理人が未成年者又は成年被後見人のために相続の開始があったことを知った時から起算する。	
（相続財産の管理） 第918条　相続人は、その固有財産におけるのと同一の注意をもって、相続財産を管理しなければならない。ただし、相続の承認又は放棄をしたときは、この限りでない。 2　家庭裁判所は、利害関係人又は検察官の請求によって、いつでも、相続財産の保存に必要な処分を命ずることができる。 3　第27条から第29条までの規定は、前項の規定により家庭裁判所が相続財産の管理人を選任した場合について準用する。	相続財産の管理（918条ほか）については、第2編　第6章7(2)（91頁）参照
（相続の承認及び放棄の撤回及び取消し） 第919条　相続の承認及び放棄は、第915条第1項の期間内でも、撤回することができない。 2　前項の規定は、第1編（総則）及び前編（親族）の規定により相続の承認又は放棄の取消しをすることを妨げない。 3　前項の取消権は、追認をすることができる時から6箇月間行使しないときは、時効によって消滅する。相続の承認又は放棄の時から10年を経過したときも、同様とする。 4　第2項の規定により限定承認又は相続の放棄の取消しをしようとする者は、その旨を家庭裁判所に申述しなければならない。	
第2節　相続の承認 第1款　単純承認	
（単純承認の効力） 第920条　相続人は、単純承認をしたときは、無限に被相続人の権利義務を承継する。	
（法定単純承認） 第921条　次に掲げる場合には、相続人は、単純承認をしたものとみなす。 一　相続人が相続財産の全部又は一部を処分したとき。ただし、保存行為及び第602条に定める期間を超えない賃貸をすることは、この限りでない。 二　相続人が第915条第1項の期間内に限定承認又は相続の放棄をしなかったとき。	法定単純承認（921条）については、第2編　第8章1(4)（102頁）参照

旧法(改正箇所なし)	留意点(改正内容／主な説明箇所)
三　相続人が、限定承認又は相続の放棄をした後であっても、相続財産の全部若しくは一部を隠匿し、私にこれを消費し、又は悪意でこれを相続財産の目録中に記載しなかったとき。ただし、その相続人が相続の放棄をしたことによって相続人となった者が相続の承認をした後は、この限りでない。	
第2款　限定承認	限定承認(922条～937条)については、第2編　第8章2(103頁)参照
(限定承認) 第922条　相続人は、相続によって得た財産の限度においてのみ被相続人の債務及び遺贈を弁済すべきことを留保して、相続の承認をすることができる。	
(共同相続人の限定承認) 第923条　相続人が数人あるときは、限定承認は、共同相続人の全員が共同してのみこれをすることができる。	
(限定承認の方式) 第924条　相続人は、限定承認をしようとするときは、第915条第1項の期間内に、相続財産の目録を作成して家庭裁判所に提出し、限定承認をする旨を申述しなければならない。	
(限定承認をしたときの権利義務) 第925条　相続人が限定承認をしたときは、その被相続人に対して有した権利義務は、消滅しなかったものとみなす。	
(限定承認者による管理) 第926条　限定承認者は、その固有財産におけるのと同一の注意をもって、相続財産の管理を継続しなければならない。 2　第645条、第646条、第650条第1項及び第2項並びに第918条第2項及び第3項の規定は、前項の場合について準用する。	
(相続債権者及び受遺者に対する公告及び催告) 第927条　限定承認者は、限定承認をした後5日以内に、すべての相続債権者(相続財産に属する債務の債権者をいう。以下同じ。)及び受遺者に対し、限定承認をしたこと及び一定の期間内にその請求の申出をすべき旨を公告しなければならない。この場合において、その期間は、2箇月を下ることができない。 2　前項の規定による公告には、相続債権者及び受遺者がその期間内に申出をしないときは弁済から除斥されるべき旨を付記しなければならない。ただし、限定承認者は、知れている相続債権者及び受遺者を除斥することができない。 3　限定承認者は、知れている相続債権者及び受遺者には、各別にその申出の催告をしなければならない。 4　第1項の規定による公告は、官報に掲載してする。	
(公告期間満了前の弁済の拒絶) 第928条　限定承認者は、前条第1項の期間の満了前には、相続債権者及び受遺者に対して弁済を拒むことができる。	
(公告期間満了後の弁済) 第929条　第927条第1項の期間が満了した後は、限定承認者は、相続財産をもって、その期間内に同項の申出をした相続債権者その他知れている相続債権者に、それぞれその債権額の割合に応じて弁済をしなければならない。ただし、優先権を有する債権者の権利を害することはできない。	

第1編　民法改正（相続関係）の内容

旧法（改正箇所なし）	留意点（改正内容／主な説明箇所）
（期限前の債務等の弁済） 第930条　限定承認者は、弁済期に至らない債権であっても、前条の規定に従って弁済をしなければならない。 2　条件付きの債権又は存続期間の不確定な債権は、家庭裁判所が選任した鑑定人の評価に従って弁済をしなければならない。	
（受遺者に対する弁済） 第931条　限定承認者は、前2条の規定に従って各相続債権者に弁済をした後でなければ、受遺者に弁済をすることができない。	
（弁済のための相続財産の換価） 第932条　前3条の規定に従って弁済をするにつき相続財産を売却する必要があるときは、限定承認者は、これを競売に付さなければならない。ただし、家庭裁判所が選任した鑑定人の評価に従い相続財産の全部又は一部の価額を弁済して、その競売を止めることができる。	
（相続債権者及び受遺者の換価手続への参加） 第933条　相続債権者及び受遺者は、自己の費用で、相続財産の競売又は鑑定に参加することができる。この場合においては、第260条第2項の規定を準用する。	
（不当な弁済をした限定承認者の責任等） 第934条　限定承認者は、第927条の公告若しくは催告をすることを怠り、又は同条第1項の期間内に相続債権者若しくは受遺者に弁済をしたことによって他の相続債権者若しくは受遺者に弁済をすることができなくなったときは、これによって生じた損害を賠償する責任を負う。第929条から第931条までの規定に違反して弁済をしたときも、同様とする。 2　前項の規定は、情を知って不当に弁済を受けた相続債権者又は受遺者に対する他の相続債権者又は受遺者の求償を妨げない。 3　第724条の規定は、前2項の場合について準用する。	
（公告期間内に申出をしなかった相続債権者及び受遺者） 第935条　第927条第1項の期間内に同項の申出をしなかった相続債権者及び受遺者で限定承認者に知れなかったものは、残余財産についてのみその権利を行使することができる。ただし、相続財産について特別担保を有する者は、この限りでない。	
（相続人が数人ある場合の相続財産の管理人） 第936条　相続人が数人ある場合には、家庭裁判所は、相続人の中から、相続財産の管理人を選任しなければならない。 2　前項の相続財産の管理人は、相続人のために、これに代わって、相続財産の管理及び債務の弁済に必要な一切の行為をする。 3　第926条から前条までの規定は、第1項の相続財産の管理人について準用する。この場合において、第927条第1項中「限定承認をした後5日以内」とあるのは、「その相続財産の管理人の選任があった後10日以内」と読み替えるものとする。	
（法定単純承認の事由がある場合の相続債権者） 第937条　限定承認をした共同相続人の1人又は数人について第921条第1号又は第3号に掲げる事由があるときは、相続債権者は、相続財産をもって弁済を受けることができなかった債権額について、当該共同相続人に対し、その相続分に応じて権利を行使することができる。	

旧法（改正箇所なし）	留意点（改正内容／主な説明箇所）
第3節　相続の放棄	相続放棄（938条～940条）については、第2編　第8章1（101頁）参照
（相続の放棄の方式）	
第938条　相続の放棄をしようとする者は、その旨を家庭裁判所に申述しなければならない。	
（相続の放棄の効力）	
第939条　相続の放棄をした者は、その相続に関しては、初めから相続人とならなかったものとみなす。	
（相続の放棄をした者による管理）	
第940条　相続の放棄をした者は、その放棄によって相続人となった者が相続財産の管理を始めることができるまで、自己の財産におけるのと同一の注意をもって、その財産の管理を継続しなければならない。	
2　第645条、第646条、第650条第1項及び第2項並びに第918条第2項及び第3項の規定は、前項の場合について準用する。	

5. 第5章　財産分離（941条～950条　改正なし）

旧法（改正箇所なし）	留意点（改正内容／主な説明箇所）
第5章　財産分離	相続財産と相続人の固有財産を分離する財産分離制度（941条～950条）については、改正もなく、また事例として多くないため、本書では説明をしていない。
（相続債権者又は受遺者の請求による財産分離）	
第941条　相続債権者又は受遺者は、相続開始の時から3箇月以内に、相続人の財産の中から相続財産を分離することを家庭裁判所に請求することができる。相続財産が相続人の固有財産と混合しない間は、その期間の満了後も、同様とする。	
2　家庭裁判所が前項の請求によって財産分離を命じたときは、その請求をした者は、5日以内に、他の相続債権者及び受遺者に対し、財産分離の命令があったこと及び一定の期間内に配当加入の申出をすべき旨を公告しなければならない。この場合において、その期間は、2箇月を下ることができない。	
3　前項の規定による公告は、官報に掲載してする。	
（財産分離の効力）	
第942条　財産分離の請求をした者及び前条第2項の規定により配当加入の申出をした者は、相続財産について、相続人の債権者に先立って弁済を受ける。	
（財産分離の請求後の相続財産の管理）	
第943条　財産分離の請求があったときは、家庭裁判所は、相続財産の管理について必要な処分を命ずることができる。	
2　第27条から第29条までの規定は、前項の規定により家庭裁判所が相続財産の管理人を選任した場合について準用する。	
（財産分離の請求後の相続人による管理）	
第944条　相続人は、単純承認をした後でも、財産分離の請求があったときは、以後、その固有財産におけるのと同一の注意をもって、相続財産の管理をしなければならない。ただし、家庭裁判所が相続財産の管理人を選任したときは、この限りでない。	
2　第645条から第647条まで並びに第650条第1項及び第2項の規定は、前項の場合について準用する。	

旧法（改正箇所なし）	留意点（改正内容／主な説明箇所）
（不動産についての財産分離の対抗要件） 第945条　財産分離は、不動産については、その登記をしなければ、第三者に対抗することができない。	
（物上代位の規定の準用） 第946条　第304条の規定は、財産分離の場合について準用する。	
（相続債権者及び受遺者に対する弁済） 第947条　相続人は、第941条第1項及び第2項の期間の満了前には、相続債権者及び受遺者に対して弁済を拒むことができる。 2　財産分離の請求があったときは、相続人は、第941条第2項の期間の満了後に、相続財産をもって、財産分離の請求又は配当加入の申出をした相続債権者及び受遺者に、それぞれその債権額の割合に応じて弁済をしなければならない。ただし、優先権を有する債権者の権利を害することはできない。 3　第930条から第934条までの規定は、前項の場合について準用する。	
（相続人の固有財産からの弁済） 第948条　財産分離の請求をした者及び配当加入の申出をした者は、相続財産をもって全部の弁済を受けることができなかった場合に限り、相続人の固有財産についてその権利を行使することができる。この場合においては、相続人の債権者は、その者に先立って弁済を受けることができる。	
（財産分離の請求の防止等） 第949条　相続人は、その固有財産をもって相続債権者若しくは受遺者に弁済をし、又はこれに相当の担保を供して、財産分離の請求を防止し、又はその効力を消滅させることができる。ただし、相続人の債権者が、これによって損害を受けるべきことを証明して、異議を述べたときは、この限りでない。	
（相続人の債権者の請求による財産分離） 第950条　相続人が限定承認をすることができる間又は相続財産が相続人の固有財産と混合しない間は、相続人の債権者は、家庭裁判所に対して財産分離の請求をすることができる。 2　第304条、第925条、第927条から第934条まで、第943条から第945条まで及び第948条の規定は、前項の場合について準用する。ただし、第927条の公告及び催告は、財産分離の請求をした債権者がしなければならない。	

6.　第6章　相続人の不存在（951条～959条　改正なし）

旧法（改正箇所なし）	留意点（改正内容／主な説明箇所）
第6章　相続人の不存在 （相続財産法人の成立） 第951条　相続人のあることが明らかでないときは、相続財産は、法人とする。 （相続財産の管理人の選任） 第952条　前条の場合には、家庭裁判所は、利害関係人又は検察官の請求によって、相続財産の管理人を選任しなければならない。	相続人の存否不明の場合の手続（951条～959条）については、第2編　第1章4（54頁）参照

旧法（改正箇所なし）	留意点（改正内容／主な説明箇所）
2　前項の規定により相続財産の管理人を選任したときは、家庭裁判所は、遅滞なくこれを公告しなければならない。	
（不在者の財産の管理人に関する規定の準用） 第953条　第27条から第29条までの規定は、前条第1項の相続財産の管理人（以下この章において単に「相続財産の管理人」という。）について準用する。	
（相続財産の管理人の報告） 第954条　相続財産の管理人は、相続債権者又は受遺者の請求があるときは、その請求をした者に相続財産の状況を報告しなければならない。	
（相続財産法人の不成立） 第955条　相続人のあることが明らかになったときは、第951条の法人は、成立しなかったものとみなす。ただし、相続財産の管理人がその権限内でした行為の効力を妨げない。	
（相続財産の管理人の代理権の消滅） 第956条　相続財産の管理人の代理権は、相続人が相続の承認をした時に消滅する。 2　前項の場合には、相続財産の管理人は、遅滞なく相続人に対して管理の計算をしなければならない。	
（相続債権者及び受遺者に対する弁済） 第957条　第952条第2項の公告があった後2箇月以内に相続人のあることが明らかにならなかったときは、相続財産の管理人は、遅滞なく、すべての相続債権者及び受遺者に対し、一定の期間内にその請求の申出をすべき旨を公告しなければならない。この場合において、その期間は、2箇月を下ることができない。 2　第927条第2項から第4項まで及び第928条から第935条まで（第932条ただし書を除く。）の規定は、前項の場合について準用する。	
（相続人の捜索の公告） 第958条　前条第1項の期間の満了後、なお相続人のあることが明らかでないときは、家庭裁判所は、相続財産の管理人又は検察官の請求によって、相続人があるならば一定の期間内にその権利を主張すべき旨を公告しなければならない。この場合において、その期間は、6箇月を下ることができない。	
（権利を主張する者がない場合） 第958条の2　前条の期間内に相続人としての権利を主張する者がないときは、相続人並びに相続財産の管理人に知れなかった相続債権者及び受遺者は、その権利を行使することができない。	
（特別縁故者に対する相続財産の分与） 第958条の3　前条の場合において、相当と認めるときは、家庭裁判所は、被相続人と生計を同じくしていた者、被相続人の療養看護に努めた者その他被相続人と特別の縁故があった者の請求によって、これらの者に、清算後残存すべき相続財産の全部又は一部を与えることができる。 2　前項の請求は、第958条の期間の満了後3箇月以内にしなければならない。	
（残余財産の国庫への帰属） 第959条　前条の規定により処分されなかった相続財産は、国庫に帰属する。この場合においては、第956条第2項の規定を準用する。	

7. 第7章 遺言（960条～1027条）

旧　法	新　法	留意点（改正内容／主な説明箇所）
第7章　遺言		
第1節　総則		
（遺言の方式） 第960条　遺言は、この法律に定める方式に従わなければ、することができない。		
（遺言能力） 第961条　15歳に達した者は、遺言をすることができる。 第962条　第5条、第9条、第13条及び第17条の規定は、遺言については、適用しない。 第963条　遺言者は、遺言をする時においてその能力を有しなければならない。		遺言能力（961条～963条）については、第3編　第1章（111頁）参照
（包括遺贈及び特定遺贈） 第964条　遺言者は、包括又は特定の名義で、その財産の全部又は一部を処分することができる。ただし、遺留分に関する規定に違反することができない①。	第964条　遺言者は、包括又は特定の名義で、その財産の全部又は一部を処分することができる。	①旧法ただし書は、遺留分減殺請求の法的性格の変更（新法1046条）により、遺留分が金銭請求となったため、削除されたものと解される。削除による実務的な影響はないと思われる。
（相続人に関する規定の準用） 第965条　第886条及び第891条の規定は、受遺者について準用する。		
（被後見人の遺言の制限） 第966条　被後見人が、後見の計算の終了前に、後見人又はその配偶者若しくは直系卑属の利益となるべき遺言をしたときは、その遺言は、無効とする。 2　前項の規定は、直系血族、配偶者又は兄弟姉妹が後見人である場合には、適用しない。		被後見人の遺言の制限（966条）は、137頁など参照
第2節　遺言の方式 第1款　普通の方式		遺言の方式（967条～984条）は、第3編　第2章（114頁）参照
（普通の方式による遺言の種類） 第967条　遺言は、自筆証書、公正証書又は秘密証書によってしなければならない。ただし、特別の方式によることを許す場合は、この限りでない。		
（自筆証書遺言） 第968条　自筆証書によって遺言をするには、遺言者が、その全文、日付及び氏名を自書し、これに印を押さなければならない。		自筆証書遺言（968条）の作成方法については、第3編　第2章2（116頁）参照
	2　前項の規定にかかわらず、自筆証書にこれと一体のものとして相続財産（第997条第1項に規定する場合における同項に規定する権利を含む。）の全部又は一部の目録を添付する場合には、その目録については、自書することを要しない。この場合において、遺言者は、その目録の毎葉（自書によらない記載がその両面にある場合に	①新設された2項は、自筆証書遺言であっても、添付する財産目録はワープロ等で印字したものを使用できるようにした。偽造防止のため、各頁（両面印刷の場合は両面）に署名捺印が必要とされている[19]。なお、目録に限定はないため、登記事項証明書や貯金通帳の写しでも目録として使うことが可能とされている[20]。

19　条文上は各頁の印鑑の同一性や、本文との印鑑の同一性は求められていない。
20　相続法制70頁

旧　法	新　法	留意点（改正内容／主な説明箇所）
	あっては、その両面）に署名し、印を押さなければならない①。	②3項は、印字した目録の修正方法が、自筆部分の修正方法と同じであることを定めた。 ③施行日は平成31年1月13日 ④経過措置：遺言書作成日で区分（附則6条） ⑤本条の新設と平仄をあわせて、自筆証書遺言の法務局での保管制度が新設された。第2章7(49頁)参照。なお、保管制度を定める法律の施行日は、平成32年7月10日。
2　自筆証書中の加除その他の変更は、遺言者が、その場所を指示し、これを変更した旨を付記して特にこれに署名し、かつ、その変更の場所に印を押さなければ、その効力を生じない。	3　自筆証書（前項の目録を含む②）中の加除その他の変更は、遺言者が、その場所を指示し、これを変更した旨を付記して特にこれに署名し、かつ、その変更の場所に印を押さなければ、その効力を生じない。	
（公正証書遺言） 第969条　公正証書によって遺言をするには、次に掲げる方式に従わなければならない。 　一　証人2人以上の立会いがあること。 　二　遺言者が遺言の趣旨を公証人に口授すること。 　三　公証人が、遺言者の口述を筆記し、これを遺言者及び証人に読み聞かせ、又は閲覧させること。 　四　遺言者及び証人が、筆記の正確なことを承認した後、各自これに署名し、印を押すこと。ただし、遺言者が署名することができない場合は、公証人がその事由を付記して、署名に代えることができる。 　五　公証人が、その証書は前各号に掲げる方式に従って作ったものである旨を付記して、これに署名し、印を押すこと。		公正証書遺言（969条〜969条の2）の作成方法については、第3編第2章3(119頁)参照
（公正証書遺言の方式の特則） 第969条の2　口がきけない者が公正証書によって遺言をする場合には、遺言者は、公証人及び証人の前で、遺言の趣旨を通訳人の通訳により申述し、又は自書して、前条第2号の口授に代えなければならない。この場合における同条第3号の規定の適用については、同号中「口述」とあるのは、「通訳人の通訳による申述又は自書」とする。 2　前条の遺言者又は証人が耳が聞こえない者である場合には、公証人は、同条第3号に規定する筆記した内容を通訳人の通訳により遺言者又は証人に伝えて、同号の読み聞かせに代えることができる。 3　公証人は、前2項に定める方式に従って公正証書を作ったときは、その旨をその証書に付記しなければならない。		
（秘密証書遺言） 第970条　秘密証書によって遺言をするには、次に掲げる方式に従わなければならない。 　一　遺言者が、その証書に署名し、印を押すこと。 　二　遺言者が、その証書を封じ、証書に用いた印章をもってこれに封印すること。 　三　遺言者が、公証人1人及び証人2人以上の前に封書を提出して、自己の遺言書である旨並びにその筆者の氏名及び住所を申述すること。 　四　公証人が、その証書を提出した日付及び遺言者の申述を封紙に記載した後、遺言者及び証人とともにこれに署名し、印を押すこと。		秘密証書遺言（970条〜972条）の作成方法については、第3編　第2章4(121頁)参照
2　第968条第2項の規定は、秘密証書による遺言について準用する。	2　第968条第3項の規定は、秘密証書による遺言について準用する。	・形式的な改正。施行日は平成31年1月13日

第1編　民法改正（相続関係）の内容

旧　法	新　法	留意点（改正内容／主な説明箇所）
（方式に欠ける秘密証書遺言の効力） 第971条　秘密証書による遺言は、前条に定める方式に欠けるものがあっても、第968条に定める方式を具備しているときは、自筆証書による遺言としてその効力を有する。		
（秘密証書遺言の方式の特則） 第972条　口がきけない者が秘密証書によって遺言をする場合には、遺言者は、公証人及び証人の前で、その証書は自己の遺言書である旨並びにその筆者の氏名及び住所を通訳人の通訳により申述し、又は封紙に自書して、第970条第1項第3号の申述に代えなければならない。 2　前項の場合において、遺言者が通訳人の通訳により申述したときは、公証人は、その旨を封紙に記載しなければならない。 3　第1項の場合において、遺言者が封紙に自書したときは、公証人は、その旨を封紙に記載して、第970条第1項第4号に規定する申述の記載に代えなければならない。		
（成年被後見人の遺言） 第973条　成年被後見人が事理を弁識する能力を一時回復した時において遺言をするには、医師2人以上の立会いがなければならない。 2　遺言に立ち会った医師は、遺言者が遺言をする時において精神上の障害により事理を弁識する能力を欠く状態になかった旨を遺言書に付記して、これに署名し、印を押さなければならない。ただし、秘密証書による遺言にあっては、その封紙にその旨の記載をし、署名し、印を押さなければならない。		成年被後見人の遺言能力（973条）については、第3編　第1章2（113頁）参照
（証人及び立会人の欠格事由） 第974条　次に掲げる者は、遺言の証人又は立会人となることができない。 　一　未成年者 　二　推定相続人及び受遺者並びにこれらの配偶者及び直系血族 　三　公証人の配偶者、四親等内の親族、書記及び使用人		
（共同遺言の禁止） 第975条　遺言は、2人以上の者が同一の証書ですることができない。		共同遺言の禁止（975条）については、第3編　第2章1(3)（114頁）参照
第2款　特別の方式		特別方式の遺言方法（976条～984条）は、第3編　第2章1(2)（114頁）参照
（死亡の危急に迫った者の遺言） 第976条　疾病その他の事由によって死亡の危急に迫った者が遺言をしようとするときは、証人3人以上の立会いをもって、その1人に遺言の趣旨を口授して、これをすることができる。この場合においては、その口授を受けた者が、これを筆記して、遺言者及び他の証人に読み聞かせ、又は閲覧させ、各証人がその筆記の正確なことを承認した後、これに署名し、印を押さなければならない。 2　口がきけない者が前項の規定により遺言をする場合には、遺言者は、証人の前で、遺言の趣旨を通訳人の通訳により申述して、同項の口授に代えなければならない。 3　第1項後段の遺言者又は他の証人が耳が聞こえない者である場合には、遺言の趣旨の口授又は申述を受けた者は、同項後段に規定する筆記した内容を通訳人の通訳によりその遺言者又は他の証人に伝えて、同項後段の読み聞かせに代えることができる。		

旧　法	新　法	留意点（改正内容／主な説明箇所）
4　前3項の規定によりした遺言は、遺言の日から20日以内に、証人の1人又は利害関係人から家庭裁判所に請求してその確認を得なければ、その効力を生じない。 5　家庭裁判所は、前項の遺言が遺言者の真意に出たものであるとの心証を得なければ、これを確認することができない。		
（伝染病隔離者の遺言） 第977条　伝染病のため行政処分によって交通を断たれた場所に在る者は、警察官1人及び証人1人以上の立会いをもって遺言書を作ることができる。		
（在船者の遺言） 第978条　船舶中に在る者は、船長又は事務員1人及び証人2人以上の立会いをもって遺言書を作ることができる。		
（船舶遭難者の遺言） 第979条　船舶が遭難した場合において、当該船舶中に在って死亡の危急に迫った者は、証人2人以上の立会いをもって口頭で遺言をすることができる。 2　口がきけない者が前項の規定により遺言をする場合には、遺言者は、通訳人の通訳によりこれをしなければならない。 3　前2項の規定に従ってした遺言は、証人が、その趣旨を筆記して、これに署名し、印を押し、かつ、証人の1人又は利害関係人から遅滞なく家庭裁判所に請求してその確認を得なければ、その効力を生じない。 4　第976条第5項の規定は、前項の場合について準用する。		
（遺言関係者の署名及び押印） 第980条　第977条及び第978条の場合には、遺言者、筆者、立会人及び証人は、各自遺言書に署名し、印を押さなければならない。		
（署名又は押印が不能の場合） 第981条　第977条から第979条までの場合において、署名又は印を押すことのできない者があるときは、立会人又は証人は、その事由を付記しなければならない。		
（普通の方式による遺言の規定の準用）		
第982条　第968条第2項及び第973条から第975条までの規定は、第976条から前条までの規定による遺言について準用する。	第982条　第968条第3項及び第973条から第975条までの規定は、第976条から前条までの規定による遺言について準用する。	・形式的な改正。施行日は平成31年1月13日
（特別の方式による遺言の効力） 第983条　第976条から前条までの規定によりした遺言は、遺言者が普通の方式によって遺言をすることができるようになった時から6箇月間生存するときは、その効力を生じない。		
（外国に在る日本人の遺言の方式） 第984条　日本の領事の駐在する地に在る日本人が公正証書又は秘密証書によって遺言をしようとするときは、公証人の職務は、領事〔日本政府在外事務所を置く場合には日本政府在外事務所長〕が行う。		
第3節　遺言の効力		
（遺言の効力の発生時期） 第985条　遺言は、遺言者の死亡の時からその効力を生ずる。 2　遺言に停止条件を付した場合において、その条件が遺言者の死亡後に成就したときは、遺言は、条件が成就した時からその効力を生ずる。		

第1編　民法改正（相続関係）の内容

旧　法	新　法	留意点（改正内容／主な説明箇所）
（遺贈の放棄） 第986条　受遺者は、遺言者の死亡後、いつでも、遺贈の放棄をすることができる。 2　遺贈の放棄は、遺言者の死亡の時にさかのぼってその効力を生ずる。		遺贈（986条〜1003条）に関しては、第3編　第3章2（125頁）参照
（受遺者に対する遺贈の承認又は放棄の催告） 第987条　遺贈義務者（遺贈の履行をする義務を負う者をいう。以下この節において同じ。）その他の利害関係人は、受遺者に対し、相当の期間を定めて、その期間内に遺贈の承認又は放棄をすべき旨の催告をすることができる。この場合において、受遺者がその期間内に遺贈義務者に対してその意思を表示しないときは、遺贈を承認したものとみなす。		
（受遺者の相続人による遺贈の承認又は放棄） 第988条　受遺者が遺贈の承認又は放棄をしないで死亡したときは、その相続人は、自己の相続権の範囲内で、遺贈の承認又は放棄をすることができる。ただし、遺言者がその遺言に別段の意思を表示したときは、その意思に従う。		
（遺贈の承認及び放棄の撤回及び取消し） 第989条　遺贈の承認及び放棄は、撤回することができない。 2　第919条第2項及び第3項の規定は、遺贈の承認及び放棄について準用する。		
（包括受遺者の権利義務） 第990条　包括受遺者は、相続人と同一の権利義務を有する。		
（受遺者による担保の請求） 第991条　受遺者は、遺贈が弁済期に至らない間は、遺贈義務者に対して相当の担保を請求することができる。停止条件付きの遺贈についてその条件の成否が未定である間も、同様とする。		
（受遺者による果実の取得） 第992条　受遺者は、遺贈の履行を請求することができる時から果実を取得する。ただし、遺言者がその遺言に別段の意思を表示したときは、その意思に従う。		
（遺贈義務者による費用の償還請求） 第993条　第299条の規定は、遺贈義務者が遺言者の死亡後に遺贈の目的物について費用を支出した場合について準用する。 2　果実を収取するために支出した通常の必要費は、果実の価格を超えない限度で、その償還を請求することができる。		
（受遺者の死亡による遺贈の失効） 第994条　遺贈は、遺言者の死亡以前に受遺者が死亡したときは、その効力を生じない。 2　停止条件付きの遺贈については、受遺者がその条件の成就前に死亡したときも、前項と同様とする。ただし、遺言者がその遺言に別段の意思を表示したときは、その意思に従う。		
（遺贈の無効又は失効の場合の財産の帰属） 第995条　遺贈が、その効力を生じないとき、又は放棄によってその効力を失ったときは、受遺者が受けるべきであったものは、相続人に帰属する。ただし、遺言者がその遺言に別段の意思を表示したときは、その意思に従う。		

第1章　条文毎（882条～1050条）の改正

旧　法	新　法	留意点（改正内容／主な説明箇所）
（相続財産に属しない権利の遺贈） 第996条　遺贈は、その目的である権利が遺言者の死亡の時において相続財産に属しなかったときは、その効力を生じない。ただし、その権利が相続財産に属するかどうかにかかわらず、これを遺贈の目的としたものと認められるときは、この限りでない。		
第997条　相続財産に属しない権利を目的とする遺贈が前条ただし書の規定により有効であるときは、遺贈義務者は、その権利を取得して受遺者に移転する義務を負う。 2　前項の場合において、同項に規定する権利を取得することができないとき、又はこれを取得するについて過分の費用を要するときは、遺贈義務者は、その価額を弁償しなければならない。ただし、遺言者がその遺言に別段の意思を表示したときは、その意思に従う。		
（不特定物の遺贈義務者の担保責任） 第998条①　不特定物を遺贈の目的とした場合において、受遺者がこれにつき第三者から追奪を受けたときは、遺贈義務者は、これに対して、売主と同じく、担保の責任を負う。 2　不特定物を遺贈の目的とした場合において、物に瑕疵があったときは、遺贈義務者は、瑕疵のない物をもってこれに代えなければならない。	（遺贈義務者の引渡義務） 第998条①　遺贈義務者は、遺贈の目的である物又は権利を、相続開始の時（その後に当該物又は権利について遺贈の目的として特定した場合にあっては、その特定した時）の状態で引き渡し、又は移転する義務を負う。ただし、遺言者がその遺言に別段の意思を表示したときは、その意思に従う。	①本条は、債権法改正（551条の改正など）において、担保責任につき契約責任説を採用したことに平仄をあわせて、遺贈義務者の担保責任を改正したもの[21]。新法の「遺贈の目的として特定した……時の状態」とは、種類物（不特定物）遺贈の場合は目的物が遺贈の内容に適合する物として特定した時の状態を指すと解される[22]。 →128頁など参照 ②経過措置：遺贈日で区分（附則7条1項） ③施行日：平成32年4月1日
（遺贈の物上代位） 第999条　遺言者が、遺贈の目的物の滅失若しくは変造又はその占有の喪失によって第三者に対して償金を請求する権利を有するときは、その権利を遺贈の目的としたものと推定する。 2　遺贈の目的物が、他の物と付合し、又は混和した場合において、遺言者が第243条から第245条までの規定により合成物又は混和物の単独所有者又は共有者となったときは、その全部の所有権又は持分を遺贈の目的としたものと推定する。		
（第三者の権利の目的である財産の遺贈） 第1000条　遺贈の目的である物又は権利が遺言者の死亡の時において第三者の権利の目的であるときは、受遺者は、遺贈義務者に対しその権利を消滅させるべき旨を請求することができない。ただし、遺言者がその遺言に反対の意思を表示したときは、この限りでない。	（削除）①	①本条は、新法998条が、遺贈義務者は相続開始時（又は遺贈の目的として特定した時）の状態で引き渡せば足りるとし、遺贈義務者に第三者の権利を消滅せる義務のないことが明らかとなったことを受けて、削除された。 ②経過措置：遺贈日で区分（附則7条2項） ③施行日：平成32年4月1日

21　債権ハンドブック138頁参照
22　債権法部会資料81B、76B参照

第1編　民法改正（相続関係）の内容

旧　法	新　法	留意点（改正内容／主な説明箇所）
（債権の遺贈の物上代位） 第1001条　債権を遺贈の目的とした場合において、遺言者が弁済を受け、かつ、その受け取った物がなお相続財産中に在るときは、その物を遺贈の目的としたものと推定する。 2　金銭を目的とする債権を遺贈の目的とした場合においては、相続財産中にその債権額に相当する金銭がないときであっても、その金額を遺贈の目的としたものと推定する。		
（負担付遺贈） 第1002条　負担付遺贈を受けた者は、遺贈の目的の価額を超えない限度においてのみ、負担した義務を履行する責任を負う。 2　受遺者が遺贈の放棄をしたときは、負担の利益を受けるべき者は、自ら受遺者となることができる。ただし、遺言者がその遺言に別段の意思を表示したときは、その意思に従う。		
（負担付遺贈の受遺者の免責） 第1003条　負担付遺贈の目的の価額が相続の限定承認又は遺留分回復の訴えによって減少したときは、受遺者は、その減少の割合に応じて、その負担した義務を免れる。ただし、遺言者がその遺言に別段の意思を表示したときは、その意思に従う。		
第4節　遺言の執行		遺言の執行（1004条～1021条）については、第3編　第4章（130頁）参照
（遺言書の検認） 第1004条　遺言書の保管者は、相続の開始を知った後、遅滞なく、これを家庭裁判所に提出して、その検認を請求しなければならない。遺言書の保管者がない場合において、相続人が遺言書を発見した後も、同様とする。 2　前項の規定は、公正証書による遺言については、適用しない。 3　封印のある遺言書は、家庭裁判所において相続人又はその代理人の立会いがなければ、開封することができない。		遺言の検認、開封（1004条～1005条）については、第3編　第4章1（130頁）参照
（過料） 第1005条　前条の規定により遺言書を提出することを怠り、その検認を経ないで遺言を執行し、又は家庭裁判所外においてその開封をした者は、5万円以下の過料に処する。		
（遺言執行者の指定） 第1006条　遺言者は、遺言で、1人又は数人の遺言執行者を指定し、又はその指定を第三者に委託することができる。 2　遺言執行者の指定の委託を受けた者は、遅滞なく、その指定をして、これを相続人に通知しなければならない。 3　遺言執行者の指定の委託を受けた者がその委託を辞そうとするときは、遅滞なくその旨を相続人に通知しなければならない。		遺言執行者（1006条～1020条）については、第3編　第4章3（131頁）参照
（遺言執行者の任務の開始） 第1007条　遺言執行者が就職を承諾したときは、直ちにその任務を行わなければならない。		①**2項は、遺言執行者に、旧法になかった**[23]**遺言内容の相続人に対する通知義務を定めた。** →133頁など参照

23　旧法下においても、遺言執行者の善管注意（1012条2項、644条）の内容として、一定の通知義務があるとした裁判例がある（**東京地判H19.12.3**）。実務上も、通知がされていた例が多いものと思料される。

旧　法	新　法	留意点（改正内容／主な説明箇所）
	2　遺言執行者は、その任務を開始したときは、遅滞なく、遺言の内容を相続人②に通知しなければならない①。	②2項の通知先に、相続人でない受遺者は含まれないが、相続人と同一の権利義務を有するとされる包括受遺者（990条）は含まれるものと解される。また、「相続人」に限定がないことから、兄弟姉妹が相続人の場合、遺留分を有しないとしても含まれる[24]。 ③経過措置の例外：施行日前に相続が開始していても、遺言執行者への就任が施行日以降であれば適用される（附則8条1項）。
(遺言執行者に対する就職の催告) 第1008条　相続人その他の利害関係人は、遺言執行者に対し、相当の期間を定めて、その期間内に就職を承諾するかどうかを確答すべき旨の催告をすることができる。この場合において、遺言執行者が、その期間内に相続人に対して確答をしないときは、就職を承諾したものとみなす。		
(遺言執行者の欠格事由) 第1009条　未成年者及び破産者は、遺言執行者となることができない。		
(遺言執行者の選任) 第1010条　遺言執行者がないとき、又はなくなったときは、家庭裁判所は、利害関係人の請求によって、これを選任することができる。		
(相続財産の目録の作成) 第1011条　遺言執行者は、遅滞なく、相続財産の目録を作成して、相続人に交付しなければならない。 2　遺言執行者は、相続人の請求があるときは、その立会いをもって相続財産の目録を作成し、又は公証人にこれを作成させなければならない。		
(遺言執行者の権利義務) 第1012条　遺言執行者は、相続財産の管理その他遺言の執行に必要な一切の行為をする権利義務を有する。	第1012条　遺言執行者は、**遺言の内容を実現するため**①、相続財産の管理その他遺言の執行に必要な一切の行為をする権利義務を有する。 **2　遺言執行者がある場合には、遺贈の履行は、遺言執行者のみが行うことができる②。**	①1項は、遺言執行者の責務が、相続人の利益を図ることでなく、遺言内容の実現にあることを明確にした。あわせて、1015条が改正されている。 訴訟における遺言執行者の当事者適格の有無の解釈に影響を与える可能性がある[25]。 →81頁、136頁など参照
2　第644条から第647条まで及び第650条の規定は、遺言執行者について準用する。	**3**　第644条、**第645条**から第647条まで及び第650条の規定は、遺言執行者について準用する③。	②2項は、遺言執行者がいる場合、受遺者の遺贈の履行請求の相手が遺言執行者であることを明らかにした。特定遺贈の受遺者からの遺贈義務の履行請求の被告適格が遺言執行者に認められるとする判例（**最判S43.5.31**）の内容をさらに一歩進めて、包括遺贈も含めて明文化したものと解される。 →126頁、131頁など参照

24　改正ポイント168頁
25　もっとも、これまでの判例における結論に大きな影響はないと考えられる（改正ポイント157頁参照）。

第1編　民法改正（相続関係）の内容

旧　法	新　法	留意点（改正内容／主な説明箇所）
		③3項は、債権法改正で644条の2が新設されたことに伴う形式的な改正。 ④経過措置の例外：施行日前に相続が開始していても、遺言執行者への就任が施行日以降であれば適用される（附則8条1項）。
（遺言の執行の妨害行為の禁止） 第1013条　遺言執行者がある場合には、相続人は、相続財産の処分その他遺言の執行を妨げるべき行為をすることができない。	**2　前項の規定に違反してした行為は、無効とする。ただし、これをもって善意の第三者に対抗することができない**[①]。 **3　前2項の規定は、相続人の債権者（相続債権者を含む。）が相続財産についてその権利を行使することを妨げない**[②]。	①**2項は、遺言執行者がいる場合、相続人がした財産処分行為を絶対的無効としていた判例（大判S5.6.16、最判S62.4.23）を変更し、善意の第三者を保護する変更を加えた。なお、条文上、無過失は要求されていない。** → 105頁、127頁など参照 ②3項は、新法899条の2とあわせると、遺言の内容や遺言執行者の有無にかかわらず、相続人の債権者（相続債権者を含む）が、相続登記がされる前に法定相続分に対して権利行使をすれば、有効になるものと解される[26]。
（特定財産に関する遺言の執行） 第1014条[①]　前3条の規定は、遺言が相続財産のうち特定の財産に関する場合には、その財産についてのみ適用する。	**2　遺産の分割の方法の指定として遺産に属する特定の財産を共同相続人の1人又は数人に承継させる旨の遺言（以下「特定財産承継遺言」という。）があったときは、遺言執行者は、当該共同相続人が第899条の2第1項に規定する対抗要件を備えるために必要な行為をすることができる**[②]。 **3　前項の財産が預貯金債権である場合には、遺言執行者は、同項に規定する行為のほか、その預金又は貯金の払戻しの請求及びその預金又は貯金に係る契約の解約の申入れをすることができる**[③]。**ただし、解約の申入れについては、その預貯金債権の全部が特定財産承継遺言の目的である場合に限る**[④]。	①**本条2項から4項は、いわゆる「相続させる」遺言（新法で「特定財産承継遺言」と定義された）の場合の遺言執行者の権限を明確化した。なお遺言で別段の意思表示がある場合は、それに従う（4項）**。 → 123頁、131頁など参照 ②2項は、「相続させる」遺言につき、遺言執行者が対抗要件具備行為をできるものとした。「できる」規定であり、不動産の場合、遺言執行者に執行義務はない（＝受益相続人は単独で不動産の相続登記ができる。）とした判例（**最判H7.1.24**）は変更されないものと思われる[27]。 ③3項本文は、従来争いがあった遺言執行者の預金払戻し権限の範囲を、明確にした。対象は「預貯金債権」に限定されており他の金融商品は含まれない。

26　なお、判例は、遺言執行者なく第三者に遺贈された不動産に対して相続人の債権者が差押えた事案において、受遺者と相続人の債権者は対抗関係に立つとする（**最判S39.3.6**）一方、遺贈につき、遺言執行者がいない場合は対抗関係になり、遺言執行者がいる場合は遺贈が優先するとしていたが（**最判S62.4.23**）、遺言執行者の有無で結論がかわるのは取引の安全を害するという指摘があった（改正ポイント229頁）。

27　改正ポイント181頁、相続法制91頁

第1章　条文毎（882条〜1050条）の改正

旧法	新法	留意点（改正内容／主な説明箇所）
	4　前2項の規定にかかわらず、被相続人が遺言で別段の意思を表示したときは、その意思に従う。	④3項ただし書は、預金の一部についてのみ「相続させる遺言」の対象となった場合、遺言執行者は解約申入れまではできないとするもの[28]。 ⑤経過措置の例外：相続開始日でなく、遺言日で区分される（附則8条2項）。遺言日が施行日前であれば、適用がない。
（遺言執行者の地位） 第1015条　遺言執行者は、相続人の代理人とみなす①。	（遺言執行者の行為の効果） 第1015条　遺言執行者がその権限内において遺言執行者であることを示してした行為は、相続人に対して直接にその効力を生ずる①。	①本条は、旧法の「代理人とみなす」の内容を、「相続人に対して直接にその効力を生ずる」と明確にした。「代理人とみなす」という表現を変更することで、遺言執行者の任務が相続人の利益のためでなく、遺言者の意思の実現にあること（**最判S30.5.10**）を明確にした。 → 132頁、136頁など参照
（遺言執行者の復任権） 第1016条①　遺言執行者は、やむを得ない事由がなければ、第三者にその任務を行わせることができない②。ただし、遺言者がその遺言に反対の意思を表示したときは、この限りでない。 2　遺言執行者が前項ただし書の規定により第三者にその任務を行わせる場合には、相続人に対して、第105条に規定する責任を負う③。	第1016条①　遺言執行者は、自己の責任で第三者にその任務を行わせることができる②。ただし、遺言者がその遺言に別段の意思を表示したときは、その意思に従う。 2　前項本文の場合において、第三者に任務を行わせることについてやむを得ない事由があるときは、遺言執行者は、相続人に対してその選任及び監督についての責任のみを負う④。	①本条は遺言執行者の復任権について、改正を行った。 → 123頁、131頁など参照 ②1項は、旧法が「やむを得ない事由がなければ」遺言執行者は復任できないとしていたものを、自己の責任で自由に復任できると改正した。なお、ただし書は実質的に変更はない。 ③旧法2項は、債権法改正により債権法改正前105条が削除されたことに伴い、削除された[29]。 ④2項は、「やむを得ない事由」による復任につき、法定代理人による復代理人と同様の規律（改正法105条[30]）をおいた。 ⑤経過措置の例外：相続開始日でなく、遺言日で区分される（附則8条3項）。遺言日が施行日前であれば、適用がない。
（遺言執行者が数人ある場合の任務の執行） 第1017条　遺言執行者が数人ある場合には、その任務の執行は、過半数で決する。ただし、遺言者がその遺言に別段の意思を表示したときは、その意思に従う。		

28　例えば、A銀行の預金500万円のうち200万円を甲に相続させるという遺言の場合、遺言執行者は預金の解約はできず、200万円の払戻しの申込みのみが可能となる。

29　旧法105条の削除により、復代理人を選任した場合の代理人の責任も、債務不履行の一般規定によって規律されることになると説明されている（債権ハンドブック12頁）。遺言執行者が復任した場合の遺言執行者の責任も、債務不履行の一般規定によって規律されるものと解される。

30　105条（債権法改正後）　法定代理人は、自己の責任で復代理人を選任することができる。この場合において、やむを得ない事由があるときは、本人に対してその選任及び監督についての責任のみを負う。

第1編　民法改正（相続関係）の内容

旧　法	新　法	留意点（改正内容／主な説明箇所）
2　各遺言執行者は、前項の規定にかかわらず、保存行為をすることができる。		
（遺言執行者の報酬） 第1018条　家庭裁判所は、相続財産の状況その他の事情によって遺言執行者の報酬を定めることができる。ただし、遺言者がその遺言に報酬を定めたときは、この限りでない。		
2　第648条第2項及び第3項の規定は、遺言執行者が報酬を受けるべき場合について準用する。	2　第648条第2項及び第3項並びに第648条の2の規定は①、遺言執行者が報酬を受けるべき場合について準用する。	①2項は、債権法改正における648条の2[31]の新設に伴う改正。
（遺言執行者の解任及び辞任） 第1019条　遺言執行者がその任務を怠ったときその他正当な事由があるときは、利害関係人は、その解任を家庭裁判所に請求することができる。 2　遺言執行者は、正当な事由があるときは、家庭裁判所の許可を得て、その任務を辞することができる。		
（委任の規定の準用） 第1020条　第654条及び第655条の規定は、遺言執行者の任務が終了した場合について準用する。		
（遺言の執行に関する費用の負担） 第1021条　遺言の執行に関する費用は、相続財産の負担とする。ただし、これによって遺留分を減ずることができない。		
第5節　遺言の撤回及び取消し		遺言の撤回（1022条～1027条）については、第3編　第2章1(4)（115頁）参照
（遺言の撤回） 第1022条　遺言者は、いつでも、遺言の方式に従って、その遺言の全部又は一部を撤回することができる。		
（前の遺言と後の遺言との抵触等） 第1023条　前の遺言が後の遺言と抵触するときは、その抵触する部分については、後の遺言で前の遺言を撤回したものとみなす。 2　前項の規定は、遺言が遺言後の生前処分その他の法律行為と抵触する場合について準用する。		
（遺言書又は遺贈の目的物の破棄） 第1024条　遺言者が故意に遺言書を破棄したときは、その破棄した部分については、遺言を撤回したものとみなす。遺言者が故意に遺贈の目的物を破棄したときも、同様とする。		
（撤回された遺言の効力） 第1025条　前3条の規定により撤回された遺言は、その撤回の行為が、撤回され、取り消され、又は効力を生じなくなるに至ったときであっても、その効力を回復しない。ただし、その行為が詐欺又は強迫による場合は、この限りでない。	第1025条　前3条の規定により撤回された遺言は、その撤回の行為が、撤回され、取り消され、又は効力を生じなくなるに至ったときであっても、その効力を回復しない。ただし、その行為が錯誤①、詐欺又は強迫による場合は、この限りでない。	①本条は、債権法改正において、錯誤の効果が取消し（95条）とされたことに平仄をあわせた改正[32]。 ②経過措置：撤回日で区分（附則9条） ③施行日：平成32年4月1日

31　第648条の2（債権法改正における新設条文）　委任事務の履行により得られる成果に対して報酬を支払うことを約した場合において、その成果が引渡しを要するときは、報酬は、その成果の引渡しと同時に、支払わなければならない。
　　2　第634条の規定は、委任事務の履行により得られる成果に対して報酬を支払うことを約した場合について準用する。

32　債権ハンドブック8頁以下参照

旧　法	新　法	留意点（改正内容／主な説明箇所）
（遺言の撤回権の放棄の禁止） 第1026条　遺言者は、その遺言を撤回する権利を放棄することができない。		
（負担付遺贈に係る遺言の取消し） 第1027条　負担付遺贈を受けた者がその負担した義務を履行しないときは、相続人は、相当の期間を定めてその履行の催告をすることができる。この場合において、その期間内に履行がないときは、その負担付遺贈に係る遺言の取消しを家庭裁判所に請求することができる。		

8.　第8章　配偶者の居住の権利（新設規定）

新法は、章を新設した。すべて新設規定のため、新法のみを掲載。

新　法	留意点（改正内容）
第8章　配偶者の居住の権利	・施行日：平成32年4月1日 ・経過措置：相続開始日で区分（附則10条1項）。遺贈については遺贈日で区分（附則10条2項）。 ・38頁、42頁、89頁など参照
第1節　配偶者居住権	
（配偶者居住権） 第1028条①　被相続人の配偶者（以下この章において単に「配偶者」という。）は、被相続人の財産に属した建物に相続開始の時に居住していた場合において、次の各号のいずれかに該当するときは、その居住していた建物（以下この節において「居住建物」という。）の全部について②無償で使用及び収益をする権利③（以下この章において「配偶者居住権」という。）を取得する。ただし、被相続人が相続開始の時に居住建物を配偶者以外の者と共有していた場合にあっては、この限りでない④。 一　遺産の分割によって配偶者居住権を取得するものとされたとき。 二　配偶者居住権が遺贈の目的とされたとき⑤。 2　居住建物が配偶者の財産に属することとなった場合であっても、他の者がその共有持分を有するときは、配偶者居住権は、消滅しない。 3　第903条第4項の規定は、配偶者居住権の遺贈について準用する⑥。	①**本条1項及び2項は、配偶者居住権の成立要件を定める。** ②1項柱書は配偶者が一部に居住していた場合であっても、居住建物全部について配偶者居住権が成立することを定める。 ③1項柱書は「使用及び収益する権利」とするが、新法1032条3項で第三者に賃貸するには所有者の了解が必要とされており、現実的には「収益する権利」の場面はほとんどないと解される。 ④1項柱書ただし書は、被相続人が配偶者以外の者と居住建物を共有している場合には配偶者居住権が成立しないことを定める。 ⑤1項2号は、「遺贈」とされていることから、条文上は「相続させる」遺言には適用がない[33]。なお、死因贈与は原則として遺贈に関する規定が準用されることから（554条）、死因贈与契約による配偶者居住権の取得は可能と考えられる。

---

[33]　もっとも、判例（**最判H3.4.19**）は「相続させる」遺言につき、「遺言書の記載から、その趣旨が遺贈であることが明らかであるか又は遺贈と解すべき特段の事情がない限り、遺贈と解すべきではない。」としており、遺贈と解すべき特段の事情があれば、「相続させる」遺言にも適用があると解される。

第1編　民法改正（相続関係）の内容

新　法	留意点（改正内容）
	⑥3項は、婚姻期間が20年以上の夫婦の一方である被相続人が、他の一方に対し、配偶者居住権を遺贈したときは、特別受益の持戻し免除の意思表示を推定する旨の規定をおいた。
（審判による配偶者居住権の取得） 第1029条① 遺産の分割の請求を受けた家庭裁判所は、次に掲げる場合に限り、配偶者が配偶者居住権を取得する旨を定めることができる。 　一　共同相続人間に配偶者が配偶者居住権を取得することについて合意が成立しているとき。 　二　配偶者が家庭裁判所に対して配偶者居住権の取得を希望する旨を申し出た場合において、居住建物の所有者の受ける不利益の程度を考慮してもなお配偶者の生活を維持するために特に必要があると認めるとき（前号に掲げる場合を除く。）。	①本条は、配偶者が配偶者居住権を取得する旨の審判を家庭裁判所が下すことができる要件を定める。
（配偶者居住権の存続期間） 第1030条　配偶者居住権の存続期間は、配偶者の終身の間とする。ただし、遺産の分割の協議若しくは遺言に別段の定めがあるとき、又は家庭裁判所が遺産の分割の審判において別段の定めをしたときは、その定めるところによる。	
（配偶者居住権の登記等） 第1031条① 居住建物の所有者は、配偶者（配偶者居住権を取得した配偶者に限る。以下この節において同じ。）に対し、配偶者居住権の設定の登記を備えさせる義務を負う。 2　第605条[35]の規定は配偶者居住権について、第605条の4[36]の規定は配偶者居住権の設定の登記を備えた場合について準用する②。	①本条1項は、配偶者に登記請求権を認めた。2項は登記された場合の効果を定めた。なお、文言上、配偶者が単独で登記することはできず、所有者と配偶者の共同申請になる（不動産登記法60条）[34]。 ②2項は登記により、登記後の第三者に対抗可能なこと及び、居住建物の占有者に対する妨害排除請求等が可能となることを定める。なお、占有は対抗要件とはならない。
（配偶者による使用及び収益） 第1032条① 配偶者は、従前の用法に従い、善良な管理者の注意をもって、居住建物の使用及び収益をしなければならない。ただし、従前居住の用に供していなかった部分について、これを居住の用に供することを妨げない②。 2　配偶者居住権は、譲渡することができない。 3　配偶者は、居住建物の所有者の承諾を得なければ、居住建物の改築若しくは増築をし、又は第三者に居住建物の使用若しくは収益をさせることができない。	①本条1項〜3項は、配偶者が居住建物の使用収益等をする際の義務を定めた。配偶者は賃借人に類似した義務を負う。 ②1項ただし書は、新法1028条により一部に居住している場合でも建物全部につき配偶者居住権が成立することから定められた。

34　もっとも、登記義務の履行を命ずる審判があれば、単独で登記できる。
35　605条（債権法改正後）　不動産の賃貸借は、これを登記したときは、その不動産について物権を取得した者その他の第三者に対抗することができる。
36　605条の4（債権法改正後）　不動産の賃借人は、第605条の2第1項に規定する対抗要件を備えた場合において、次の各号に掲げるときは、それぞれ当該各号に定める請求をすることができる。
　一　その不動産の占有を第三者が妨害しているとき　その第三者に対する妨害の停止の請求
　二　その不動産を第三者が占有しているとき　その第三者に対する返還の請求

新　法	留意点（改正内容）
4　配偶者が第１項又は前項の規定に違反した場合において、居住建物の所有者が相当の期間を定めてその是正の催告をし、その期間内に是正がされないときは、居住建物の所有者は、当該配偶者に対する意思表示によって配偶者居住権を消滅させることができる③。	③ ４項は、配偶者が１項又は３項の義務違反をした場合、居住建物の所有者は是正勧告のうえで、配偶者居住権を消滅させることができることを定めた。
（居住建物の修繕等） 第1033条①　配偶者は、居住建物の使用及び収益に必要な修繕をすることができる。 2　居住建物の修繕が必要である場合において、配偶者が相当の期間内に必要な修繕をしないときは、居住建物の所有者は、その修繕をすることができる。 3　居住建物が修繕を要するとき（第１項の規定により配偶者が自らその修繕をするときを除く。）、又は居住建物について権利を主張する者があるときは、配偶者は、居住建物の所有者に対し、遅滞なくその旨を通知しなければならない。ただし、居住建物の所有者が既にこれを知っているときは、この限りでない。	①**本条は、居住建物の修繕等について、配偶者に、賃貸借契約の賃借人に類似した権利義務を認めた。**
（居住建物の費用の負担） 第1034条　配偶者は、居住建物の通常の必要費を負担する①。 2　第583条第２項[37]の規定は、前項の通常の必要費以外の費用について準用する②。	①**１項は、固定資産税等の通常の必要費について配偶者の負担とすることを定める。** ②**２項は、必要費以外の費用（災害等の対策費用や有益費）について、配偶者は、その価格が現存する場合、建物所有者の選択により、建物所有者に支出額又は増加額を償還請求できることを定める**[38]。
（居住建物の返還等） 第1035条　配偶者は、配偶者居住権が消滅したときは、居住建物の返還をしなければならない。ただし、配偶者が居住建物について共有持分を有する場合は、居住建物の所有者は、配偶者居住権が消滅したことを理由としては、居住建物の返還を求めることができない①。 2　第599条第１項及び第２項[41]並びに第621条[42]の規定は、前項本文の規定により配偶者が相続の開始後に附属させた物がある居住建物又は相続の開始後に生じた損傷がある居住建物の返還をする場合について準用する②。	① １項は、配偶者居住権が消滅した際の居住建物の返還義務を定める。ただし書は、**最判S41.5.19**[39]の趣旨を敷衍したものと解される。この場合の法律関係は、一般の共有の法理の解釈に委ねられる[40]。 ② ２項は、配偶者が居住建物を返還

37　583条２項　買主又は転得者が不動産について費用を支出したときは、売主は、196条の規定に従い、その償還をしなければならない。ただし、有益費については、裁判所は、売主の請求により、その償還について相当の期限を許与することができる。

38　裁判所は、有益費について、建物所有者の請求により、その償還について相当の期限を許与することができる（583条２項ただし書の準用）。

39　少数持分しか有しない相続人が相続建物を占有している場合、他のすべての相続人らがその共有持分を合計するとその価格が共有物の価格の過半数をこえるからといって、当然に多数持分を有している相続人が明け渡しをできるわけではないと判示した。

40　相続法制13頁、34頁

41　599条（債権法改正後）　借主は、借用物を受け取った後にこれに附属させた物がある場合において、使用貸借が終了したときは、その附属させた物を収去する義務を負う。ただし、借用物から分離することができない物又は分離するのに過分の費用を要する物については、この限りでない。
　　2　借主は、借用物を受け取った後にこれに附属させた物を収去することができる。

42　621条（債権法改正後）　賃借人は、賃借物を受け取った後にこれに生じた損傷（通常の使用及び収益によって生じた賃借物の損耗並びに賃借物の経年変化を除く。以下この条において同じ。）がある場合において、賃貸借が終了したときは、その損傷を原状に復する義務を負う。ただし、その損傷が賃借人の責めに帰することができない事由によるものであるときは、この限りでない。

新法	留意点（改正内容）
	する際の原状回復義務等について、賃貸借契約の賃借人の義務を準用する。 →第2章3(3)(42頁)参照
(使用貸借及び賃貸借の規定の準用) 第1036条① 第597条第1項及び第3項[43]、第600条[44]、613条[45]並びに616条の2[46]の規定は、配偶者居住権について準用する。	①本条は終了事由、費用償還等期間制限などにつき、使用貸借、賃貸借を準用する。 →第2章3(3)(42頁)参照
第2節 配偶者短期居住権	・施行日：平成32年4月1日 ・経過措置：相続開始日で区分（附則10条1項）。 ・38頁、41頁、65頁、91頁など参照
(配偶者短期居住権) 第1037条① 配偶者は、被相続人の財産に属した建物[2]に相続開始の時に無償で居住していた場合には、次の各号に掲げる区分に応じそれぞれ当該各号に定める日までの間、その居住していた建物（以下この節において「居住建物」という。）の所有権を相続又は遺贈により取得した者（以下この節において「居住建物取得者」という。）に対し、居住建物について無償で使用する権利（居住建物の一部のみを無償で使用していた場合にあっては、その部分について無償で使用する権利。以下この節において「配偶者短期居住権」という。）を有する。ただし、配偶者が、相続開始の時において居住建物に係る配偶者居住権を取得したとき[3]、又は第891条の規定に該当し若しくは廃除によってその相続権を失ったときは、この限りでない。 一 居住建物について配偶者を含む共同相続人間で遺産の分割をすべき場合 遺産の分割により居住建物の帰属が確定した日又は相続開始の時から6箇月を経過する日のいずれか遅い日	①**本条に定める配偶者短期居住権は**、判例（最判H8.12.17）[47]の趣旨を一歩進めて、被相続人の配偶者に、遺産分割協議を終えるまでの間、無償の短期的な居住権を創設した[48]。 ② 1項は対象を被相続人の財産に属した建物に限定しており、賃借物件には適用されない。 ③ 1項柱書ただし書の「相続開始の時において居住建物に係る配偶者居住権を取得したとき」とは、配偶者に居住建物は遺贈せず、配偶者居住権のみを遺贈した場合などを指す。

43 597条（債権法改正後）1項 当事者が使用貸借の期間を定めたときは、使用貸借は、その期間が満了することによって終了する。
　　3項 使用貸借は、借主の死亡によって終了する。
44 600条（債権法改正後） 契約の本旨に反する使用又は収益によって生じた損害の賠償及び借主が支出した費用の償還は、貸主が返還を受けた時から一年以内に請求しなければならない。
　　2 前項の損害賠償の請求権については、貸主が返還を受けた時から一年を経過するまでの間は、時効は、完成しない。
45 613条（債権法改正後） 賃借人が適法に賃借物を転貸したときは、転借人は、賃貸人と賃借人との間の賃貸借に基づく賃借人の債務の範囲を限度として、賃貸人に対して転貸借に基づく債務を直接履行する義務を負う。この場合においては、賃料の前払をもって賃貸人に対抗することができない。
　　2 前項の規定は、賃貸人が賃借人に対してその権利を行使することを妨げない。
　　3 賃借人が適法に賃借物を転貸した場合には、賃貸人は、賃借人との間の賃貸借を合意により解除したことをもって転借人に対抗することができない。ただし、その解除の当時、賃貸人が賃借人の債務不履行による解除権を有していたときは、この限りでない。
46 616条の2（債権法改正後） 賃借物の全部が滅失その他の事由により使用及び収益をすることができなくなった場合には、賃貸借は、これによって終了する。
47 相続開始前から被相続人の許諾を得て遺産である建物において被相続人と同居してきた相続人は、原則として遺産分割終了までの間は、無償で居住できるとした。
48 旧法下においても法定相続分の共有持分権に基づき居住をすることは可能と解されるが、他の相続人の共有持分に対して賃料を支払う義務などが想定された。

新　法	留意点（改正内容）
<u>二　前号に掲げる場合以外の場合④　第３項の申入れの日から６箇月を経過する日</u> <u>２　前項本文の場合においては、居住建物取得者は、第三者に対する居住建物の譲渡その他の方法により配偶者の居住建物の使用を妨げてはならない⑤。</u> <u>３　居住建物取得者は、第１項第１号に掲げる場合を除くほか⑥、いつでも配偶者短期居住権の消滅の申入れをすることができる。</u>	④１項２号は、遺贈や相続させる遺言により配偶者以外の者が居住建物の所有権を得た場合や、配偶者が相続放棄をした場合などを定める。 ⑤２項に反して居住建物が第三者に譲渡された場合、配偶者は当該第三者に配偶者短期居住権を対抗することはできないが、本項に基づき居住建物取得者に債務不履行責任を問うことはできる。 ⑥３項は、遺贈や相続させる遺言により配偶者以外の者が居住建物の所有権を得た場合を定める。１項２号により、申入れから６か月で配偶者短期居住権は消滅する。
（配偶者による使用） 第1038条①　配偶者（配偶者短期居住権を有する配偶者に限る。以下この節において同じ。）は、従前の用法に従い、善良な管理者の注意をもって、居住建物の使用をしなければならない。 ２　配偶者は、居住建物取得者の承諾③を得なければ、第三者に居住建物の使用をさせることができない②。 ３　配偶者が前２項の規定に違反したときは、居住建物取得者は、当該配偶者に対する意思表示によって配偶者短期居住権を消滅させることができる④。	①**本条は、配偶者が建物を使用するにあたっての義務等を定める。** ②２項は、居住建物取得者の承諾がない場合、自ら使用するだけで、第三者に使用させる権限はないことを定める。なお、承諾が必要な第三者には、配偶者の履行補助者は入らないとされている49。 ③２項の「承諾」につき、遺産分割が未了の場合の承諾者は、相続人全員になると解される50。 ④３項につき、遺産分割未了の場合、共同相続人のうちの１名が単独で消滅請求できるかについては議論がある51。
（配偶者居住権の取得による配偶者短期居住権の消滅） 第1039条　配偶者が居住建物に係る配偶者居住権を取得したときは、配偶者短期居住権は、消滅する。	
（居住建物の返還等） 第1040条　配偶者は、前条に規定する場合を除き、配偶者短期居住権が消滅したときは、居住建物の返還をしなければならない。ただし、配偶者が居住建物について共有持分を有する場合は、居住建物取得者は、配偶者短期居住権が消滅したことを理由としては、居住建物の返還を求めることができない①。	①１項ただし書は、**最判S41.5.19**52の趣旨を敷衍したものと解される。この場合の法律関係は、一般の共有の法理の解釈に委ねられる53。

49　相続法制10頁。例として、配偶者を介護するために、その親族が同居する場合などが履行補助者になるとされている。
50　相続法制10頁
51　配偶者居住権を早期に消滅させて居住建物の資産価値を維持する必要が高い場合には、保存行為として、相続人は単独で行使できると考えられているようである（相続法制11頁）。
52　少数持分しか有しない相続人が相続建物を占有している場合、他のすべての相続人らがその共有持分を合計するとその価格が共有物の価格の過半数をこえるからといって、当然に多数持分を有している相続人が明け渡しをできるわけではないと判示した。
53　相続法制13頁

第1編　民法改正（相続関係）の内容

新　法	留意点（改正内容）
2　第599条第1項及び第2項並びに第621条の規定は、前項本文の規定により配偶者が相続の開始後に附属させた物がある居住建物又は相続の開始後に生じた損傷がある居住建物の返還をする場合について準用する②。	②2項の準用条文の内容は新法1035条2項の脚注参照（準用条文は新法1035条2項と同じ） →第2章3(2)(41頁)参照
（使用貸借等の規定の準用） 第1041条　第597条第3項、第600条、616条の2、第1032条第2項、第1033条及び第1034条の規定は、配偶者短期居住権について準用する①。	①本条の準用条文の内容は新法1036条の脚注参照（準用条文は新法1036条とほぼ同じ） →第2章3(2)(41頁)参照

9.　第9章　遺留分

遺留分は法的性格が変更されたことに伴い、大きく改正されている。改正の全体像は第2章5（45頁）参照。

旧　法	新　法	留意点（改正内容／主な説明箇所）
第8章　遺留分	第9章　遺留分	遺留分については、第2編　第7章（93頁）参照
（遺留分の帰属及びその割合） 第1028条①　兄弟姉妹以外の相続人は、遺留分として、次の各号に掲げる区分に応じてそれぞれ当該各号に定める割合に相当する額を受ける。 一　直系尊属のみが相続人である場合　被相続人の財産の3分の1 二　前号に掲げる場合以外の場合　被相続人の財産の2分の1	第1042条①　兄弟姉妹以外の相続人は、遺留分として、次条第1項に規定する遺留分を算定するための財産の価額に、次の各号に掲げる区分に応じてそれぞれ当該各号に定める割合を乗じた額を受ける。 一　直系尊属のみが相続人である場合　3分の1 二　前号に掲げる場合以外の場合　2分の1 2　相続人が数人ある場合には、前項各号に定める割合は、これらに第900条及び第901条の規定により算定したその各自の相続分を乗じた割合とする②。	①1項は、遺留分の法的性質の変更に伴い、旧法1028条の表現が改正された。実質的な内容に変更はない。なお新法1042条から1045条は、遺留分額の算定方法を定める。 ②2項は、旧法1044条の内容の一部がこちらに移動したもの（旧法1044条は削除）。内容に変更はない。
（遺留分の算定） 第1029条　遺留分は、被相続人が相続開始の時において有した財産の価額にその贈与した財産の価額を加えた額から債務の全額を控除して、これを算定する。 2　条件付きの権利又は存続期間の不確定な権利は、家庭裁判所が選任した鑑定人の評価に従って、その価格を定める。	（遺留分を算定するための財産の価額） 第1043条①　遺留分を算定するための財産の価額は、被相続人が相続開始の時において有した財産の価額にその贈与した財産の価額を加えた額から債務の全額を控除した額とする。	①1項は、遺留分の法的性質の変更に伴い（新法1046条）、表現の修正が行われた。実質的な内容に変更はない。
第1030条　贈与は、相続開始前の1年間にしたものに限り、前条の規定によりその価額を算入する。当事者双方が遺留分権利者に損害を加えることを知って贈与をしたときは、1年前の日より前にしたものについても、同様とする。	第1044条　贈与は、相続開始前の1年間にしたものに限り、前条の規定によりその価額を算入する。当事者双方が遺留分権利者に損害を加えることを知って贈与をしたときは、1年前の日より前にしたものについても、同様とする。	

第1章　条文毎（882条〜1050条）の改正

旧　法	新　法	留意点（改正内容／主な説明箇所）
	2　第904条の規定は、前項に規定する贈与の価額について準用する①。 3　相続人に対する贈与についての第1項の規定の適用については、同項中「1年」とあるのは「10年」と、「価額」とあるのは「価額（婚姻若しくは養子縁組のため又は生計の資本として受けた贈与の価額に限る。）」とする②。 →（読み替え）相続人に対する贈与は、相続開始前の10年間にしたものに限り、前条の規定によりその価額（婚姻若しくは養子縁組のため又は生計の資本として受けた贈与の価額に限る。）を算入する。当事者双方が遺留分権利者に損害を加えることを知って贈与をしたときは、10年前の日より前にしたものについても、同様とする。	①2項は、旧法1044条の内容の一部がこちらに移動したものと解される（旧法1044条は削除）。 ②3項は、遺留分算定において、相続人に対する特別受益にあたる贈与は、減殺請求を認めることが右相続人に酷であるなどの特段の事情のない限り、期間の限定なく遺留分を算定するための財産の価格に算入されるとしていた判例（最判H10.3.24）を変更するもの。新法は、相続人に対する贈与についても相続開始前10年に限定をする改正をした。なお、相続人以外に対する贈与は、旧法1030条と変わらず、1項が適用される。 →94頁など参照
（受贈者による果実の返還） 第1036条　受贈者は、その返還すべき財産のほか、減殺の請求があった日以後の果実を返還しなければならない。	（削除）①	①本条は、遺留分の法的性格が金銭請求になり（新法1046条）、果実の返還は問題とならないことから、削除されたものと解される。なお、遺留分減殺請求による金銭債権に係る債務は、期限の定めのない債務として、遺留分権利者が受遺者等に対して具体的な金額を示してその履行を請求した時点で履行遅滞となり（412条3項）、遅延損害金が発生するものと解される。
（負担付贈与の減殺請求） 第1038条　負担付贈与は、その目的の価額から負担の価額を控除したものについて、その減殺を請求することができる①。 （不相当な対価による有償行為） 第1039条　不相当な対価をもってした有償行為は、当事者双方が遺留分権利者に損害を加えることを知ってしたものに限り、これを贈与とみなす。この場合において、遺留分権利者がその減殺を請求するときは、その対価を償還しなければならない②。	（不相当な対価による有償行為） 第1045条　負担付贈与がされた場合における第1043条第1項に規定する贈与した財産の価額は①、その目的の価額から負担の価額を控除した額とする。 2　不相当な対価をもってした有償行為は、当事者双方が遺留分権利者に損害を加えることを知ってしたものに限り、当該対価を負担の価額とする負担付贈与とみなす②。	①1項は、旧法1038条が、遺留分算定における負担付贈与の扱いを明確にしていなかったところ[54]、算定にあたり目的物の価額から負担額を控除した額を遺留分算定の基礎に算入すること（一部算入説）を明確にした。 ②2項は、当事者双方が遺留分権利者に損害を加えることを知って不相当な対価をもってした有償行為につき、旧法1039条がその目的の価格全額を遺留分算定の基礎財産に算入したうえで遺留分権利者に対価の償還義務を課していたところ、対価を負担の価額とする負担付贈与とみなす（＝

---

[54] 考え方としては、遺留分算定の基礎となる財産額には負担を算入せず計算したうえで、減殺請求の時点で負担額を控除した範囲で減殺請求できるとするもの（全額算入説）があった。

旧 法	新 法	留意点（改正内容／主な説明箇所）
		実質的無償部分が遺留分算定の基礎に算入される）と定めた。 ③本条は、94頁など参照
（遺贈又は贈与の減殺請求） 第1031条　遺留分権利者及びその承継人は、遺留分を保全するのに必要な限度で、遺贈及び前条に規定する贈与の減殺を請求することができる②。	（遺留分侵害額の請求） 第1046条①　遺留分権利者及びその承継人は、受遺者（特定財産承継遺言により財産を承継し又は相続分の指定を受けた相続人を含む。以下この章において同じ。）③又は受贈者に対し、遺留分侵害額に相当する金銭の支払を請求することができる②。 2　遺留分侵害額は、第1042条の規定による遺留分から第1号及び第2号に掲げる額を控除し、これに第3号に掲げる額を加算して算定する④。 一　遺留分権利者が受けた遺贈又は第903条第1項に規定する贈与の価額 二　第900条から第902条まで、第903条及び第904条の規定により算定した相続分に応じて遺留分権利者が取得すべき遺産の価額 三　被相続人が相続開始の時において有した債務のうち、第899条の規定により遺留分権利者が承継する債務（次条第3項において「遺留分権利者承継債務」という。）の額	①本条は、遺留分侵害額（遺留分侵害として請求できる金額）の算定方法を定める。 ②1項は、遺留分減殺請求の法的性質につき、物権的な効果が生ずるとしていた判例（最判S35.7.19、最判S51.8.30など）を変更し、債権的な効果が生ずるものとした。呼び方も「遺留分減殺請求」から「遺留分侵害額の請求」に変更されている[55] ③1項括弧書は、旧法では条文上明確でなかった「相続させる」遺言や、相続分の指定による遺産の取得にも遺留分侵害額の請求の適用があることを明確にした。 ④2項は、旧法では明文化されていなかった遺留分侵害額の計算につき、 遺留分侵害額＝遺留分額（新法1042条～新法1045条） －遺留分権利者の特別受益（1号） －遺留分権利者が取得すべき具体的相続分（2号） ＋遺留分権利者が承継する相続債務の額（3号） で計算されることを明確にした。基本的に旧法の取扱いを変更するものではないが、2号は未分割の遺産がある場合、法定相続分を前提に計算すべきとの考え方もあったが、新法は具体的相続分説を採用した。なお、1号に新法1044条の3項のような限定はなく相続開始前10年間の特別受益に限定されない。
（贈与と遺贈の減殺の順序） 第1033条　贈与は、遺贈を減殺した後でなければ、減殺することができない。	（受遺者又は受贈者の負担額） 第1047条①　受遺者又は受贈者は、次の各号の定めるところに従い、遺贈（特定財産承継遺言による財産の承継又は相続分の指定による遺産の取得を含む。以下この章において同じ。）③又は贈与（遺留分	①本条は、遺留分減殺請求の法的性質が変更されたことに伴い（新法1046条参照）、各受遺者、受贈者の遺留分侵害額の負担額を定めたもの。 →98頁など参照

---

[55] 旧法では、例えば不動産や株式を対象として遺留分減殺請求がされた結果、共有関係が生ずるとされていたが、新法では、遺留分を侵害された者は、受遺者等に対して遺留分侵害額の請求権を有するにとどまり、共有関係は生じない。

旧法	新法	留意点（改正内容／主な説明箇所）
	を算定するための財産の価額に算入されるものに限る。以下この章において同じ。）④の目的の価額（受遺者又は受贈者が相続人である場合にあっては、当該価額から第1042条の規定による遺留分として当該相続人が受けるべき額を控除した額）⑤を限度として、遺留分侵害額を負担する②。 一　受遺者と受贈者とがあるときは、受遺者が先に負担する。	②1項は、遺留分侵害額の請求に関する順序、割合について、1号は旧法1033条、2号は旧法1034条、3号は旧法1035条の内容を実質的に維持した。 ③1項柱書の1つ目の括弧書は、「相続させる」遺言や相続分の指定による遺産の取得も、遺留分侵害額請求の対象となることを明らかにしたもの。
（遺贈の減殺の割合） 第1034条　遺贈は、その目的の価額の割合に応じて減殺する。ただし、遺言者がその遺言に別段の意思を表示したときは、その意思に従う。	二　受遺者が複数あるとき、又は受贈者が複数ある場合においてその贈与が同時にされたものであるときは、受遺者又は受贈者がその目的の価額の割合に応じて負担する。ただし、遺言者がその遺言に別段の意思を表示したときは、その意思に従う。	④1項柱書の2つ目の括弧書は、遺留分侵害額請求の対象となる贈与は、新法1044条に定める贈与の範囲であることを定めた。 ⑤1項柱書の3つ目の括弧書は、遺留分を下回る遺贈・贈与しか受けていない相続人は遺留分減殺請求の対象とならないとする**最判H10.2.26**の内容を明文化したもの。
（贈与の減殺の順序） 第1035条　贈与の減殺は、後の贈与から順次前の贈与に対してする。	三　受贈者が複数あるとき（前号に規定する場合を除く。）は、後の贈与に係る受贈者から順次前の贈与に係る受贈者が負担する。	⑥2項は、受遺者、受贈者の負担額を計算する際も、遺留分算定の基礎財産を計算する際の贈与や遺贈の算出方法が使われることを明確にした。
（条件付権利等の贈与又は遺贈の一部の減殺） 第1032条　条件付きの権利又は存続期間の不確定な権利を贈与又は遺贈の目的とした場合において、その贈与又は遺贈の一部を減殺すべきときは、遺留分権利者は、第1029条第2項の規定により定めた価格に従い、直ちにその残部の価額を受贈者又は受遺者に給付しなければならない。	2　第904条、第1043条第2項及び第1045条の規定は、前項に規定する遺贈又は贈与の目的の価額について準用する⑥。 3　前条第1項の請求を受けた受遺者又は受贈者は、遺留分権利者承継債務について弁済その他の債務を消滅させる行為をしたときは、消滅した債務の額の限度において、遺留分権利者に対する意思表示によって第1項の規定により負担する債務を消滅させることができる。この場合において、当該行為によって遺留分権利者に対して取得した求償権は、消滅した当該債務の額の限度において消滅する⑦。	⑦3項は、遺留分権利者の負担する相続債務を、受遺者又は受贈者が弁済その他債務を消滅させる行為をした場合、消滅した債務額の範囲で、遺留分侵害額請求による金銭債務を消滅させることができるという仕組みを新設した（求償権も消滅する）。旧法では、遺留分権利者の負担する相続債務を、受遺者又は受贈者が弁済その他債務を消滅させる行為をした場合、求償権が問題となるのみであったが、遺留分減殺請求を金銭請求に変更したことに伴い制度を新設した。特に、遺留分権利者が自己の相続債務を支払をしないケースなどにおいて、受遺者又は受贈者が当該相続債務を支払うことで、紛争の早期解決に資するものと考えられる。条文上、行使に期間制限はない。なお、遺留分権利者が破産した場合でも、本項の適用があるかは、議論がある56。

56　改正ガイドライン183頁

第1編　民法改正（相続関係）の内容

旧　法	新　法	留意点（改正内容／主な説明箇所）
(受贈者の無資力による損失の負担) 第1037条　減殺を受けるべき受贈者の無資力によって生じた損失は、遺留分権利者の負担に帰する。	4　受遺者又は受贈者の無資力によって生じた損失は、遺留分権利者の負担に帰する⑧。 5　裁判所は、受遺者又は受贈者の請求により、第1項の規定により負担する債務の全部又は一部の支払につき相当の期限を許与することができる⑨。	⑧4項は、旧法1037条の内容が場所を変更して定められた。 ⑨5項は、遺留分減殺請求が、金銭請求に変更されたことに伴い、裁判所が期限の許与をする制度を設けた。
(受贈者が贈与の目的を譲渡した場合等) 第1040条　減殺を受けるべき受贈者が贈与の目的を他人に譲り渡したときは、遺留分権利者にその価額を弁償しなければならない。ただし、譲受人が譲渡の時において遺留分権利者に損害を加えることを知っていたときは、遺留分権利者は、これに対しても減殺を請求することができる。 2　前項の規定は、受贈者が贈与の目的につき権利を設定した場合について準用する。	(削除)①	①旧法1040条は、遺留分減殺請求の法的性質が変更されたことに伴い（新法1046条）、目的物の譲渡が遺留分権利者に影響を与えることはなくなったことから、削除された。
(遺留分権利者に対する価額による弁償) 第1041条　受贈者及び受遺者は、減殺を受けるべき限度において、贈与又は遺贈の目的の価額を遺留分権利者に弁償して返還の義務を免れることができる。 2　前項の規定は、前条第1項ただし書の場合について準用する。	(削除)①	①旧法1041条は価格弁償を定めていたところ、遺留分減殺請求の法的性質が変更されたことに伴い（新法1046条）、削除された。
(減殺請求権の期間の制限) 第1042条①　減殺の請求権は、遺留分権利者が、相続の開始及び減殺すべき贈与又は遺贈があったことを知った時から1年間行使しないときは、時効によって消滅する。相続開始の時から10年を経過したときも、同様とする。	(遺留分侵害額請求権の期間の制限) 第1048条①　遺留分侵害額の請求権は、遺留分権利者が、相続の開始及び遺留分を侵害する贈与又は遺贈があったことを知った時から1年間行使しないときは、時効によって消滅する。相続開始の時から10年を経過したときも、同様とする。	①本条は、遺留分減殺請求の法的性質の変更に伴う、形式的な改正。内容に変更はないと解される。
(遺留分の放棄) 第1043条　相続の開始前における遺留分の放棄は、家庭裁判所の許可を受けたときに限り、その効力を生ずる。 2　共同相続人の1人のした遺留分の放棄は、他の各共同相続人の遺留分に影響を及ぼさない。	第1049条　相続の開始前における遺留分の放棄は、家庭裁判所の許可を受けたときに限り、その効力を生ずる。	遺留分の放棄（旧法1043条、新法1049条）は、第2編　第7章5（100頁）参照

旧　法	新　法	留意点（改正内容／主な説明箇所）
(代襲相続及び相続分の規定の準用) 第1044条　第887条第2項及び第3項、第900条、第901条、第903条並びに第904条の規定は、遺留分について準用する。	(削除)①	① 旧法1044条は、重要な条文の準用をまとめて行っていたが、わかりにくいことから、削除され、個別に他の条文に規定されることとなった。

10．第10章　特別の寄与（新設規定）

章を設けて新設で規定したもの。新設規定のため、新法のみを掲載。改正の全体像は第2章4（44頁）参照。

新　法	留意点（改正内容）
第10章　特別の寄与 第1050条①　被相続人に対して無償で療養看護その他の労務の提供をしたことにより被相続人の財産の維持又は増加について特別の寄与をした②被相続人の親族（相続人、相続の放棄をした者及び第891条の規定に該当し又は廃除によってその相続権を失った者を除く。以下この条において「特別寄与者」という。）は、相続の開始後、相続人に対し、特別寄与者の寄与に応じた額の金銭（以下この条において「特別寄与料」という。）の支払を請求することができる。 2　前項の規定による特別寄与料の支払について、当事者間に協議が調わないとき、又は協議をすることができないときは、特別寄与者は、家庭裁判所に対して協議に代わる処分を請求することができる③。ただし、特別寄与者が相続の開始及び相続人を知った時から6箇月を経過したとき、又は相続開始の時から1年を経過したときは、この限りでない。 3　前項本文の場合には、家庭裁判所は、寄与の時期、方法及び程度、相続財産の額その他一切の事情を考慮して、特別寄与料の額を定める。 4　特別寄与料の額は、被相続人が相続開始の時において有した財産の価額から遺贈の価額を控除した残額を超えることができない。 5　相続人が数人ある場合には、各相続人は、特別寄与料の額に第900条から第902条までの規定により算定した当該相続人の相続分を乗じた額を負担する。	①本条は、被相続人の財産維持又は増加に特別の寄与をした親族[57]（相続人、相続放棄をした者、相続欠格者、廃除された者を除く）の相続人に対する、金銭の支払請求権を新設したもの。寄与分は相続人にのみ認められているものであることから（904条の2）、寄与分の認められない相続人以外の親族が被相続人の療養看護した場合などを想定した規定。 なお、相続人に認められている寄与分（904条の2）は、遺産取得額の調整として遺産分割調停又は審判が前提となるが、特別寄与分は、遺産取得額の調整ではなく、特別寄与者の相続人に対する請求権として整理されている。 →44頁など参照 ②1項で、特別の寄与が認められるのは「無償で療養看護その他の労務の提供をしたことにより被相続人の財産の維持又は増加について特別の寄与をした」場合に限定されている。寄与分（904条の2）の「被相続人の事業に関する労務の提供又は財産上の給付、被相続人の療養看護その他の方法により被相続人の財産の維持又は増加について特別の寄与をした者」よりも対象は狭い。 ③2項は、特別寄与分に争いがある場合、家庭裁判所において取扱う旨を定めた。本条にあわせて、家事事件手続法が改正されている。 →家事事件手続法の改正は45頁参照

---

[57] 親族とは、6親等内の血族、配偶者、3親等内の姻族を指す（725条）。

第1編　民法改正（相続関係）の内容

第2章　改正の概要

本章では改正の概要について、説明をする。

1.　改正の全体像

改正の全体像は以下のとおり（以下は、法務省から公表されている改正の概要説明[58]を若干修正したもの）。主要な改正については、本章3以下でより詳細に説明する。

(1) 新設制度

新設されたものとしては、大きく二つある。

	概　　要	対象条文
配偶者の居住権を保護するための制度の新設 →詳細は3参照	**配偶者短期居住権の新設** 配偶者が相続開始の時に遺産に属する建物に居住していた場合、一定期間（遺産分割が終了するまでの間など）、無償でその建物を使用することができる制度を新設した。	新法1037条～1041条
	配偶者居住権の新設 配偶者が相続開始時に居住していた被相続人の所有建物を対象として、終身又は一定期間、配偶者にその使用又は収益を認めることを内容とする法定の権利を新設し、遺産分割における選択肢の一つとして、配偶者に配偶者居住権を取得させることができるとするほか、被相続人が遺贈等によって配偶者に配偶者居住権を取得させることができるとした。	新法1028条～1036条
相続人以外の者の貢献を考慮するための制度の新設 →詳細は4参照	相続人以外の被相続人の親族が、無償で被相続人の療養看護等を行った場合に、一定の要件の下で、相続人に対して金銭請求をすることができるようにした。制度の新設にあわせて、家庭裁判所における手続規定が新設されている。	新法1050条／家事法216条の2～216条の4

(2) 既存制度の見直し

既存制度を見直したものとして、以下のものがある。

	概　　要	対象条文
遺留分制度に関する見直し →詳細は5参照	遺留分減殺請求権の行使によって当然に物権的効果が生ずるとされている現行法の規律を見直し、遺留分に関する権利の行使によって遺留分侵害額に相当する金銭債権が生ずるとした。また、遺留分権利者から金銭請求を受けた受遺者又は受贈者が、金銭を直ちには準備できない場合には、受遺者等は、裁判所に対し、金銭債務の全部又は一部の支払につき期限の許与を求めることができるとした。	新法1042条～1049条ほか
遺産分割等に関する見直し	**配偶者保護のための方策の新設（持戻し免除の意思表示の推定規定）** 婚姻期間が20年以上である夫婦の一方配偶者が、他方配偶者に対し、その居住用建物又はその敷地（居住用不動産）を遺贈又は贈与した場合、民法第903条3項の持戻しの免除の意思表示があったものと推定し、遺産分割において、原則として当該居住用不動産の持戻し計算を不要とした（＝当該居住用不動産の価額を特別受益として扱わずに計算をすることができる。）。	新法903条4項

---

[58] http://www.moj.go.jp/MINJI/minji07_00222.html

	相続預金仮払い制度等の創設 各相続人は、遺産に属する預貯金債権のうち、一定の計算式で求められる額（ただし、同一の金融機関に対する権利行使は、法務省令で定める額（150万円）を限度とする。）まで、家庭裁判所の許可なく、かつ他の相続人の同意がなくても単独で払戻しをすることができるとした。 同時に、相続預金につき、家事事件手続法の保全処分の要件が緩和されている。 →詳細は6参照	新法909条の2／家事法200条3項
	遺産の分割前に遺産に属する財産が処分された場合の遺産の範囲の新設規定 遺産の分割前に遺産に属する財産が処分された場合であっても、相続人全員の同意により、当該処分された財産を遺産分割の対象に含めることができるとした。また、相続人の一人又は数人が遺産の分割前に遺産に属する財産の処分をした場合には、当該処分をした相続人の同意は不要とした。	新法906条の2
遺言制度の見直し	**自筆証書遺言の方式緩和** 全文の自書を要求している現行の自筆証書遺言の方式を緩和し、自筆証書遺言に添付する財産目録については自書でなくてもよいものとした。ただし、財産目録の各頁に署名押印することを要する。	新法968条
	自筆証書遺言保管制度の新設 公的機関（法務局）における自筆証書遺言の保管制度が新設された。 →詳細は7参照	遺言保管法
	遺言執行者の権限の明確化等 遺言執行者の一般的な権限として、遺言執行者がその権限内において遺言執行者であることを示してした行為は相続人に対し直接にその効力を生ずることを明文化した。また、特定遺贈や「相続させる」遺言のうち、遺産分割方法の指定として特定の財産の承継が定められた場合における遺言執行者の権限等を明確化した。	新法1007条、1012条~1016条
相続の効力等に関する見直し	「相続させる」遺言のうち、遺産分割方法の指定として特定財産の承継が定められた財産については、登記等の対抗要件なくして第三者に対抗することができるとされている現行法の規律（判例）を見直し、法定相続分を超える部分の承継については、登記等の対抗要件を備えなければ第三者に対抗することができないと改めた。	新法899条の2

2. 施行日、経過措置に関する概要

(1) 施行日（附則1条）の整理

なお附則は、「利用の前に」4に掲載。

対象条文	施行日	経過措置
原則（下記以外）	平成31年7月1日	原則（下記以外）は相続開始日で区分（附則2条）
		新法899条の2の債権承継の通知は、通知日で区分（附則3条）
		新法903条4項は遺贈又は贈与日で区分（附則4条）
		新法909条の2は、預貯金債権行使日で区分（附則5条）
		新法1007条2項、新法1012条は遺言執行者就任日で区分（附則8条1項）
		新法1014条2項~4項は遺言日で区分（附則8条2項）
		新法1016条は遺言日で区分（附則8条3項）

新法968条、新法970条2項、新法982条（自筆証書遺言関係）	平成31年1月13日	遺言日で区分（附則6条）
新法998条、新法1000条、新法1025条（遺贈義務者の責任関係）	平成32年4月1日	新法998条、新法1000条は遺贈日で区分（附則7条） 新法1025条は、撤回日で区分（附則9条）
新法1028条から新法1041条（配偶者の居住権関係）		相続開始日で区分（附則10条1項）。ただし新法1028条～新法1036条（配偶者居住権）の遺贈については遺贈日で区分（附則10条2項）。

(2) 経過措置の整理

(1)の経過措置を条文毎に整理すると以下のとおり。

区　分			適　用
下記以外（遺留分、特別の寄与など）	相続開始日	平成31年6月30日前	旧法又は、制度なし
		平成31年7月1日以降	新法
新法899条の2（債権の承継に係る対抗要件）	通知日	（制度なし）	
		平成31年7月1日以降	新法
新法903条4項（持戻し免除の意思表示の推定規定）	遺贈又は贈与日	（制度なし）	
		平成31年7月1日以降	新法
新法909条の2（預金の仮払い制度の新設）	預貯金債権行使日	（制度なし）	
		平成31年7月1日以降	新法
新法968条、新法970条2項、新法982条（自筆証書遺言関係）	遺言日	平成31年1月12日前	旧法
		平成31年1月13日以降	新法
新法998条、新法1000条（遺贈義務者の責任関係）	遺贈日	平成32年3月31日前	旧法
		平成32年4月1日以降	新法
新法1007条2項、新法1012条（遺言執行者の権限等）	遺言執行者就任日	平成31年6月30日前	旧法又は、制度なし
		平成31年7月1日以降	新法
新法1014条2項～4項、新法1016条（遺言執行者の権限等）	遺言日	平成31年6月30日前	旧法又は、制度なし
		平成31年7月1日以降	新法
新法1025条（撤回された遺言の効力）	遺言撤回日	平成32年3月31日前	旧法
		平成32年4月1日以降	新法
新法1028条から新法1041条（配偶者短期居住権、配偶者居住権）（遺贈を除く）	相続開始日	（制度なし）	
		平成32年4月1日以降	新法
新法1028条～新法1036条（配偶者居住権）の遺贈	遺贈日	（制度なし）	
		平成32年4月1日以降	新法

3. 配偶者の居住権を保護する制度の新設（新法1028条～1041条）

(1) 改正趣旨

被相続人と同居していた配偶者の居住権を確保するため、相続開始から当面の間の居住権を確保する配偶者短期居住権（新法1037条～1041条）と、終身又は相当な期間の居住権を確保する配偶者居住権（新法1028条～1036条）が新設された。

(2) 配偶者短期居住権（新法1037条～1041条）の制度概要

（i） まとめ

権利の内容	**相続開始から当面の間、居住建物を無償で使用する権利**（居住建物の一部のみを無償で使用していた場合にあっては、その部分のみ）
要件（注） （新法1037条1項）	被相続人の財産に属した建物に相続開始の時に無償で居住していたこと（被相続人の許諾を得ていたことや、同居していたことは要件ではない）
	配偶者が、相続開始時に居住建物に係る配偶者居住権を取得しないこと
	配偶者に相続人の欠格事由（891条）がないこと
	配偶者が廃除によってその相続権を失った者でないこと
存続期間 （新法1037条2項）	・居住建物について配偶者を含む相続人間で遺産分割をすべき場合 →遺産分割により居住建物の帰属が確定した日又は相続開始から6か月を経過する日のいずれか遅い日 ・上記以外の場合（遺贈や相続させる遺言により居住建物の所有権を得た者がいた場合や、配偶者が相続放棄をした場合など） →居住建物取得者からの消滅申入日から6か月を経過する日
効果	・被相続人の配偶者は、存続期間内は無償で居住を継続できる。 ・居住建物の一部のみを無償で使用していた場合は、その部分についてのみ使用できる。 ・居住建物取得者は、第三者に対する居住建物の譲渡その他の方法により配偶者の居住建物の使用を妨げてはならない（新法1037条2項）。
配偶者の義務等	**従前の用法に従い、善管注意義務をもって居住建物を使用しなければならない**（新法1038条1項）。
	配偶者短期居住権を譲渡できない（新法1041条、新法1032条2項）。
	居住建物の所有者の承諾を得なければ、第三者に居住建物の使用をさせることができない（新法1038条2項）。
	配偶者は、居住建物の使用及び収益に必要な修繕をすることができる（新法1041条、新法1033条1項）。なお、居住建物の修繕が必要である場合において、配偶者が相当の期間内に必要な修繕をしないときは、居住建物の所有者は、その修繕をすることができる（新法1041条、新法1033条2項）。
	居住建物が修繕を要するとき（配偶者が自らその修繕をするときを除く）、又は居住建物について権利を主張する者があるとき、配偶者は、居住建物所有者に対し、遅滞なくその旨を通知しなければならない（居住建物所有者が既に知っているときは除く）（新法1041条、新法1033条3項）。
	配偶者の義務違反による損害賠償は、配偶者から返還を受けた時から1年以内に請求しなければならず、返還を受けた時から1年を経過するまでは時効は完成しない（新法1041条、改正法600条）。
費用負担	賃料：不要
	通常の必要費：**配偶者負担**（新法1041条、新法1034条1項）
	上記以外（災害等の対策費用や有益費）：配偶者は、その価格が現存する場合、建物所有者の選択により、建物所有者に支出額又は増加額を償還請求できる。なお、裁判所は、有益費について、建物所有者の請求により、その償還について相当の期限を許与することができる（新法1041条、新法1034条2項、583条2項、196条）。
	配偶者に対する請求の期間制限等：配偶者が負担すべき費用は、配偶者から返還を受けた時から1年以内に請求しなければならず、返還を受けた時から1年を経過するまでは時効は完成しない（新法1041条、改正法600条）。
終了	配偶者が居住建物に係る配偶者居住権を取得したとき（新法1039条）
	存続期間の満了（新法1037条）
	配偶者の死亡（新法1041条、改正法597条3項）
	配偶者の義務違反に対する、居住建物所有者の消滅の意思表示（新法1038条）[59]

---

[59] 遺産分割未了の場合、原則として相続人全員の消滅の意思表示によるが、保存行為として認められれば相続人の単独の意思表示でも可能と解される。

第1編　民法改正（相続関係）の内容

	相続又は遺贈により居住建物を取得した者が第三者に譲渡した場合で、当該第三者から明渡し請求を受けた場合[60]
	居住建物の全部が滅失その他の事由により使用することができなくなったとき（新法1041条、改正法616条の2）
返還	配偶者は、配偶者居住権を取得したときを除き、配偶者短期居住権の消滅により居住建物の返還をしなければならない（配偶者が居住建物について共有持分を有する場合は除く）（新法1040条1項）。
	配偶者は、返還にあたり、相続開始後に附属させた物がある場合、附属させた物を収去する義務を負う。ただし、借用物から分離することができない物又は分離するのに過分の費用を要する物については、この限りでない（新法1040条2項、改正法599条1項）。
	配偶者は、返還にあたり、相続開始後に附属させた物を収去することができる（新法1040条2項、改正法599条2項）。
	配偶者は、通常の使用及び収益によって生じた居住建物の損耗並びに賃借物の経年変化及び、損傷が配偶者の責めに帰することができない事由によるものであるときを除き、返還にあたり、相続開始後に生じた損傷を原状に復する義務を負う（新法1040条2項、改正法621条）。
施行日	平成32年4月1日
経過措置	相続開始日で区分（附則10条1項）

（注）配偶者が相続放棄をしないことは要件になっておらず、仮に配偶者が相続放棄をしても、配偶者に配偶者短期居住権は認められる。また、配偶者短期居住権は、相続財産の対象とならない（＝遺産分割協議において、配偶者短期居住権相当額を配偶者の具体的相続分から控除する必要ない）[61]。

(ⅱ)　経過措置

区分		適用	
新法1037条から新法1041条	相続開始日	（制度なし）	
		平成32年4月1日以降	新法

(3) 配偶者居住権（新法1028条～1036条）の制度概要

(ⅰ)　まとめ

権利の内容	**居住建物の全部について無償で使用及び収益をする権利**[62]（新法1028条1項）。 なお、配偶者居住権の評価方法についての法律上の規定はない[63]。
存続期間	**原則として配偶者の終身の間**。ただし、遺産分割協議もしくは遺言に別段の定めがあるとき又は、遺産分割審判で別段の定めがされたときは、その定めによる（新法1030条）。
要件（新法1028条）(注)	被相続人の財産に属した居住建物の全部ないし一部に相続開始の時に居住していたこと[64]
	被相続人が相続開始の時に居住建物を配偶者以外の者と共有していないこと

60　この場合、配偶者は居住建物取得者に対して債務不履行に基づく損害賠償請求をすることは可能（新法1037条2項参照）。

61　改正ガイドライン40頁

62　条文上は「使用及び収益する権利」となっているが、新法1032条3項で第三者に賃貸するには所有者の了解が必要とされており、現実的には収益の場面はほとんどないと解される。

63　部会資料19-1。部会では、「（年額建物賃料相当額－配偶者の負担必要費）×年金現価率」とか、「建物敷地の現在価値－負担付所有権の価値」といった方法が提案されていたようである（改正ガイドライン21頁～22頁）。実務上は、税務上の取扱いに沿って運営されることが想定されるので、税制改正を注視する必要がある。

64　一部に居住していた場合であっても、居住建物の全部につき配偶者居住権は成立する（新法1028条）。なお、「居住していた」とは配偶者が生活の本拠としていた趣旨であり、相続開始時に入院していたような場合も退院後帰宅することが予定されているなど生活の本拠としての実態を失っていなければ要件を満たす（NBL1133号7頁「相続法改正の概要(1)」堂園幹一郎ほか）。

		遺産分割によって配偶者居住権を取得するものとされたこと又は、配偶者居住権が遺贈の目的とされたこと[65]
登記（新法1031条）		**居住建物所有者は、配偶者に配偶者居住権の設定登記を備えさせる義務を負う**[66]。
		登記により、配偶者居住権を第三者に対抗することができる（新法1031条、改正法605条）[67]。
		登記を行った場合、居住建物の占有妨害者に対する妨害排除請求や、占有者に対する返還請求ができる（新法1031条、改正法605条の4）。
配偶者の義務等（新法1032条、新法1033条）		**従前の用法に従い、善管注意義務をもって居住建物を使用及び収益しなければならない。**
		配偶者居住権を譲渡できない。
		居住建物の所有者の承諾を得なければ、居住建物の改築若しくは増築をし、又は第三者に居住建物の使用若しくは収益をさせることができない[68]。
		配偶者は、居住建物の使用及び収益に必要な修繕をすることができる。
		居住建物が修繕を要するとき（配偶者が自らその修繕をするときを除く）、又は居住建物について権利を主張する者があるとき、配偶者は、居住建物所有者に対し、遅滞なくその旨を通知しなければならない（居住建物所有者が既に知っているときは除く）。
費用負担	**賃料**	**不要**（新法1028条1項）
	通常の必要費	**配偶者負担**（新法1034条1項）。よって、居住建物の固定資産税などは配偶者が負担すると解される[69]。
	上記以外（災害等の対策費用や有益費）	配偶者は、その価格が現存する場合、建物所有者の選択により、建物所有者に支出額又は増加額を償還請求できる。なお、裁判所は、有益費について、建物所有者の請求により、その償還について相当の期限を許与することができる（新法1041条、新法1034条2項、583条2項、196条）。
	配偶者に対する請求の期間制限等	配偶者が負担すべき費用は、配偶者から返還を受けた時から1年以内に請求しなければならず、返還を受けた時から1年を経過するまでは時効は完成しない（新法1036条、改正法600条）。
終了		期間満了（新法1036条、改正法597条1項）
		配偶者の死亡（新法1036条、改正法597条3項）
		配偶者の義務違反に対する、建物所有者の消滅の意思表示（新法1032条4項）
		居住建物の全部が滅失その他の事由により使用することができなくなったとき（新法1036条、改正法616条の2）
返還		配偶者は、配偶者居住権が消滅したときは、居住建物の返還をしなければならない（配偶者が居住建物について共有持分を有する場合は除く）（新法1035条1項）。
		配偶者は、返還にあたり、相続開始後に附属させた物がある場合、附属させた物を収去する義務を負う。ただし、居住建物から分離することができない物又は分離するのに過分の費用を要する物については、この限りでない（新法1035条2項、改正法599条1項）。
		配偶者は、返還にあたり、相続開始後に附属させた物を収去することができる（新法1035条2項、改正法599条2項）。

---

65 死因贈与は原則として遺贈に関する規定が準用されることから（554条）、死因贈与契約による配偶者居住権の取得も可能と考えられる。

66 居住建物の所有権移転登記が未了の場合、配偶者は、配偶者居住権の登記の前に、保存行為により相続を原因とする居住建物の所有者への所有権移転登記を申請する必要がある（改正ガイドライン23頁）。なお、配偶者居住権の登記は所有者と配偶者の共同申請（不動産登記法60条）。

67 占有は第三者対抗要件とならない。

68 配偶者も高齢であることが多く、施設に入るケースも考えられる。この場合、配偶者は本来は賃貸等を行い、生活資金を工面することを望む可能性が高いが、居住建物の所有者との折り合いが悪い場合、賃貸は難しくなるといった点が問題になると指摘されている（改正ポイント51頁参照）。

69 もっとも、固定資産税は、税法上建物所有者の負担とされているため、居住建物所有者が配偶者に求償する関係になるものと考えられる。

	配偶者は、通常の使用及び収益によって生じた損耗並びに経年変化及び、損傷が配偶者の責めに帰することができない事由によるものであるときを除き、返還にあたり、相続開始後に生じた損傷を原状に復する義務を負う（新法1035条2項、改正法621条）。
留意点	一度配偶者居住権が成立した場合、居住建物が配偶者と他の者の共有になったとしても、配偶者居住権は、消滅しない（新法1028条2項）[70]。
	婚姻期間が20年以上の夫婦の一方である被相続人が、他の一方に対し、配偶者居住権を遺贈したときは、当該被相続人は、特別受益の持戻し免除の意思表示したものと推定される（新法1028条3項、新法903条4項）。
	賃貸借の転貸の効果に関する規定が準用されている（新法1036条による改正法613条の準用。改正法613条は30頁脚注部分参照）。
施行日	平成32年4月1日
経過措置	相続開始日で区分（附則10条1項）
	遺贈については遺贈日で区分（附則10条2項）

（注）遺産分割審判において、家庭裁判所は、以下のいずれかの場合に、配偶者に配偶者居住権を取得する旨を定めることができる（新法1029条）。

相続人間に配偶者が配偶者居住権を取得することについて合意が成立しているとき。
配偶者が家庭裁判所に対して配偶者居住権の取得を希望する旨を申し出た場合で、居住建物の所有者の受ける不利益の程度を考慮してもなお配偶者の生活を維持するために特に必要があると認めるとき。

（ⅱ）経過措置

区　分		適　用	
新法1028条から新法1036条（遺贈を除く）	相続開始日	（制度なし）	
		平成32年4月1日以降	新法
新法1028条～新法1036条の遺贈	遺贈日	（制度なし）	
		平成32年4月1日以降	新法

4．特別の寄与制度の新設（新法1050条）

(1) 制度の概要

項　目	内　容
要　件	被相続人に対して無償で療養看護その他の労務の提供をしたことにより被相続人の財産の維持又は増加について特別の寄与をしたこと
	相続人・相続放棄をした者・相続欠格者・相続人の廃除によってその相続権を失った者のいずれにも該当しない、被相続人の親族であること[71]
内　容	**相続人に対し、特別寄与者の寄与に応じた額の金銭の支払を請求することができる**[72]。なお、全相続人に対して請求する義務はない。
家庭裁判所に対する請求期間	**特別寄与者が相続の開始及び相続人を知った時から6か月以内で、かつ相続開始の時から1年以内**。なお6か月の権利行使期間は、請求の相手方ごとに個別に計算される[73]。
遺贈との関係	**被相続人が相続開始の時において有した財産の価額から遺贈の価額を控除した残額を超えることができない（遺贈が優先する）。**

70　なお、配偶者居住権は、相続開始の時に被相続人が居住建物を配偶者以外の者と共有していないことが成立要件とされている（新法1028条1項ただし書）。
71　親族とは、6親等内の血族、配偶者、3親等内の姻族を指す（725条）。
72　金額については解釈に委ねられるが、寄与分における実務上の取扱いを参照にすると、第三者に頼んだ場合の日当×療養看護日数×裁量割合などで計算されることになると思われる。今後の実務を注視する必要がある。
73　改正相続法168頁

各相続人の負担額	特別寄与料の額に法定相続分を乗じた額
審判における判断基準	寄与の時期、方法及び程度、相続財産の額その他一切の事情を考慮して、特別寄与料の額を定める。

(2) 経過措置

区　分		適　用	
特別寄与分制度の新設（新法1050条）	相続開始日	（制度なし）	
		平成31年7月1日以降	新法

(3) 家事事件手続法の改正

特別の寄与に関する家事事件手続法の新設条文[74]

（管轄）
第216条の2　特別の寄与に関する処分の審判事件は、相続が開始した地を管轄する家庭裁判所の管轄に属する。

（給付命令）
第216条の3　家庭裁判所は、特別の寄与に関する処分の審判において、当事者に対し、金銭の支払を命ずることができる。

（即時抗告）
第216条の4　次の各号に掲げる審判に対しては、当該各号に定める者は、即時抗告をすることができる。
　一　特別の寄与に関する処分の審判　申立人及び相手方
　二　特別の寄与に関する処分の申立てを却下する審判　申立人

（特別の寄与に関する審判事件を本案とする保全処分）
第216条の5　家庭裁判所（第105条第2項の場合にあっては、高等裁判所）は、特別の寄与に関する処分についての審判又は調停の申立てがあった場合において、強制執行を保全し、又は申立人の急迫の危険を防止するため必要があるときは、当該申立てをした者の申立てにより、特別の寄与に関する処分の審判を本案とする仮差押え、仮処分その他の必要な保全処分を命ずることができる。

5. 遺留分制度に関する改正

　遺留分は、法的性格が変更され（新法1046条）、受遺者、受贈者及びそれらの包括承継人に対する金銭請求となった。その影響で、実務に様々な影響があるものと思料される。遺留分の規律に関する、新旧対象は以下のとおり。下記の新法にかかる部分は、あくまでも私見であり、今後の実務の動向を注視する必要がある。改正箇所についてはゴシックで表示する。

(1) まとめ

項　目	旧　法	新　法
請求者（**改正なし**）	・兄弟姉妹以外の相続人及びその承継人[75]（旧法1028条、旧法1031条、新法1042条、新法1046条） ・相続欠格、相続人の廃除により相続権を失った者に遺留分はないが、代襲者は遺留分を有する（旧法1044条、877条2項、3号、新法1042条）。 ・相続放棄をした相続人について遺留分は認められない（代襲相続も発生しない）。 ・遺留分権利者の債権者が遺留分減殺請求の代位行使をすることはできないという判例（**最判H13.11.22**）は維持されるものと考えられる。	

---

[74] 新設以外に、細かい部分がいくつか改正されている。
[75] 承継人には、遺留分権利者の相続人、包括受遺者、相続分の譲受人、個別的な減殺請求権の譲受人などが含まれる（相続ガイドブック173頁）。

被請求者			・受遺者、受贈者およびそれらの包括承継人（旧法1031条、新法1046条）	
			受贈者が目的物を遺留分減殺請求前に第三者に譲渡していた場合、悪意の第三者も被請求者となる（旧法1040条ただし書）。	目的物の譲渡等に関係なく、受遺者、受贈者およびそれらの包括承継人に対する金銭請求となったため、旧法1040条は削除された。
請求方法	遺留分減殺請求の意思表示		訴えの方法による必要はなく、相手方に対する意思表示で足りる（**最判S41.7.14**）。この点は維持されるものと考えられる。	
	遺留減殺請求の調停		割合的包括遺贈や、相続分の指定などにより遺留分が侵害された場合は、遺留分減殺請求権の行使により個々の遺産に対して具体的な権利を取得するわけではないため、遺産分割手続（調停、審判）によると解される[76]	遺留分減殺請求の法的性質が金銭請求権となったことから、原則として、遺産分割調停ではなく、一般調停事件（遺留分侵害額の請求）になるものと考えられる。ただし、関係者の合意があれば遺産分割手続の中で処理をすることも可能と考えられる。不透明な部分が多く、今後の実務の動向を注視する必要がある。
			その余の場合は、遺産分割手続（調停、審判）の対象にはならないため、一般調停事件（遺留分減殺による物件返還請求調停）となる。ただし、関係者の合意があれば遺産分割手続の中で分割をすることも可能と解される（**東京高決H5.3.30**）。	
	訴訟[77]（家事法272条3項）		全部包括遺贈又は特定遺贈に対する遺留分減殺請求は遺産分割審判でなく共有物分割訴訟（**最判H8.1.26**）[78]。なお、受遺者等から弁償すべき額の確定を求める訴訟を提起することもできる（**最判H21.12.18**）。	法的性質の変更に伴い、単純な金銭請求訴訟になる。なお、受遺者等から遺留分侵害額の確定を求める訴訟を提起することが出来る点は従前と変わらないと解する。
行使期間制限（**改正なし**）			遺留分権利者が相続の開始及び減殺すべき贈与又は遺贈があったことを知った時から1年又は、相続開始の時から10年で時効消滅する（旧法1042条、新法1048条）。	
遺留分額の計算式			遺留分割合（改正なし。93頁参照）×遺留分算定の基礎財産（以下の改正が行われた。詳細は、93頁参照）	
遺留分算定の基礎財産の範囲	贈与		・被相続人が特別受益につき持戻し免除の意思表示（903条3項）している場合でも、遺留分の基礎財産には算入される（**最決H24.1.26**）。 ・相続人以外に対する贈与は、相続開始前の1年間にしたものに限り、減殺の対象となる。ただし、当事者双方が遺留分権利者に損害を加えることを知ってした贈与は、期間制限なく対象となる。	
			相続人に対する特別受益にあたる贈与は、相続開始よりも相当以前にされた生前贈与であって、その後の時の経過に伴う社会経済事情や相続人など関係人の個人的事情の変化をも考慮するとき、減殺請求を認めることが酷であるなどの特段の事情のあるもの以外は対象となる（**最判H10.3.24**）。	**新法は、相続人に対する特別受益にあたる贈与は、当事者双方が遺留分権利者に損害を加えることを知って行った贈与を除き、相続開始前の10年間にしたものに限り、減殺請求の対象になるとした**（新法1044条3項）。
	負担付贈与		その目的の価額から負担の価額を控除したものについて、その減殺を請求することができる（旧法1038条）と定めていたが、その解釈は分かれていた[79]	贈与の目的の価額から負担の価額を控除した額を、遺留分算定の前提となる財産の価格とすることを明確にした（新法1045条1項）。

76　遺産分割・遺留分の実務551頁～552頁
77　遺留分減殺請求額の計算の前提となる具体的相続分や特別受益額については、家庭裁判所の遺産分割審判で判断される事項であり、地方裁判所では判断できないという問題点がある。
78　一般的に、この判例の射程は、相続分の指定や割合的包括遺贈については及ばないと解されている。
79　解釈として、新法1045条1項が定める内容以外に、遺留分算定の基礎となる財産額には負担を算入せず計算したうえで、減殺請求の時点でその目的から負担額を控除した範囲で減殺請求できるとする考え方（全額算入説）があった。

	不相当な対価の有償行為	当事者双方が遺留分権利者に損害を加えることを知ってしたものに限り、これを贈与とみなす。この場合において、遺留分権利者がその減殺を請求するときは、その対価を償還しなければならない（旧法1039条）。	当事者双方が遺留分権利者に損害を加えることを知ってしたものに限り、目的物の価格と対価の差額（＝実質的無償部分）が遺留分算定の基礎に算入される（新法1045条2項）。
減殺額（遺留分侵害額の計算）（**改正なし**）		遺留分の額－（遺留分権利者が被相続人から相続又は遺贈を受けた財産額＋特別受益財産額）＋相続債務（**最判H8.11.26**、なお**最判H21.3.24**→97頁参照）（旧法では明文なし。新法1046条2項）	
減殺の対象		・減殺の対象となる贈与は、減殺額計算の基礎財産となる範囲に限られている（旧法1031条、旧法1030条、新法1047条1項柱書2つ目の括弧書）。 ・相続人に対する遺贈が遺留分減殺の対象となる場合、遺贈の目的の価額のうち受遺者の遺留分額を超える部分のみが、旧法1034条にいう目的の価額に当たる（**最判H10.2.26**）。つまり、遺留分を下回る遺贈・贈与しか受けていない相続人は遺留分減殺請求の対象とならない。なお、相続人以外が受遺者、受贈者の場合、かかる制限はない。 **改正点** この点は新法で明文化された（新法1047条1項柱書3つ目の括弧書）。	
		・遺留分権利者に、目的物の選択権はないと解される（**東京地判S61.9.26**）。 ・一方で受贈者又は受遺者は、遺留分減殺の対象とされた贈与又は遺贈の目的である各個の財産について、任意に選択して旧法1041条の価額弁償をすることができる（**最判H12.7.11**）。	新法では、遺留分減殺請求の法的性質が変更され、金銭請求権とされたため（新法1046条）、目的物の選択の論点はなくなり、価格弁償の条文（旧法1041条）も削除された。
減殺の順番（**改正なし**）		遺贈・相続させる遺言→死因贈与→生前贈与の順番で、減殺しなければならない（旧法1033条、新法1047条1項、**東京高判H12.3.8**）。なお、相続させる遺言が遺留分減殺請求の対象になることは新法1047条1項柱書1つ目の括弧で明文化されているが、旧法下の取扱いに変更を加えるものではないと解される。	
		複数の遺贈がある場合、その目的の価額の割合に応じて減殺する。ただし、遺言者が遺言に別段の意思を表示したときは、その意思に従う（旧法1034条、新法1047条1項2号）。	
		贈与の減殺は、後の贈与から順次前の贈与に対してする（旧法1035条、新法1047条1項3号）。なお減殺を受けるべき受贈者の無資力によって生じた損失は、遺留分権利者の負担となり、他の受贈者に請求することはできない（旧法1037条、新法1047条4項）。	
請求の効果		判例は形成権＝物権的効果説を取る（**最判S57.3.4、最判S41.7.14**）。具体的には、遺留分権利者の減殺請求により、贈与又は遺贈は遺留分を侵害する限度において失効し、その権利は遺留分権利者に当然に帰属し、遺留分権利者は引渡請求権や移転登記請求権を取得する。	遺留分侵害額に相当する金銭の支払を請求をすることができるとして、法的性質を根本的に変更した（新法1046条）。 この結果、遺留分権利者は、侵害者に対して金銭請求権を有するだけとなった。
		・減殺を受けるべき受贈者が贈与の目的を他人に譲り渡したときや権利を設定したときは、遺留分権利者は価額弁償を請求できる（旧法1040条）。受遺者についても同様（**最判H10.3.10**）。 ・受贈者及び受遺者は、減殺を受けるべき限度において、贈与又は遺贈の目的の価額を遺留分権利者に弁償して返還の義務を免れることができる（旧法1041条）。 ・受贈者は、減殺の請求があった日以後の果実を返還しなければならない（旧法1036条）。	・金銭請求として整理されたことに伴い（新法1046条）、目的物の譲渡が遺留分権利者に影響を与えることはなくなったことから、旧法1040条は削除された。 ・金銭請求として整理されたことから、価格弁償に関する定め（旧法1041条）は、削除された。果実の返還請求権についても（旧法1036条）、併せて削除された[80]。

---

80 遺留分減殺請求による金銭債権に係る債務は、期限の定めのない債務として、遺留分権利者が受遺者等に対して具体的な金額を示してその履行を請求した時点で履行遅滞となり（412条3項）、遅延損害金が発生するものと解される。

(2) 経過措置

区　分			適　用
遺留分侵害請求	相続開始日	平成31年6月30日前	旧法
		平成31年7月1日以降	新法

6. 遺産に属する預貯金債権の仮払い制度等の新設

(1) 遺産に属する預貯金債権の遺産分割協議成立前の払戻し

　平成28、29年の最高裁判例の変更により、相続預金が遺産分割の対象とされたため（**最決H28.12.19**、**最判H29.4.6**）、遺産分割協議中は、相続預金について、相続人は個別に権利行使することはできなくなった。しかし、葬儀費用や生活費用を相続預金から早期に払い戻す必要があることも考えられ、そのような場合つき、旧法では、家事法200条2項の仮処分等で対応するしかなかったが、要件が厳格であり（「強制執行を保全し、又は事件の関係人の急迫の危険を防止するため必要があるとき」に限定されていた。）、柔軟な対応が難しかった。

　そこで、新法は以下の方法を準備した。

方　法	内　容	要件・留意点
遺産分割前の預貯金債権の単独行使（新法909条の2）	各相続人は、遺産に属する預貯金債権の一部につき、家庭裁判所の許可なく、単独で権利行使することができる制度を新設した。この場合、当該権利行使をした預貯金債権は、当該相続人が遺産の一部の分割によりこれを取得したものとみなされる。	引き出せるのは、遺産に属する預貯金債権のうち相続開始時の債権額の3分の1に法定相続分（900条、第901条）の規定により算定した相続分を乗じた額で、債務者（金融機関）毎に法務省令で定める額（150万円）の範囲内[81]
審判又は調停における仮処分等の要件の緩和（家事法200条3項）→(2)参照	遺産分割審判又は調停において、家庭裁判所が相続預金を仮に取得させることができる処分を新設し（家事法200条3項）、その要件を原則的な保全処分の要件（家事法200条2項の要件「強制執行を保全し、又は事件の関係人の急迫の危険を防止するため必要があるとき」）よりも緩和した。	要件は以下のとおり ①遺産分割調停又は審判の本案が家庭裁判所に継続していること ②相続財産に属する債務の弁済、相続人の生活費の支弁その他の事情により行使する必要があると認められる範囲内の額であること ③他の相続人の利益を害するものでないこと
遺産の一部分割の申立て（新法907条2項）	明文で、遺産の一部の分割を家庭裁判所に請求することができるとされたことから（907条2項）、預金債権についてのみ分割をするように申立てることが考えられる。	遺産の一部を分割することにより他の共同相続人の利益を害するおそれがないことが要件

【改正点経過措置】

区　分			適　用
新法909条の2	預貯金債権行使日	（制度なし）	
		平成31年7月1日以降	新法
新法907条2項	相続開始日	平成31年6月30日前	旧法
		平成31年7月1日以降	新法

---

[81] 相続開始後に預貯金債権が何者かによって引き出され預金残高が減っている場合、事実上、権利行使時の残高の範囲でしか引き出しはできない。なお、実務的に詰めるべき論点が多く、今後の実務を注視する必要がある（金法2100号6頁以下「改正相続法の金融実務への影響」）。

(2) 家事事件手続法の改正（200条3項の新設）

家事事件手続法200条の改正内容は以下のとおり。200条3項は同条2項の要件を、相続預金につき緩和した。

旧　法	新　法
第200条　家庭裁判所（第105条第2項の場合にあっては、高等裁判所。次項において同じ。）は、遺産の分割の審判又は調停の申立てがあった場合において、財産の管理のため必要があるときは、申立てにより又は職権で、担保を立てさせないで、遺産の分割の申立てについての審判が効力を生ずるまでの間、財産の管理者を選任し、又は事件の関係人に対し、財産の管理に関する事項を指示することができる。	
2　家庭裁判所は、遺産の分割の審判又は調停の申立があった場合において、**強制執行を保全し、又は事件の関係人の急迫の危険を防止するため必要があるときは**、当該申立てをした者又は相手方の申立てにより、遺産の分割の審判を本案とする仮差押え、仮処分その他の必要な保全処分を命ずることができる。	
	3　前項に規定するもののほか、家庭裁判所は、遺産の分割の審判又は調停の申立てがあった場合において、**相続財産に属する債務の弁済、相続人の生活費の支弁その他の事情により遺産に属する預貯金債権**（民法第466条の5第1項に規定する預貯金債権をいう。以下この項において同じ。）**を当該申立てをした者又は相手方が行使する必要があると認めるときは、その申立てにより、遺産に属する特定の預貯金債権の全部又は一部をその者に仮に取得させることができる。ただし、他の共同相続人の利益を害するときは、この限りでない。**
3　第125条第1項から第6項までの規定及び民法第27条から第29条まで（同法第27条第2項を除く。）の規定は、第一項の財産の管理者について準用する。この場合において、第125条第3項中「成年被後見人の財産」とあるのは、「遺産」と読み替えるものとする。	4　第125条第1項から第6項までの規定及び民法第27条から第29条まで（同法第27条第2項を除く。）の規定は、第一項の財産の管理者について準用する。この場合において、第125条第3項中「成年被後見人の財産」とあるのは、「遺産」と読み替えるものとする。

7. 遺言制度に関する改正

法務局における遺言書の保管等に関する法律が立法され、自筆証書遺言の保管制度が新設された。

制度の概要は以下のとおり（条文は、法務局における遺言書の保管等に関する法律の条文番号）。

項　目	内　容
遺言書保管所（2条）	遺言者の住所地若しくは本籍地又は遺言者が所有する不動産の所在地を管轄する法務大臣の指定する法務局[82]
遺言保管の申請先（4条）	遺言書保管官（遺言書保管所に勤務する法務事務官のうちから、法務局又は地方法務局の長が指定する者）
遺言の様式要件（4条）	**法務省令で定める様式に従って作成した無封の自筆証書遺言**
申請方法（4条）	所定の申請書に必要書類を添付して申請しなければならない。 **遺言者が、遺言書保管所に自ら出頭しなければならない。**

---

[82] ただし、遺言者の作成した他の遺言書が現に遺言書保管所に保管されている場合は、当該他の遺言書が保管されている遺言書保管所となる。

保管遺言の閲覧請求（6条）	遺言者は、所定の請求書と必要書類を添付して、自ら出頭したうえで、遺言書が保管されている遺言書保管所の遺言書保管官に対し、いつでも当該遺言書の閲覧を請求することができる。
保管の撤回（8条）	**遺言者は、いつでも、所定の撤回書と必要書類を添付して、自ら出頭したうえで、保管申請を撤回することができる。**
遺言の保管期間（6条）	遺言者の死亡の日（遺言者の生死が明らかでない場合は、これに相当する日として政令で定める日）から相続に関する紛争を防止する必要があると認められる期間として政令で定める期間が経過するまで保管される。
相続人等の権利等（9条1項）	相続人等（範囲は遺言保管法9条1項で規定）は、遺言者が死亡している場合、所定の請求書及び必要書類を添付して、遺言書保管ファイルに記録されている事項を証明した書面の交付請求、遺言書の閲覧請求することができる。
相続人等への通知（9条5項）	相続人等からの請求により遺言書情報証明書を交付し、又は第三項の請求により関係遺言書の閲覧をさせたときは、遺言者の相続人等に遺言書を保管している旨が通知される[83]。
遺言書保管事実証明書の交付（10条）	何人も、遺言書保管官に対し、遺言書保管所における関係遺言書の保管の有無、関係遺言書が保管されている場合には遺言書に記載されている作成の年月日、遺言書が保管されている遺言書保管所の名称及び保管番号を証明する文書の交付を請求することができる。
検認（11条）	**遺言書保管所に保管されている遺言書は、検認は不要とされている。**

（注1）遺言の保管申請、閲覧請求等には一定の手数料がかかる（12条）。
（注2）施行日は、平成32年7月10日
（注3）保管されている遺言を、事後的に保管していない遺言で撤回することは可能（1022条）

83　被相続人の死亡により当然に通知されるわけではない。

第2編　相続手続の実務

第1章　相続が発生した場合に対応すべき事項

1. 対応すべき事項（概要）

相続が発生した場合に対応すべき事項を時系列で並べると、概要以下のとおり。

項目（概ね時系列）		内容	対応すべき期限	備考
遺言の有無の確認	遺言が有る場合	遺言検認・開封→遺言執行[84]	遅滞なく（1004条）	公正証書遺言は検認不要 **改正点**　遺言保管所に保管されていた遺言書も検認不要 →49頁参照
	遺言が無い場合	遺産分割協議	多くの場合、相続税申告期限に事実上拘束される。	遺産分割協議の具体的な対応は第6章参照
相続放棄			相続開始を知った日から3か月以内（915条）	
限定承認			相続開始を知った日から3か月以内（924条、915条）	相続人全員で行う必要がある（923条）。
被相続人の所得税・消費税の申告（所法125条　準確定申告）		1月1日から亡くなる日までの所得にかかる申告	相続開始を知った日から4か月以内に申告かつ納税する必要がある[85]（当該税額は、相続税の申告上、相続財産から差し引くことが可能）	怠ると、相続人に無申告加算税、延滞税等が課せられる可能性がある（所法124条、125条）。
相続税の申告[86]			相続開始から10か月以内（相法27条1項）	
遺留分減殺請求			相続開始を知った時から1年以内（旧法1042条、新法1048条）	相続開始から10年で行使できなくなる（旧法1042条、新法1048条）。
相続回復請求			相続権侵害の事実を知った時から5年以内（884条）	相続開始から20年で行使できなくなる（884条）。

84　遺言で受遺者、受贈者が決まっていない遺産がある場合や、遺言が割合的包括遺贈などの場合は遺産分割協議が必要になる。

85　被相続人に確定申告義務がある場合に準確定申告を行う必要がある。なお、確定申告をしなければならない人が1月1日から前年分の確定申告期限（3月15日）までの間に前年の確定申告書を提出しないで死亡した場合、前年分、本年分とも相続の開始があったことを知った日の翌日から4か月以内に準確定申告をしなければならない。

86　限定承認した場合及び、法人に遺贈した場合には、被相続人の譲渡所得税も問題となりうる。逆に、譲渡所得税が課されない場合、被相続人の取得価額を相続人が引き継ぐことになる。

2. 相続により処理をすべき相続財産等(注)

(1) 被相続人が所有していた資産

分 類		（原則的）権利移転
系譜、祭具及び墳墓 →第3章1(3)(63頁)参照		祭祀を主宰すべき者が承継する（897条）。具体的には被相続人の指定、指定がなければ慣習に従って、慣習が明らかでないときは、家庭裁判所が定める者（家事法39条）
遺言等による特定資産の承継	特定遺贈の対象資産[87]	相続開始と同時に受遺者に権利が移転する。
	特定資産を「相続させる」遺言の対象資産	相続開始と同時に当該相続人に権利が移転する（「当該遺言において相続による承継を当該相続人の受諾の意思表示にかからせたなどの特段の事情のない限り、何らの行為を要せずして、被相続人の死亡の時（遺言の効力の生じた時）に直ちに当該遺産が当該相続人に相続により承継される」最判H3.4.19）。
上記以外の遺産[88]	可分債権等	預金を除き、相続開始と同時に法律上当然に分割（最判S29.4.8、最決H28.12.19）
	その他の財産・預金	遺産共有（898条） →遺産分割協議等による分割

(注)「相続財産」とは、文脈によって、①相続開始時に被相続人に属していた一切の権利義務のうち、一身専属的なもの及び祭祀に関する権利を除いたものを意味する場合（896条、897条など）、②分割の対象となる財産（上記の「上記以外の遺産」の「その他の財産」）を意味する場合（898条など）、③遺産分割等の算定基礎となるみなし相続財産（903条）を指す場合と、多義的に使われているので、注意が必要[89]。

(2) その他の相続に関連する資産、負債

分 類	（原則的）権利移転
生命保険・死亡退職金 →第3章1(2)(62頁)参照	内容によるが、特定の相続人が受領権限を有することが多い。
被相続人の債務 →第3章3(67頁)参照	原則として、各相続人が法定相続分に従って分割された債務を承継する（最判H21.3.24 →97頁参照）。 **改正点** 新法902条の2は、遺言による相続分の指定があったとしても、相続債権は法定相続分に従って相続債務の履行を求めることができることを明文化した。旧法の扱いを変更するものではないと解される。
相続後に発生した財産等 →第6章7(90頁)参照	各相続人がその相続分に応じて分割単独債権を取得する（最判H17.9.8）。

3. 遺産分割協議をする場合の主な対応（税務面は除く）

(1) 時系列による対応一覧

時系列	内 容
被相続人の死亡[90]	
遺言／死因贈与契約の有無の確認	遺言により特定の財産を相続させる旨の指定がされたもの、特定遺贈の対象物及び、死因贈与の対象物は、遺産分割協議の対象外となる。

---

87 死因贈与の対象資産も同様
88 遺言がない場合や、遺言で割合的包括遺贈又は相続分の指定をしている場合
89 前田民法307頁、308頁
90 医学的に死亡が確認できない場合であっても、例外的に長期間の不在者に対する失踪宣告（30条）及び、災害による死亡が擬制される認定死亡（戸籍法89条）などの場合にも、相続は開始する。

相続人の範囲の確認	婚姻の取消し、認知、認知無効、嫡出否認、養子縁組取消しなどにより相続人の範囲を確定することが必要になる場合がある。 人事訴訟事件として処理される（人訴2条）。
相続人の範囲の変動の確定	推定相続人の廃除、相続放棄、相続分の譲渡、相続欠格などにより、相続人の範囲が変動した場合は、変動を確定させる必要がある。
相続財産の範囲の確認	相続財産に含まれる範囲を確定させる必要がある。
遺産分割（907条）	協議分割。まとまらない場合は調停又は審判による分割となる。
	特別受益額の確定
	寄与分額の確定
相続財産以外の付随的事項の解決(注3)	葬儀費用の負担
	遺産管理費用の負担
	遺産収益の帰属
	祭祀承継
	遺産債務の負担割合
	改正点 特別寄与分（新法1050条）の請求の処理→44頁参照

（注1）　上記の他に、相続関係の手続としては、相続財産と相続人の固有財産を分離する財産分離（941条以下）、相続財産の破産（破産法第10章）などがあるが、本書では説明を省略している。
（注2）　上記手続には、相続税の申告や納付が含まれていないが、相続税が発生する場合は、相続税法上の制約も考慮する必要がある。遺産が未分割の状態でも、法定相続分で課税計算をして、申告期限内に相続税は申告をしなければならない（相法55条）。また、遺産が未分割の場合、配偶者税額軽減など、一定の制度の適用が受けられない（相法19の2Ⅱ）。→第4編第1章3(2)（148頁）参照。
（注3）　付随問題は前提問題と異なり、遺産分割協議や調停・審判と並行して行うことが可能。

(2) 相続に関する主な紛争及びその解決方法

区　　分		裁判による主な争い方(注1)
遺言に関する紛争	遺言の効力に関する紛争	遺言無効確認訴訟（**最判** S47.2.15）など。なお、固有必要的共同訴訟ではない（**最判** S56.9.11）。
	遺言の解釈に関する紛争	遺贈存在確認訴訟、所有権移転登記請求訴訟など
相続人の範囲に関する紛争	相続人たる身分関係の有無に関する紛争[91]	人事訴訟事件（家事調停・審判）として処理される（人訴2条）。
	相続欠格事由（892条）の存否に関する紛争	相続権不存在確認訴訟（相続人の地位不存在確認訴訟）など。なお、固有必要的共同訴訟（**最判** H16.7.6、なお**最判** H22.3.16）
	相続放棄（939条）、相続分譲渡（905条）の効力に関する紛争	
	廃除（892条、893条）に関する紛争	廃除の調停、審判（892条、893条、家事法188条）
相続財産の範囲（相続財産に帰属するか否か）に関する紛争		遺産確認訴訟（持分権確認訴訟）（**最判** S61.3.13）など。なお、固有必要的共同訴訟（**最判** H元.3.28、なお**最判** H9.3.14）
遺産分割	遺産分割	・調停・審判（具体的相続分の価額又は割合を求める訴えはできない。**最判** H12.2.24） ・相続財産の評価に争いがある場合は鑑定（家事64条1項、258条1項）
	特別受益の有無	調停・審判（訴訟で、特別受益該当性の確認を求めることはできない。**最判** H7.3.7）
	寄与分の有無	調停・審判

91　親子関係存否に関する紛争、認知（無効・取消し）に関する紛争、婚姻の効力存否に関する紛争、養子縁組の効力に関する紛争などがある。

	遺産分割協議の効力に関する紛争	遺産分割協議無効確認訴訟
	遺産分割協議の解釈に関する紛争	所有権移転登記請求訴訟など
付随問題 (注2)	葬儀費用の負担	立替金返還請求訴訟など
	遺産管理費用の負担	立替金返還請求訴訟など
	遺産収益の帰属	不当利得返還請求訴訟など
	祭祀承継	祭祀承継者を定める調停・審判（家事法190条）
	使途不明金に関する紛争(注3) **改正点**	不当利得返還請求訴訟（損害賠償請求訴訟）
	遺産債務の負担割合	立替金返還請求訴訟等など

(注1) 本来は訴訟によって解決すべき事項であっても、相続人の身分関係の有無や相続人の廃除などを除けば、相続人や受遺者全員の合意により調停を成立させることは可能。もっとも、審判には前提事項についての既判力がなく審判の効力が後訴で覆る可能性があるため（**最決S41.3.2**、以下に要旨を掲載）、前提問題に争いがある場合は、訴訟による決着を先行させるのが一般的

> **最決S41.3.2** 審判手続で前提事項を審判することの可否及び、その場合の既判力につき判示した判例
> 民集20巻3号360頁、判時439号12頁、判タ189号115頁
> 「審判手続において右前提事項の存否を審理判断したうえで分割の処分を行うことは少しも差支えないというべきである。けだし、<u>審判手続においてした右前提事項に関する判断には既判力が生じないから、これを争う当事者は、別に民事訴訟を提起して右前提たる権利関係の確定を求めることをなんら妨げられるものではなく、そして、その結果、判決によって右前提たる権利の存在が否定されれば、分割の審判もその限度において効力を失うに至るものと解されるからである。</u>」

(注2) 付随問題は前提問題と異なり、遺産分割協議や調停・審判と並行して行うことが可能
(注3) 既に遺産の外にあるため、前提問題でなく付随問題となる。相続開始前に被相続人Aの預金を甲が引き出していた場合は、Aの甲に対する不当利得返還請求権が各相続人に法定相続分に応じて帰属することになる。なお、甲が相続人でない場合もありえる（参考裁判例：**高松高判H22.8.30**、**最判H4.9.22**、**東京高判H11.12.21**）。相続開始後に被相続人Aの預金を相続人の甲が引き出していた場合、原則として遺産分割の対象にはならないが、他の相続人は準共有持分権を侵害されたとして、損害賠償請求又は不当利得返還請求が可能[92]。この点は改正により、遺産分割の対象とすることができる場合が広がった。
> **改正点** 相続人の1人又は数人により遺産に属する財産が処分されたときは、処分した相続人の同意を得ることなく、当該処分された財産が遺産の分割時に遺産として存在するものとみなして、遺産分割協議をすることが可能となった（新法906条の2第2項）。

【改正点経過措置】

区　　分			適　用
新法906条の2	相続開始日	平成31年6月30日前	旧法
		平成31年7月1日以降	新法

4. 相続人が存否不明の場合（相続人全員が相続放棄をした場合を含む）

(1) 手続の流れ

時系列	内　容
相続財産管理人の選任＋選任の公告（2か月）	家庭裁判所は、利害関係人又は検察官の請求によって、相続財産管理人を選任する（951条、952条、家事法203条1項）。なお、選任申立てにあたっては予納金が必要[93]。

---

92 金法2065号20頁 「相続預金の理論と家裁実務」片岡武ほか
93 100万円前後で、相続財産が確保されれば予納金は戻る（事例入門236頁）。

相続人等の確定	債権等申出の公告（2か月以上）	相続債権者及び受遺者に対し、一定の期間内にその請求の申出をすべき旨を公告する（957条1項）。
	相続人の捜索の公告（6か月以上）	家庭裁判所は、相続財産管理人又は検察官の請求によって、相続人があるならば一定の期間内にその権利を主張すべき旨を公告しなければならない（958条）[94]。
相続人不存在の確定		上記公告期間の満了（958条の2）
相続財産の換価		953条、28条
相続財産の分配	債権者・受遺者	支払を行う（957条2項、929条）。なお、担保権など対抗要件を必要とする権利については、被相続人の死亡の時までに対抗要件を具備していなければ、優先権を主張できない（**最判 H11.1.21**）。
	その他	特別縁故者に対する財産分与（958条の3）→(2)参照
相続財産管理人に対する報酬付与の審判		家庭裁判所は、管理人と不在者との関係その他の事情により、不在者の財産の中から、相当な報酬を管理人に与えることができる（953条、29条2項）。
国庫への帰属		処分されなかった相続財産は、国庫に帰属する（959条）。

（注）相続財産管理人が103条に規定する権限（保存行為、物又は権利の性質を変えない範囲内において、その利用又は改良を目的とする行為）を超える行為をするときは、家庭裁判所の許可が必要（953条、28条）。

(2) 特別縁故者への財産分与（958条の3）

項　目	内　容
要　件	相続人の捜索の公告（958条）の期間内に相続人としての権利を主張する者がないこと
対象者	・被相続人と生計を同じくしていた者→(3)(ⅰ)参照 ・被相続人の療養看護に努めた者→(3)(ⅱ)参照 ・その他被相続人と特別の縁故があった者→(3)(ⅲ)参照　　のいずれかに該当する者 【留意点】 ・対象者は自然人だけでなく法人も認められる（**神戸家審 S51.4.24**） ・報酬を得ていても低額だった場合や、被相続人の成年後見人であっても無報酬だった場合には特別縁故者と認められることがある（**神戸家審 S51.4.24**、**大阪高決 H20.10.24** など）。 ・被相続人の生前に被相続人の資産を不当利得した場合、要件を満たしていたとしても特別縁故者性を否定される可能性がある（**さいたま家川越支審 H21.3.24**）。 ・不動産の共有持分の所有者たる被相続人に相続人がいない場合、その共有持分は、特別縁故者に対する財産分与の対象となり、財産分与がされず、当該共有持分が承継すべき者のないまま相続財産として残存することが確定したときにはじめて255条[95]により他の共有者に帰属する（＝958条の3が255条に優先する）（**最判 H元.11.24**）。
手　続	特別縁故者による相続財産分与の申立て（相続人捜索の公告期間満了から3か月以内（958条の3第2項））[96] 家庭裁判所の審判（家事法204条）

(3) 特別縁故者の対象者に関する裁判例

(ⅰ) 被相続人と生計を同じくしていた者に関する裁判例（いずれも肯定例）

裁判例	事案等の概要
千葉家審 S38.12.9	20余年同棲し生計を同じくしていた被相続人の内縁の妻に、同棲中に購入した同人の管理する不動産が実質上共有財産であるとして分与された。

94　公告期間内に相続人としての権利を主張する者がないときは、相続人並びに相続財産管理人に知れなかった相続債権者及び受遺者は、その権利を行使することができない（958条の2）。
95　255条　共有者の一人が、その持分を放棄したとき、又は死亡して相続人がないときは、その持分は、他の共有者に帰属する。
96　審判に先立って相続財産管理人の意見を聴取するものとされている（家事法205条）。

裁判例	事案等の概要
大阪家審 S40.3.11	30余年の間被相続人の事実上の養女として共同生活をし、養育看護を受けてきた病弱な姪に相続財産の全部が分与された。
大阪家審 S41.11.28	被相続人の家事一切の世話をし、田畑を耕作し、生計の一端を担ったうえ、被相続人から親のように慕われ被相続人の療養看護に尽くし、葬儀・年忌をも営んでいる叔母を特別縁故者と認めた[97]。

(ⅱ) 被相続人の療養看護に努めた者に関する裁判例（いずれも肯定例）

裁判例	事案等の概要
神戸家審 S51.4.24	被相続人から報酬を得ていたが、対価としての報酬以上に献身的に被相続人の看護に尽した場合には特別縁故者となるとした。
高松高決 H26.9.5[98]	労災事故で全身麻痺となり介護付き施設で死亡した被相続人につき、施設利用料は実際に提供した介護サービスを反映していないとして、同施設を運営する一般社団法人を特別縁故者として認めた。

(ⅲ) その他被相続人と特別の縁故があった者に関する裁判例

	裁判例	事案等の概要
肯定例	大阪家審 S38.12.23	50年余師弟としての交わりをつづけ、壮年期以後においては身寄りなく孤独であった被相続人を援助し、晩年における唯一の財産の処分等に際してはよき相談相手として生活上の助言者として関与し、さらに被相続人の葬儀をした申立人に、残相続財産200万円余りの一部40万円の分与を認めた。
	大阪家審 S41.5.27	自己のもとで働いていた被相続人が家屋を購入する際に資金を拠出し、また10年以上にわたり被相続人一家の生計を援助してきた者に、被相続人の唯一の遺産たる家屋の分与を認めた。
	名古屋高決 S48.1.17	被相続人の唯一の血縁である従兄につき、被相続人の葬儀を営んだこと、被相続人の位牌を自宅に安置し祭祀を主宰していること、被相続人に対する援助はしなかったが、これは定職もなく子供4人を抱えて生活するのがやっとであり遠方に居住していたため援助の意思がありながらこれをなしえなかったものであるなどとして、特別縁故者に当るとした。
	大阪高決 H20.10.24	無報酬の成年後見人であった者を特別縁故者として認めた。
	大阪高決 H28.3.2	被相続人の身の回りの世話をしていた知人及び、後見人報酬を得ていた四親等の親族につき、被相続人が残した文書から被相続人がこれらの者に遺贈する意思を有していたことが推認されることも考慮して、特別縁故者にあたるとした（原審は否定していた）。
	東京高決 H26.5.21	被相続人の父の死後、周囲との円滑な交際が難しくなった被相続人に代わり、葬儀や建物の修理等の重要な対外的行為を行い、近隣と連絡を取り、折りに触れ被相続人の安否確認を行い、被相続人死亡時には、遺体の発見に立ち会って遺体を引き取り、葬儀を執り行った者が特別縁故者に該当するとして、約4億円の遺産に対し300万円の分与を認めた。
	広島高決 H15.3.28	「特別縁故の有無については、被相続人の生前における交際の程度、被相続人が精神的・物質的に庇護恩恵を受けた程度、死後における実質的供養の程度等の具体的実質的な縁故関係のほか、被相続人との自然的血縁関係をも考慮して決すべきものと解される。」としたうえで、19年間もの長期間、家族の協力を得て被相続人の療養、看護に努めた被相続人の配偶者の弟につき、特別縁故による財産分与を認めた。

---

97 なお、相続財産が農地であったところ、特別縁故者は農業を営んでいなかったため、農地法3条の都道府県知事の許可を得る見込みがないが、対象土地の現況は既に農地ではなく、周囲の環境から住宅地区と化しており、農地法5条による都道府県知事の許可を得る可能性は充分に認め得るとして、農地法5条の許可を条件とする財産分与が認められた。

98 同様の裁判例として、**名古屋高金沢支決 H28.11.28** がある。

否定例	大阪高決 S46.5.18	被相続人の配偶者の遠戚につき、被相続人が遠戚宅に行った際に夕食を供し、被相続人の財産の管理について相談をうけ、あるいは被相続人の入院の世話をしたり、死後の分骨の委託をうけたりした事実があっても、これらは親類縁者として通例のことであって特別縁故者に該当しないとした。
	東京高決 H26.1.15	被相続人の生前に、特別の縁故があったといえる程度に被相続人との身分関係及び交流があったということができないとして特別縁故者と認められないとした。
	東京高決 H25.4.8	遺言書を偽造して相続財産を奪取しようとした者につき、特別縁故者として相続財産を分与することは相当でないとした。
	横浜家小田原支審 S55.12.26	被相続人の死亡後遺産である不動産を管理したとする申立人に対し、特別縁故者とは「被相続人の生前に被相続人と縁故があった者に限るものと解すべきであって、被相続人の死後に相続財産を事実上管理したり被相続人の祭祀をしたりした者を含むものではないと解するのが相当である。」とした[99]。
	東京高決 S53.8.22	特別縁故者たる者の相続人につき「被相続人の相続財産の分与を求め得る者は、被相続人生存中における特別な縁故関係者に限られ、死後、とくに祭祀をめぐって縁故を持つに至った者は除かれるべきものと考える。」などとして特別縁故者にあたらないとした。

(4) 内縁配偶者及び養親子の借家権の承継（借地借家法36条）

居住の用に供する建物の賃借人が相続人無しに死亡した場合、その当時婚姻又は縁組の届出をしていないが、建物の賃借人である被相続人と事実上夫婦又は養親子と同様の関係にあった同居者は、被相続人の建物の賃借人たる権利義務を承継する。ただし、当該承継者が、相続人無しに死亡したことを知った後1月以内に建物の賃貸人に反対の意思を表示したときは、承継しない（借地借家法36条1項）。なお、承継した場合、建物の賃貸借関係に基づき生じた債権又は債務は、建物の賃借人の権利義務を承継した者に帰属する（同条2項）。

---

99 厳密には、特別縁故者と主張する者の相続人が申立てたものであるが、その点については「特別縁故者に対する財産分与の制度においては、特別縁故者にあたると主張する者の請求に基づき家庭裁判所が財産分与の審判をすることによりはじめてその者の具体的権利が発生するものと解すべきであって、たとえ、客観的には特別縁故者にあたると認められる者であっても、その者が財産分与の請求をしないで死亡したときは、相続人その他の者がその分与請求についての権利を承継することはできないと解するのが相当である」とした。

第2章 相続人の範囲及び各相続人の相続分

1. 相続人の範囲及び法定相続分

(1) まとめ

配偶者は常に相続人となる（890条）。配偶者以外は、血族相続人のうち①子[100]、②直系尊属、③兄弟姉妹の順番で、存在する最も早い順位の者だけが相続人となる（887条～889条）。整理すると、法定相続分は以下のとおり。

相続人		法定相続分（900条）	留意点
配偶者と子供	配偶者	2分の1	尊属や兄弟に相続権は発生しない
	子供	全員で2分の1	
子供のみ（配偶者なし）	子供のみ	全体	尊属や兄弟に相続権は発生しない
配偶者と尊属（子供なし）	配偶者	3分の2	
	尊属	全員で3分の1	代襲相続はない
配偶者と兄弟（子供、尊属なし）	配偶者	4分の3	
	兄弟	全員で4分の1	代襲相続人は兄弟姉妹の子に限定されている
尊属（子供・配偶者なし）と兄弟	尊属	全体	
兄弟のみ（配偶者、子供、尊属なし）	兄弟	全体	

（注1） 嫡出子と非嫡出子は、同等に扱われる（**最決H25.9.4**を受けて、900条4号ただし書前段が削除された）。なお、非嫡出子については、父親の認知がなければ、父親からの相続権は認められない[101]。
（注2） 養子は、縁組の日から嫡出子としての地位を取得する（809条）ことから、実子と同じ地位を有する。
（注3） 配偶者の連れ子は「子」にあたらないため相続権はない（養子縁組をすれば相続権が発生する）。
（注4） 相続開始時に胎児であった者は、相続開始時に生まれたものとみなして相続人となる（886条）。
（注5） 代襲相続は、被代襲者の相続分を、代襲相続人で按分することになる。また、相続放棄では代襲相続は発生しないが、相続欠格や廃除により相続権を失った場合は代襲相続の対象となる（887条）。
（注6） 養子と代襲相続人というように、相続人として二重の資格を有する場合は、2つの身分が排斥しあう関係にない限り、各々の地位に基づく相続分を合算する説が有力[102]。
（注7） 兄弟に対する相続が発生する場合、半血兄弟（被相続人の父のみ又は母のみを同じくする兄弟）の法定相続分は、全血兄弟（被相続人と両親を同じくする兄弟）の半分（900条4項ただし書）。
（注8） 内縁の夫婦の一方が死亡した場合、他方による離婚時の財産分与の準用ないし類推適用による請求は認められない（**最決H12.3.10**）。

(2) 代襲相続の範囲（887条2項）

代襲相続については、以下のとおり定められている。

代襲相続が発生する場合（右記いずれかの場合）(注)	被相続人の子が、被相続人の相続の開始以前に死亡したとき
	相続人が欠格事由（891条）により相続権を失ったとき
	相続人が廃除（892条）によって、相続権を失ったとき

---

100 普通養子は実親と養親の双方につき相続権を有する。特別養子は原則として実親の相続権はない（817条の9）。
101 母親との関係は分娩の事実で証明されるため、母親については認知の概念がない（**最判S37.4.27**）。
102 遺産分割・遺留分の実務91頁以下。相続関係訴訟11頁以下。法律相談22頁以下。なお、婚外子を養子にした場合には、養子（嫡出子）としての相続資格に限定されるとしている。

第 2 章　相続人の範囲及び各相続人の相続分

代襲相続人の要件	被代襲者の直系卑属（887条2項、889条2項）[103]
再代襲が発生する場合	代襲者が、上記の理由により相続権を失ったとき。ただし、直系卑属（子や孫）の場合のみで、兄弟姉妹の再代襲は認められない（889条2項が887条3項を準用していない）。
代襲相続の効果	被代襲者の相続分を取得する（901条）。複数の代襲相続人がいる場合は、相続分は平等。

（注）被代襲者が相続放棄したとき（915条1項、939条）は、代襲相続は発生しない。

2.　相続欠格（891条）

項　目	内　容
内　容	・**当然に相続権が失われる事由** ・被相続人による宥恕が認められると解されている（**広島家呉支審 H22.10.5** など）。
対　象	故意に被相続人又は相続について先順位若しくは同順位にある者を死亡するに至らせ、又は至らせようとしたために、刑に処せられた者[104]
	被相続人の殺害されたことを知って、これを告発せず、又は告訴しなかった者[105]
	詐欺又は強迫によって、被相続人が相続に関する遺言をすること、撤回すること、取消すこと、又は変更することを妨げた者
	詐欺又は強迫によって、被相続人に相続に関する遺言をさせ、撤回させ、取消させ、又は変更させた者
	相続に関する被相続人の遺言書を偽造し、変造し、破棄し、又は隠匿した者 ・この場合、相続欠格にあたるためには、相続に関して不当な利益を得る目的が必要と解されている（**最判 H9.1.28**）。 ・この点は争われることが多く、押印等を欠く自筆証書遺言書に押印する行為は相続欠格事由にあたらないとした判例（**最判 S56.4.3**）や、遺言公正証書の正本の保管を託された相続人が遺産分割協議が成立するまで法定相続人の1人に対して遺言書の存在と内容を告げなかったことが遺言の隠匿に当たらないとされた事例（**最判 H6.12.16**）などがある。
効　果	・**相続開始に遡って、相続資格がなくなる**[106]。**遺贈を受けることもできない**（965条、891条）。 ・相続欠格者の子などの代襲相続する権利は失われない。 ・効果はあくまでも相対的なもので、他の被相続人との関係で相続権を失うわけではない。 **改正点**　配偶者短期居住権についても認められない（新法1037条）。なお、遺贈を受けることもできないので、配偶者居住権（新法1028条以下）を取得することもできない。
手　続	法律上、特段の定めはない。争いがある場合は、審判手続の中で前提問題として判断することも可能であるが、一般的には相続権不存在確認の訴えなどにより確定する[107]。

103　被相続人の子の子、又は兄弟姉妹の子に限られる。直系尊属（被相続人の親）には代襲相続権はない。養子の連れ子（養子縁組前に生まれた養子の子）は被相続の血族でない（727条）ため、代襲者にならない。養子縁組をした後に養子に子供が生まれた場合、当該子は代襲相続できる。

104　執行猶予付の有罪判決であっても、猶予期間を経過すれば刑の言渡しの効力が失われることから、遡って相続欠格事由がなかったものと考えられている（法律相談32頁）。

105　ただし、その者に是非の弁別がないとき、又は殺害者が自己の配偶者若しくは直系血族であったときは、除く（891条2号ただし書）。

106　相続欠格者を加えた遺産分割協議は遡って無効となり、相続欠格者を除いてかつ、相続欠格者の代襲相続人を加えて改めて遺産分割協議を行う必要があると考えられる（私見）。

107　前田民法249頁、判タ1375号「遺産分割事件の運営（中）」田中寿生ほか

3. 相続人の廃除（892条〜894条）

(1) まとめ

内　容	一定の事由がある場合、被相続人の意思に基づいて相続権を失わせることができる制度
対　象	遺留分を有する推定相続人が以下に該当する場合[108] ・被相続人に対して虐待をし、若しくはこれに重大な侮辱を加えたとき ・その他の著しい非行があったとき
効　果	・**廃除の審判が確定すると、相続開始に遡って、相続権を失う**（893条）。生前の廃除は、廃除の審判確定により相続権を失う（892条）。なお、廃除された者の子などの代襲相続する権利は失われない。 ・効果はあくまでも相対的なもので、他の被相続人との関係で相続権を失うわけではない。 ・**遺贈を受ける資格は失わない**（965条が892条を準用していない）（この点は相続欠格者と異なる）。 **改正点** 配偶者短期居住権についても認められない（新法1037条）。なお、遺贈を受ける権利は失わないので、遺贈により配偶者居住権（新法1028条以下）を取得することは可能。
手　続	開始 — 生前：被相続人が家庭裁判所に請求する（892条、家事法188条） 開始 — 遺言：遺言書で廃除の意思表示をする（893条）（「私の現在の財産年金の受給権は甲には一切受け取らせないようお願いします」という遺言は廃除の意思表示にあたるとした**広島高決H3.9.27**がある） 遺言執行者による、廃除の申立て（893条、家事法188条） 管轄（家事法188条1項）：・被相続人の住所地を管轄する家庭裁判所 ・被相続人の死亡後に申立てられた場合は、相続が開始した地を管轄する家庭裁判所 審理：廃除を申立てられた者の陳述聴取（家事法188条3項）等を行ったうえで、審判がなされる（家事法188条4項）[109]。 不服申立：即時抗告が可能（家事法188条5項）
取　消	・審判が確定しても、被相続人は家庭裁判所に取消しの請求が可能（894条1項） ・遺言による廃除の取消も可能（遺言執行者が取消しの請求を行う）（894条2項、893条）

(2) 廃除を認めた裁判例

相続廃除が認められた事例としては以下のようなものがある。

裁判例	主な廃除事由
東京高決H4.12.11	家出、怠学、犯罪性のある者等との交友等の虞犯事件を繰り返して起こし、少年院送致を含む数多くの保護処分を受け、その後、暴力団の中堅幹部と同棲し、さらに同人と婚姻の届出をし、その披露宴の招待状の招待者として親の名前を書くなどした娘の相続廃除が認められた。
大阪家審S37.8.31	学生時代から、親の財布から金銭を抜き取るなどし、また、しばしば親に金銭の強要を繰り返し、親は同棲相手との手切れ金を負担するなどもし、その後も、就職せず、遊びまわり、金銭がなくなると無心を繰り返す息子の相続廃除が認められた。
名古屋家審S61.11.19	妻の許を去って長年愛人と生活してきた夫につき、妻に対してある程度の財産的な給付をしてきたことはあっても、精神的には妻を遺棄したものであるとして、妻の相続人からの廃除を認めた。

---

108 遺留分がない者については、遺言等で他の者に財産を処分すれば廃除と同様の効果を得ることができるため、対象となるのは「遺留分を有する」推定相続人に限られる（892条）。
109 なお、廃除の審判手続中に被廃除者が死亡した場合、被廃除者を相続すべき配偶者が存在するときは、特段の事情のない限り、被廃除者の審判手続上の地位は当該配偶者に承継されると解される（**東京高決H23.8.30**）。

第2章　相続人の範囲及び各相続人の相続分

岡山家審 H2.8.10	親の金員を無断で費消し、また、多額の物品購入代金の支払いを親に負担させるなどし、これを注意した親に暴力を振るったうえ、家出をして行方不明となっている息子に対する相続廃除が認められた。
大阪高決 H15.3.27	被相続人の多額の財産をギャンブルにつぎ込んでこれを減少させ、その結果、被相続人をして自宅の売却までせざるをえない状況に追い込んだことや、被相続人から会社の取締役を解任されたことを不満に思い、虚偽の金銭消費貸借契約や賃貸借契約を作出して民事紛争を惹き起こし、訴訟になった後も被相続人と敵対する不正な証言を行っていた息子の相続廃除を認めた。
釧路家北見支審 H17.1.26	末期がんを宣告された妻が手術後自宅療養中であったにもかかわらず、療養に極めて不適切な環境を作出し、その環境の中での生活を強いたり、人格を否定する発言をするなどした夫につき、相続廃除を認めた。
東京高決 H23.5.9	被相続人が10年近く入院及び手術を繰り返していることを知りながら、居住先の外国から年1回程度帰国して生活費等として被相続人から金員を受領するだけで、被相続人の面倒をみることはなかったことや、被相続人から提起された離縁訴訟に対し、連日電話で長時間にわたって取下げを執拗に迫ったり、同訴訟をいたずらに遅延させた被相続人の養子につき、相続廃除を認めた。

4. 相続人につき特殊な対応が必要となる場合

相続人が以下の場合には、遺産分割協議などにおいて一定の対応が必要となる。

検討すべき場合	一般的な対応
意思能力等に問題がある場合	・成年後見等の申立てを検討する必要がある。 ・成年後見人と成年被後見人がいずれも相続人となる場合、特別代理人の選任が必要（826条、860条）。
未成年者の場合	親権者が法定代理人となるが、利益相反の関係から、特別代理人を選任する必要がある場合も多い（参考判例：**東京高決 S58.3.23**、以下に要旨を掲載）。
所在不明の場合	不在者財産管理人（25条）の選任又は、失踪宣告（30条以下）の申立を検討する必要がある。

東京高決 S58.3.23	親権者と子供が共に遺産分割審判に加わる場合の利益相反に関する決定
家庭裁判月報36巻5号96頁	
「相続人の一人である親権者が他の相続人である数人の子を代理して遺産分割の手続に関与することは、民法826条1項及び2項にいう利益相反行為に当たるものというべきである。……したがって、<u>相続人中の数人の子が他の相続人である親権者の親権に服するときは、右の数人の子のために各別に選任された特別代理人がその各人を代理して遺産分割の手続に加わることを要するのであって、相続人の一人である親権者が数人の子の法定代理人として代理行為をしたときは、右の数人の子全員につき前記条項に違反することとなり、かかる代理行為によりされた遺産分割の手続は無効である</u>といわなければならない。そして、<u>この理は、相続人の一人である親権者が相続人本人としての地位のほか子の法定代理人としての地位に基づいて一人の弁護士を代理人に選任し、その弁護士が親権者及び子の共通の代理人として手続に関与した場合であっても、異なるものではない</u>（もっとも、親権者及び子のために選任された特別代理人の両者が共通の代理人として一人の弁護士を選任し、その結果その弁護士が手続に関与した場合には、前記条項の適用上は何ら問題がなく、双方代理行為についても右の両者があらかじめ許諾したものと解することができるであろう。）。」

第3章　相続の対象

1.　相続の範囲

(1)　相続の対象となるもの（まとめ）

原則として、相続開始時に被相続人の財産に属した一切の権利義務（896条）が相続の対象となるが、内容は以下のとおり分かれる。

分　類		内　容	説明・記載箇所
相続の対象とならないもの		被相続人の一身に専属したもの（896条ただし書）	扶養の権利義務（877条）など。離婚に伴う財産分与請求権については争いがある[110]。
原則として相続の対象にならないもの		生命保険金、死亡退職金	規約等によって異なる。(2)に記載
相続の対象	原則として遺産分割の対象とならないもの	系譜、祭具及び墳墓の所有権、遺骨	(3)に記載
		債務	3に記載
		金銭債権（預金債権は除く）	第6章3(3)（81頁）に記載。なお、慰謝料請求権も相続の対象になる（**最判 S42.11.1**）。
		相続後に発生した財産等	第6章3(4)（82頁）に記載
	原則として遺産分割の対象となるもの(注)	動産、不動産	
		ゴルフ会員権	会則等による→(4)に記載
		預金債権	第6章3(3)（81頁）に記載
		契約上の地位	2に記載

（注）遺言で特定遺贈等がされていないことが前提

(2)　生命保険金、死亡退職金

生命保険金、死亡退職金は相続の対象にならない場合が多い。また、相続の対象になったとしても、遺産分割の対象にならないものが多い。考え方をまとめると概要以下のとおり。

（ⅰ）　**生命保険金**[111]

分　類	概要（考え方）
受取人が、被相続人以外の特定の者の場合	・原則として、当該指定された者の固有の権利となる[112]（＝相続財産に含まれない）。 ・ただし、**保険金受取人である相続人とその他の相続人との間に生ずる不公平が903条の趣旨に照らし到底是認することができないほどに著しいものであると評価すべき特段の事情が存する場合は特別受益に準じて持戻しの対象になる**（＝遺産分割の対象になる）。この場合の、特段の事情の有無は、保険金の額、この額の遺産の総額に対する比率のほか、同居の有無、被相続人の介護等に対する貢献の度合いなどの保険金受取人である相続人及び他の相続人と被相続人との関係、各相続人の生活実態等の諸般の事情を総合考慮して判断すべきとされている（**最決 H16.10.29**）。[113]

110　財産分与請求権は清算・扶養・慰謝料から成るところ、清算と慰謝料は相続の対象となり、扶養はならないという見解が有力のようである（事業承継の法律実務134頁）。なお、内縁関係の解消に伴う財産分与調停が不成立となり審判手続に移行した後、分与義務者が同手続中に死亡した場合、当該財産分与義務は相続の対象となるとした裁判例がある（**大阪高決 H23.11.15**）。
111　受取人として被相続人が指定されている場合の満期保険金は相続財産に含まれる。
112　**大判 S13.12.14**
113　かかる基準を当てはめた結果、相続財産に含まれないとした裁判例としては**最決 H16.10.29**や**大阪家堺支審 H18.3.22**などが、含まれるとした裁判例としては**名古屋高決 H18.3.27**、**東京高決 H17.10.27**などがある。

受取人が、「相続人」とされている場合	・相続人は、原則として法定相続分の割合で保険金を受け取る権利を有する（遺産分割の対象にならない）。 ・特段の事情のない限り、相続人が保険金を受け取るべき権利の割合を相続分の割合によるとする旨の指定も含まれているものと解するのが相当（**最判 H6.7.18**）。 ・自己の所有財産の全部を相続人でない者に遺贈する旨の遺言があっても、相続人の固有財産となる（**最判 S40.2.2**）。 ・相続放棄をしても、生命保険の受取人としての地位に影響はないと解される（**神戸地尼崎支判 H26.12.16**、**東京地判 S60.10.25**、**横浜地判 H元.1.30**）。
受取人が指定されていない場合	約款で「相続人」に支払うとなっているのが一般的であるため、上記「相続人」と同じ（遺産分割の対象にならない）（**最判 S48.6.29**）
受取人が、被相続人より先に死亡したとき[114]	保険約款に別段の定めがない場合、保険受取人の相続人全員のうち被保険者死亡時に生存する者が、法定相続分の割合でなく平等の割合で保険金受取人となると解される（保険法46条、**最判 H5.9.7**）。

（ⅱ）　**死亡退職金**

退職金支給規定や法令により、遺族が直接会社に対する退職金請求権を有するため、相続財産とならないことが一般的（退職金規程の定め等により受給権者固有の権利としたものとして**最判 S55.11.27**、**最判 S58.10.14** などがある。）[115]。なお、死亡退職金支給規程がない場合も、機関決定として特定の者に支給された場合は、特段の事情の無い限り当該受給者固有の権利になると解される（**最判 S62.3.3**[116]）。

相続人間の公平を欠く場合、生命保険金と同様に、特別受益となる可能性はある（特別受益になるとしたものとして、**大阪家審 S51.11.25** がある。）。

(3) 系譜、祭具及び墳墓の所有権、遺骨の承継者

系譜、祭具及び墳墓の所有権は、祭祀を主宰すべき者が承継する。具体的には被相続人の指定、指定がなければ慣習に従って、慣習が明らかでないときは、家庭裁判所が定める者が承継する（897条、家事法39条、別表第2の11項）。以下のような裁判例がある。なお、墳墓の敷地である墓地も、墳墓に含まれるものと解される（**広島高判 H12.8.25**、**大阪家審 S52.8.29**）。

（ⅰ）　祭祀承継者に関する紛争事例

裁判例	概　要
名古屋高判 S59.4.19 **長崎家諫早出審 S62.8.31**	生前の言動や、家族関係の状況などを踏まえて、被相続人による祭祀主宰者の指定があったとされた事例
東京高決 H6.8.19	乙県の墓地や先妻の戒名の列記されている位牌については被相続人の先妻の子を、甲霊園の墓地や祖先の位牌等について後妻を祭祀承継者とした事例（2名を祭祀承継者とした）。

114　現実的には、被相続人が受取人の再指定をするのが通常であり、再指定前に被相続人が死亡した場合にのみ問題となる。
115　なお、私立大学の退職金規程で職員の死亡退職金を「遺族に支給する」とのみ定めている場合、その受給権者は、相続人ではなく、職員の死亡の当時、主としてその収入により生計を維持していた配偶者（届出をしていないが、事実上婚姻関係と同様の事情にある者を含む。）が第一順位の受給権者となるとした判例がある（**最判 S60.1.31**）。
116　死亡退職金の支給規程のない財団法人において、理事長の死亡後同人の配偶者に支給する旨の決定をして支払われた死亡退職金につき、特段の事情のない限り、相続財産に属するものではなく、配偶者個人に属するものと認めるべきものとした原審の認定判断は相当とした判例

東京高決 H18.4.19	祭祀承継者の判断基準を「承継候補者と被相続人との間の身分関係や事実上の生活関係、承継候補者と祭具等との間の場所的関係、祭具等の取得の目的や管理等の経緯、承継候補者の祭祀主宰の意思や能力、その他一切の事情（例えば利害関係人全員の生活状況及び意見等）を総合して判断すべきであるが、祖先の祭祀は今日もはや義務ではなく、死者に対する慕情、愛情、感謝の気持ちといった心情により行われるものであるから、被相続人と緊密な生活関係・親和関係にあって、被相続人に対し上記のような心情を最も強く持ち、他方、被相続人からみれば、同人が生存していたのであれば、おそらく指定したであろう者をその承継者と定めるのが相当である。」と判示した裁判例
名古屋高決 H26.6.26	原審が二女を祭祀承継者としたのに対し長女に変更した事例
さいたま家審 H26.6.30	長年被相続人と同居したことなどから、申立人である二男を祭祀承継者とした事例
東京家審 H21.8.14	成年被後見人を、祭祀承継者とすることが相当とされた事例

（ⅱ）遺骨の帰属に関する紛争

遺骨の帰属は条文上明確でないため、争いになることがある。

裁判例	概要
東京高判 S62.10.8	被相続人の配偶者と、被相続人の兄弟で遺骨の所有権が争いになり、遺骨の所有権は生存配偶者に原始的に帰属するとした裁判例
最判 H元.7.18	遺骨について被相続人が主宰していた宗教研究クラブでなく、慣習に従って祭祀を主宰すべき被相続人の子に帰属するとした判例
東京家審 H21.3.30	家裁は遺骨の取得者を祭祀財産に準じて指定することができるとした裁判例
大阪家審 H28.1.22	親族でないが生活を共にしていたことがあり、旅行にも一緒に行っていた者を遺骨の取得者と認めた事例

(4) ゴルフ会員権

ゴルフ会員権は会則や形態によって異なる[117]。

分　類	結論及び留意点
・会則で相続を否定している場合 ・社団会員制のゴルフ会員権	相続の対象とならない（**最判 S53.6.16**）。 この場合、預託金返還請求権（発生する場合）や滞納会費支払義務などの個々の金銭債権・債務を相続することにはなる[118]。
・会則等で相続が肯定されている場合 ・株主会員制のゴルフ会員権	相続の対象（＝遺産分割の対象）となる（参考判例：**最判 H9.5.27**、以下に要旨を掲載）。なお、名義変更には理事会の承認が必要とされていることが多い。会員権を取得する相続人について理事会の承認が得られないとトラブルになるため、事前に確認をしておくことが望ましい[119]。

最判 H9.5.27　規則に反する内容でのゴルフ会員権の相続を認めた事例

判タ 947 号 202 頁、金判 1026 号 25 頁、判時 1608 号 104 頁、金法 1494 号 38 頁

　被相続人 A が所有していた Y 経営のゴルフ会員権のクラブ規則には、会員が死亡したときは相続人は、6箇月以内に、預託金の返還、相続人のうち1名への名義書換え又は第三者への譲渡のいずれかの手続を選択して理事長に届け出なければならず、相続人が右期間内に所定の届出をしないときは預託金の返還手続がとられる旨の定めがあった。相続人 X が Y に対して、クラブの理事会等の承認を停止条件とするクラブの会員としての地位を有することの確認を求めて提訴したところ Y は相続発生から6箇月が経過しているとして争った。第1審、原審とも概ね X の請求を認めたため Y が上告した。

　本判決は「本件クラブの会員権は、他人に譲渡することが認められており、ゴルフ会員権市場において預託金の金額よりも高額の取引価格で売買されている。……相続人が会員の死亡後6箇月以内に本件規則所定の手続のい

117　相続ガイドブック 52 頁参照
118　法律相談 123 頁
119　法律相談 123 頁

いずれかを選択するに至らない事態も生じ得るが、相続人から所定の会費が納入されている限り、会員の地位の承継の手続が遅延することによって、Y又は本件クラブが格別の不利益を被ることはないということができる。……6箇月の期間経過後は相続人は預託金の返還を求める権利のみを有すると解することは、遺産分割に関する協議が早期に調わなかった会員の相続人に著しい財産上の不利益を一方的に被らせることになり、相当とはいえない。したがって、本件規則は、死亡した会員の相続人が複数いる場合には、相続人の間で遺産分割に関する協議が成立した後6箇月以内に右規則所定の手続をすべき旨を定めたものと解するのが相当である。」として上告を棄却した。

(5) 内縁配偶者の共有持分

被相続人名義の財産について、生前の生活状況や経済状況などから、内縁配偶者の共有持分を認めた裁判例がいくつか存在する（**大阪高判 S57.11.30**、**名古屋高判 S58.6.15** など）。認められた内縁配偶者の共有持分は相続財産の対象からはずされることになる。

2. 契約上の地位

(1) まとめ

相続人は、被相続人が有していた契約上の地位（権利・義務）を承継するのが原則であるが、法律上又は契約上の別段の定めにより被相続人が締結していた契約が終了する場合もある。注意すべき類型としては以下のものがある。

分　類		内　容
被相続人の死亡により法律上、消滅ないし契約が終了する主なもの		代理権（111条）
		委任契約（653条）
		組合契約（組合員の死亡により脱退、679条）
		定期贈与（552条）
		持分会社の社員権（会社法607条1項3号）
使用貸借の借主の死亡	原　則	効力を失う（599条、改正法597条3項）。
	例　外	建物所有目的の土地の使用貸借（東京地判 H5.9.14）、建物の使用貸借（**東京高判 H13.4.18**）につき、559条の適用を否定し、借主の死亡により使用貸借が終了しないとした裁判例がある。
借地権		終了せず相続の対象となると解される[120]（注）。
建物賃借権	通常のもの	相続の対象となると解される[121]。
	公営住宅使用権	相続の対象とならない（**最判 H2.10.18**）。
被相続人の所有する建物に被相続人と同居していた相続人の建物使用貸借権		相続開始前から被相続人の許諾を得て遺産である建物において被相続人と同居してきた相続人は、特段の事情のない限り、被相続人との間において、被相続人が死亡し相続が開始した後も、遺産分割により右建物の所有関係が最終的に確定するまでの間は、引き続き無償で使用させる旨の合意があったものと推認され、相続開始の時から少なくとも遺産分割終了までの間は、被相続人の地位を承継した他の相続人等が貸主となり、同居の相続人を借主とする使用貸借契約関係が存続する（**最判 H8.12.17**）。 **改正点**　かかる判例の趣旨をさらに明確化する趣旨で、新法は配偶者短期居住権を新設した。被相続人の財産に属した建物に相続開始の時に無償で居住していた配偶者は、一定期間居住建物に無償で居住できる（新法1037条～1041条）。なお、配偶者以外の同居の相続人については上記判例が引き続き意味を有するものと解される。 →配偶者短期居住権については、41頁参照

120　遺産分割・遺留分の実務 142頁
121　遺産分割・遺留分の実務 142頁

被相続人所有の家屋に被相続人と同居していた内縁配偶者の居住権	相続人に家屋を使用しなければならない差し迫った必要がなく、一方内縁の夫・妻は家屋を明け渡すと相当重大な打撃を受けるおそれがある等の事情がある場合、相続人による内縁の妻・夫に対する家屋明渡請求は権利の濫用にあたり許されない（**最判 S39.10.13**）[122]。
内縁の夫婦による共有不動産の一方の死亡と他の相続人の関係	内縁の夫婦が共有する不動産を居住又は共同で使用してきたときは、特段の事情のない限り、一方が死亡した後は他方が当該不動産を単独で使用する旨の合意が成立していたものと推認される（**最判 H10.2.26**）。

（注）借地権を、一人の相続人が単独で取得する場合、土地所有者の承諾は不要であるが（**最判 S29.10.7**）、借地権を区分して、複数の相続人が分割取得する場合は地主の承諾が必要と解されている[123]。

【改正点経過措置】

区　分			適　用
新法1037条から新法1041条	相続開始日	（制度なし）	
		平成32年4月1日以降	新法

（2）無権代理と相続

無権代理行為と相続の関係をまとめると以下のとおり。

（ⅰ）　無権代理人が本人を相続した場合（被相続人：本人、相続人：無権代理人）

場合分け	結論（判例）
単独相続	無権代理人が、本人を単独相続（他の相続人が全員放棄したため）した事案につき、「無権代理人が本人を相続し本人と代理人との資格が同一人に帰するにいたった場合においては、本人が自ら法律行為をしたのと同様な法律上の地位を生じたものと解するのが相当であり……、この理は、無権代理人が本人の共同相続人の一人であって他の相続人の相続放棄により単独で本人を相続した場合においても妥当すると解すべきである。」（**最判 S40.6.18**）と、無権代理行為は有効になるとした。
共同相続	無権代理人が、本人を他の相続人と共同相続した事案につき「無権代理行為を追認する権利は、……共同相続人全員が共同してこれを行使しない限り、無権代理行為が有効となるものではないと解すべきである。そうすると、他の共同相続人全員が無権代理行為の追認をしている場合に無権代理人が追認を拒絶することは信義則上許されないとしても、他の共同相続人全員の追認がない限り、無権代理行為は、無権代理人の相続分に相当する部分においても、当然に有効となるものではない。」（**最判 H5.1.21**）とした。

（ⅱ）　本人が無権代理人を相続した場合（被相続人：無権代理人、相続人：本人）

判例は、本人が、無権代理人を相続した事案につき、「相続人たる本人が被相続人の無権代理行為の追認を拒絶しても、何ら信義に反するところはないから、被相続人の無権代理行為は一般に本人の相続により当然有効となるものではないと解するのが相当である。」（**最判 S37.4.20**）とした。もっとも、この場合、仮に追認拒絶をしたとしても、「民法117条による無権代理人の債務が相続の対象となることは明らかであって、……本人は相続により無権代理人の右債務を承継するのであり、本人として無権代理行為の追認を拒絶できる地位にあったからといって右債務を免れることはできないと解すべきである。まして、無権代理人を相続した共同相続人のうちの一人が本人であるからといって、本人以外の相続人が無権代理人の債務を相続しないとか債務を免れうると解すべき理由はない。」とされている（**最判 S48.7.3**）。

122　同様の判示を行った裁判例として、**東京地判 H2.3.27**、**東京地判 H9.10.3** などがある。また、権利の濫用でなく、内縁の妻が死亡するまで同人に無償で使用させる旨の使用貸借契約が黙示的に成立していたとして、内縁の夫の相続人からの内縁の妻に対する建物明渡請求を棄却した事例もある（**大阪高判 H22.10.21**）。
123　遺産分割・遺留分の実務 405 頁

3. 被相続人の債務[124]

債務は、相続の対象とはなるが、原則として遺産分割の対象とはならない。なお、保証債務については、債権法改正の影響もあり注意が必要。概要以下のとおり。

種類	承継内容
可分債務	・**原則として、各相続人が法定相続分に従って分割された債務を承継する（大決 S5.12.4）**[(注)]。 ・**仮に遺産分割で相続人間では特定の者が負担すると定めても、債権者には主張できない**[125]。 また、相続分を譲渡しても、債権者の同意がない限り相続債務を免れることはできない[126]。 **改正点** 新法902条の2は、遺言による相続分の指定があったとしても、相続債権者は法定相続分に従って相続債務の履行を求めることができることを明文化した。従来の扱いを変更するものではないと解される。
連帯債務	**各相続人は法定相続分に応じて債務の分割されたものを承継し、その範囲において本来の債務者とともに連帯債務者となる（最判 S34.6.19）。**
包括根保証[127]	相続開始時に発生している保証債務については相続の対象となるが、特段の事情がない限り、保証人の地位は相続されない（＝相続発生後に生じる保証債務は相続人の負担とはならない）（最判 S37.11.9）。ただし、賃貸借契約の保証人の相続人は、相続開始後に生じた賃料債務についても保証の責任を負うとした判例がある（大判 S9.1.30）。 **改正点** 債権法改正により、個人根保証契約は、保証人又は主債務者の死亡により、元本が確定する（改正法465条の4）。よって、改正法施行日（平成32年4月1日）後は、相続開始時に発生している保証債務については相続の対象となるが、相続発生時に元本が確定し、保証人の地位は相続されない。
限定保証債務[128]	・保証人の地位も相続されると解される（争いあり）。 ・将来に向けて解約権が認められる可能性はある。

（注）債務は相続人内部では以下のように割り付けられると考えられている[129]。

分類		割付け
原則		法定相続分
遺言内容による修正	債務の負担承継について特段の遺言がされた場合	当該遺言に従う
	法定相続分と異なる相続分の指定がされた場合	当該相続分に対応して割付
	割合的包括遺贈がされた場合	当該割合に対応して割付
	相続人のうちの一人に財産全部を相続させた場合 全部包括遺贈	相続財産を承継する者が相続債務全額を承継する（**最判 H21.3.24** → 97 頁参照）

【改正点経過措置】

区分			適用
改正法465条の4	保証契約締結日	平成32年3月31日前	旧法
		平成32年4月1日以降	改正法

---

124 なお、借地権を共同相続した場合、相続人の準共有となり、賃料については原則として不可分債務を負うと考えられる（前田民法311頁）。
125 債権者との関係でも効果を得るためには、債権者の了解を得て、当該特定の相続人が免責的に債務引受をする必要がある。なお、改正法470条～472条の4で債務引受の要件や効果等について条文が新設されている。
126 法律相談233頁
127 なお、一定の範囲に属する不特定の債務を主たる債務とする保証契約（「根保証契約」）であってその債務の範囲に金銭の貸渡し又は手形の割引を受けることによって負担する債務が含まれるもの（保証人が法人であるものを除く）の保証は、極度額を定めなければ無効とされている（465条の2第2項）ので極度額があることを前提とする。
128 事業承継の法律実務180頁～181頁において、検討がされている。
129 相続関係訴訟322頁

第4章　特別受益（903条）

1. 実体面のまとめ

項　目	内　容		
定　義	相続人が被相続人から受けている特別な利益を相続分の前渡しと考えて、相続分を計算する際に相続財産に加算して相続分を計算したうえで、当該受益額を控除した残額を特別受益者の相続分とする制度[130]		
対象となる遺贈・贈与	・すべての遺贈（遺贈の理由等は問わない） ・「相続させる」遺言による特定資産の承継も含まれると解される（**広島高岡山支決H17.4.11**）。		
	右記に該当する生前贈与	婚姻のための贈与	
		養子縁組のための贈与	
		生計の資本としての贈与→具体例は2参照	
効果（遺産分割時の計算式）	・特別受益がある相続人の計算式：（相続財産＋特別受益額）×相続分－特別受益額 ・特別受益がない相続人の計算式：（相続財産＋特別受益額）×相続分 （説明）被相続人が相続開始の時において有した財産（遺贈されたものを含む）の価額に、対象となる生前贈与の価額を加えたものを相続財産とみなして法定相続分を計算して、遺贈又は対象贈与の価額を控除した残額をもってその者の相続分とする[131]。		
例　外 →4参照	**被相続人の特定の遺贈又は贈与を特別受益としないとする旨の意思表示は有効**（持戻し免除の意思表示：903条3項）。なお、持戻し免除の意思表示があっても、遺留分減殺請求の対象にはなる。 **改正点**　新法は、遺留分の法的性格の変更などを踏まえて、持戻し免除の意思表示が有効なのは「遺留分に関する規程に違反しない範囲」という制限を削除した（新法903条3項）。もっとも、従前の取扱いと異なるところはないと解される。 **改正点**　新法は、婚姻期間が20年以上の夫婦の一方である被相続人が、他の一方に対し、その居住の用に供する建物又はその敷地について遺贈又は贈与をしたときは、被相続人が持戻し免除の意思表示をしたものと推定する旨の定めをおいた（新法903条4項）。配偶者居住権を遺贈した場合も同様（新法1028条3項）。		
	承継円滑化法により、除外合意をした場合		
基準時	・相続開始時（**最判S51.3.18**[132]）。 ・受贈者の行為によって、対象財産が滅失し、又はその価格の増減があったときであっても、相続開始の時においてなお原状のままであるものとみなして評価される（904条）。		

---

[130] なお、相続人が相続放棄した場合、初めから相続人とならなかったものとみなされるので（939条）、特別受益とならない。

[131] 遺贈又は贈与の価額が、相続分の価額に等しく、又はこれを超えるときは、受遺者又は受贈者は、受け取れる相続分はないが（903条2項）、返却するまでの必要はない。超過部分を他の相続人がどのように負担するかについては、本来的相続分基準説と具体的相続分基準説の見解の対立があるが、後者（超過受益者を除き、他の相続人間で具体的相続分の割合に応じて現実の相続分を按分して算定するべきとの考え）が有力（法律相談54頁以下）。

[132] 金銭の贈与につき、相続開始時の物価指数が贈与時の250倍にもなっている場合につき、贈与の時の金額を相続開始の時の貨幣価値に換算した価額をもって特別受益の金額を評価すべきとした判例

第4章 特別受益（903条）

【改正点経過措置】

区　分			適　用
新法903条3項	相続開始日	平成31年6月30日前	旧法
		平成31年7月1日以降	新法
新法903条4項	遺贈又は贈与日	（制度なし）	
		平成31年7月1日以降	新法

2. 特別受益（「生計の資本としての贈与」）の対象となるか問題となるもの[133]

項　目	判断基準の考え方（特別受益となるもの）や参考となる裁判例
学　資	・扶養義務の範囲を超える不相応な学資 ・兄弟で学資に差異があっても「子供の個人差その他の事情により、公立・私立等が分かれ、その費用に差が生じることがあるとしても、通常、親の子に対する扶養の一内容として支出されるもので、遺産の先渡しとしての趣旨を含まないものと認識するのが一般であり」特別受益にあたらないとする裁判例がある（**大阪高決 H19.12.6**）。
経済的援助	・扶養の範囲を超える部分 ・「遺産総額や被相続人の収入状況からすると、1月に10万円を超える送金……は生計資本としての贈与である」とする裁判例がある（**東京家審 H21.1.30**）。 ・父の相続時に母から無償で相続分を譲受けたことは、母の相続時の特別受益にあたる（**最判 H30.10.19**）。
債務の肩代わり	・求償権を放棄した部分 ・相続人の不祥事を弁償をした被相続人が当該相続人に求償しなかったことにつき、求償債権の免除は、特別受益にあたるとする裁判例がある（**高松家審丸亀支審 H3.11.19**）。
相続人の一人が受取人となっている生命保険金 →第3章1(2)参照	・原則として、特別受益とはならない。 ・ただし、保険金受取人である相続人とその他の相続人との間に生ずる不公平が903条の趣旨に照らし到底是認することができないほどに著しいものであると評価すべき特段の事情が存する場合は特別受益に準じて持戻しの対象になる（**最決 H16.10.29**）。 ・死亡保険金請求権が特別受益になる場合の特別受益の金額は（注）参照
死亡退職金 →第3章1(2)参照	・原則として特別受益にならない（**最判 S55.11.27**、**最判 S62.3.3**）。 ・相続人間の公平を欠く場合、特別受益となる可能性がある（**大阪家審 S51.11.25**）。
借地権の設定	相当な対価を払っていない場合
土地の使用貸借[134]	使用借権評価額相当額[135]

（注）死亡保険金請求権が特別受益になる場合の、特別受益の金額については以下の考え方があるが、保険金額修正説が通説とされている[136]。

保険料説	被相続人が支払った保険料額とする説
保険金額説	支払われた保険金額を特別受益の額とする説
保険金額修正説	保険を受領した相続人が保険料の一部を負担していた場合は、被相続人が支払った保険料に対応する保険金額とする説

133　相続ガイドブック80頁以下、遺産分割・遺留分の実務251頁以下を参考に作成
134　被相続人所有の土地の上を、相続人の一人が建物を建て、土地を無償で使用している場合が典型例。
135　実務においては、使用借権が設定されている土地として使用借権減価をした上、使用借権評価相当の利益を無償使用してきた相続人の特別受益として持戻し、結局、更地評価額になるという考え方が主流とされている（遺産分割・遺留分の実務270頁）。
136　遺産分割・遺留分の実務263頁

3. 特別受益者の範囲

特別受益者は、相続人とされているが（903条1項）、以下のような場合について議論がある。

(1) 代襲相続の場合

場合分け		考え方
被代襲者に対する贈与等		原則として、特別受益とされないと考えられるが（被代襲者に対する学資や留学費用につき代襲者に対する特別受益にならないとしたものとして**鹿児島家審S44.6.25**や**徳島家審S52.3.14**がある）、特別受益とされる場合もある（**福岡高判H29.5.18**）。
代襲相続人に対する贈与等	代襲原因発生前の贈与	原則として、特別受益にならないと解される（**大分家審S49.5.14**）が、実質的には被代襲者に対する遺産の前渡しに当たるなどの特段の事情がある場合は特別受益に当たると解される（**福岡高判H29.5.18**）。
	代襲原因発生後の贈与	特別受益になると解される。

(2) 相続人の配偶者や子供への贈与等の場合

場合分け	考え方
原　則	特別受益とならない。
例　外	実質的に相続人が贈与を受けたのと異ならない場合には特別受益となる（相続人の夫に対する贈与が特別受益になるとされた事例として、**福島家白河支審S55.5.24**がある）。

4. 持戻し免除の意思表示の方法

(1) まとめ

持戻し免除の意思表示の方法に制限はない（903条3項）。明示の意思表示以外にも、黙示の意思表示で認められる場合もあるが、黙示の意思表示の場合は争われることが多い。黙示の意思表示を認めた裁判例としては(2)のようなものがある。なお、遺言で意思表示することも可能。

改正点 新法は、遺留分減殺請求権の法的性格の変更などを踏まえて、持戻し免除の意思表示が有効なのは「遺留分に関する規程に違反しない範囲」という制限を削除した（新法903条3項）。もっとも、従前の取扱いと異なるところはないと解される。

改正点 新法は、婚姻期間が20年以上の夫婦の一方である被相続人が、他の一方に対し、その居住の用に供する建物又はその敷地について遺贈又は贈与をしたときは、被相続人が持戻し免除の意思表示をしたものと推定する旨の定めをおいた（新法903条4項）。配偶者居住権を遺贈した場合も同様（新法1028条3項）。

【改正点経過措置】

区　分			適　用
新法903条3項	相続開始日	平成31年6月30日前	旧法
		平成31年7月1日以降	新法
新法903条4項	遺贈又は贈与日	（制度なし）	
		平成31年7月1日以降	新法

(2) 黙示の持戻し免除の意思表示を肯定した裁判例[137]

裁判例	判断要素（判示内容）
福岡高決 S45.7.31	被相続人が生前、法定相続分をはるかに超える農地その他の不動産を贈与し、農業を自己と同居して農耕に従事してきたXに継がせる意思であったことや、日付記載を欠くため自筆遺言証書としては効力のない書面中に全財産をXに譲渡する旨の記載があったことなどから持戻し免除の意思があったと判示した。
東京家審 S49.3.25	相続人Xが、被相続人A所有の土地上に家屋を新築するに際し、Xが当該家屋にA他の家族を同居させこれらの者の面倒をみることが前提とされ、また、新築家屋の一部の使用収益をAにゆだねる一方Aはその代償として前記土地を新築家屋の敷地としてXが無償使用することを許諾したものであるから、Xに特別受益を観念できるものの、持戻し免除の意思表示をしたものと認めた。
東京高決 S51.4.16	X1は大学卒業の翌年ころに強度の神経症となり、その後入院再発を繰返し、甲株式が贈与された当時、両親の庇護のもとに生活していたこと、母であるX2がX1を将来にわたって世話しなければならないことが予測されていたため被相続人Aは甲株式の利益配当をもってX1とX2の生活の安定を計ろうとして甲株式の贈与を決意したと認められ、しかも、同時にYに対しても株式の贈与を行っていることを考え合せると、被相続人Aは、Xらのみでなく Yに対しても、持戻し免除の意思を黙示的に表示したものと推認することができるとした。
東京高決 H8.8.26	被相続人AのXへの生前贈与は、Xの長年にわたる妻としての貢献に報い、その老後の生活の安定を図るためにしたものと認められる一方、Xには、他に老後の生活を支えるに足る資産も住居もないことが認められるから、暗黙のうちに持戻し免除の意思表示をしたものと解するのが相当であるとした。

5. 特別受益算定手続

当事者の合意	協議又は調停において合意ができれば当該合意に基づく
審　判	・審判で、特別受益の有無や価格を判断できる ・遺産分割と切り離して判断されることはない。従って、特定の財産が特別受益であることの確認の訴えは不適法（**最判 H7.3.7**）

137　黙示の持戻し免除の意思表示は、被相続人が特定の相続人に対して「相続分以外に財産を相続させる意思を有していたことを推測させる事情があるか否か」で判断される（遺産分割・遺留分の実務289頁）。

第5章 寄与分（904条の2第1項）

1. まとめ

定　義	相続人中に、被相続人の財産の維持又は増加について特別の寄与をしていながら、対価を得ていない者がいる場合、その者の相続分算定にあたって寄与に応じた増加を認める制度
主張可能な者	**相続人に限られる**（904条の2第1項）。
対象行為（要件）	・被相続人の事業に関して労務の提供又は財産上の給付をしたり、被相続人の療養看護その他の方法により被相続人の財産の維持・増加について特別の寄与をしたこと ・要件の詳細に関しては3参照、具体例は4参照
算定の基準時	相続開始時とされている[138]（**広島高決 H5.6.8**など）。
算定方法	寄与の時期、方法及び程度、相続財産の額その他一切の事情を考慮して、算定される（904条の2第2項）。
効果（遺産分割時の計算式）	・寄与分のある相続人の計算式：（相続開始時の財産の価額－寄与分）×法定相続分＋寄与分 ・寄与分のない相続人の計算式：（相続開始時の財産の価額－寄与分）×法定相続分 （説明）被相続人が相続開始の時において有した財産の価額から寄与分を控除したものを相続財産とみなして相続分を算定し、算定した相続分に寄与分を加えた額をもってその者の相続分とする。
限　界	・**寄与分は被相続人が相続開始の時において有した財産の価額から遺贈の価額を控除した残額を超えることができない**（＝生前贈与、遺贈が寄与分に優先する）（904条の2第3項）。 ・遺言で相続分の指定があったとしても、具体的相続分は寄与分による修正を受けるが[139]、全遺産について具体的な分割方法が定められている場合は寄与分による修正ができないと解される[140]。
遺留分との関係	・寄与分は遺留分に優先するが（遺留分に食い込む寄与分が定められることもある）[141]、寄与分を定める際には、他の相続人の遺留分を侵害する結果になるかどうかについても考慮しなければならないと解される（**東京高決 H3.12.24**）。 ・一方で、遺留分減殺請求において、抗弁として寄与分の主張をすることは許されないと解される（**東京高判 H3.7.30**）ため、寄与分に報いるための遺贈をしても、遺留分減殺請求訴訟において寄与分は考慮されない。

2. 相続人の子・配偶者等の寄与や、代襲相続の場合についての考え方

法文上、寄与分を主張できるのは相続人だけであるが（904条の2第1項）、例えば、相続人の子や配偶者が寄与行為をした場合主張できないか、代襲相続の場合被代襲者の寄与と代襲者の寄与のいずれを主張できるのかなどが問題となる[142]。

相続人の子等の寄与	・相続人の履行補助者的な地位にある場合は相続人の寄与として認められる場合がある。 ・相続人の妻子の行為が、相続人の履行補助者的立場にある者の無償の寄与行為とされ、寄与分が認められた事例として**東京家審 H12.3.8**が、相続人の配偶者の介護が寄与行為にあたるとされた事例として**東京高決 H22.9.13**がある。 **改正点**　特別寄与が新設された（新法1050条）。

---

[138] 遺産分割・遺留分の実務 315頁
[139] 遺産分割・遺留分の実務 319頁
[140] 遺産分割・遺留分の実務 321頁
[141] 遺産分割・遺留分の実務 321頁
[142] 仮にこれを認めないと、寄与行為を行った者が報酬請求権などを主張することになるが、その場合、遺産分割手続の中で一括して解決できないことになる。

代襲相続人の主張できる寄与	代襲相続人自身の寄与	代襲原因の発生時期の前後を問わず主張できると解される[143]。
	被代襲者の寄与	主張可能と解される（**東京高決 H元.12.28、熊本家玉名支審 H3.5.31**）。

改正点 新法は、被相続人に対して無償で療養看護その他の労務の提供をしたことにより被相続人の財産の維持又は増加について特別の寄与をした被相続人の親族が、相続人に対して寄与に応じた額の金銭の支払を請求することができる制度を新設した（**新法 1050 条**）。概要は 44 頁参照。

今後は、相続人以外の寄与については、特別の寄与分の制度により解決が図られるものと考えられる。もっとも、特別の寄与分は被相続人の親族であることが要件であり、また対象も無償で療養看護その他の労務の提供をした場合に限られており、これらの要件を満たさない場合は、引き続き、相続人の履行補助者による寄与分という考え方は維持されるものと考えられる。

なお、寄与分は寄与分のみを定める審判の申立てはできないが、特別の寄与に関する審判事件は、遺産分割協議外の請求となる。

【改正点経過措置】

区　分			適　用
新法 1050 条	相続開始日	平成 31 年 6 月 30 日前	旧法
		平成 31 年 7 月 1 日以降	新法

3. 寄与分成立の要件[144]

寄与分成立の要件は、概要以下のように解されている。

要　件	内容・裁判例
対象行為	・被相続人の事業に関する労務の提供又は財産上の給付 ・被相続人の療養看護 ・その他の方法
被相続人の財産の維持又は増加についての特別の寄与行為であること	夫婦間親族間の扶助（752 条、877 条参照）を超えるものであることが必要。つまり、特別の寄与にあたるか否かは、被相続人と当該相続人の身分関係によって異なることになる[145]。
相続開始前の行為であること	・相続開始後の葬儀費用などは含まれないと解されている（**和歌山家審 S59.1.25**）。 ・相続開始後に相続財産を維持し又は増加させたことは、寄与分とは認められないとした裁判例がある（**東京高決 S57.3.16**）。
無償性（対価を受けていないこと）(注)	・原則として対価を得ていれば、寄与分は認められない（**札幌高決 H27.7.28**）。 ・報酬が到底十分でない場合は、寄与分が認められる余地がある（**大阪高決 H2.9.19**）。 ・寄与分の実質的対価がある場合、当該対価相当額は寄与分から控除される（**盛岡家一関支審 H4.10.6、広島高決 H6.3.8**）。
寄与行為と被相続人の財産の維持又は増加との間に因果関係があること	寄与分と認められるためには、当該行為によって被相続人の財産が減少を免れ又は増加し、相続開始時まで遺産が維持されたという関係が必要であり、この関係が認められた場合に限り、減少を免れ又は増加したとみられる遺産の価額が寄与分として評価される（**大阪高決 H15.5.22**）。

(注) 寄与行為があった場合、被相続人の債務を承継した相続人に対して報酬請求権（債権）を行使するということも考えられる。実務では、寄与分の主張と財産権の行使を選択的に認めているが、双方を二重に請求することは許されないと解されている[146]。

143　相続ガイドブック 90 頁
144　相続ガイドブック 91 頁以下
145　遺産分割・遺留分の実務 310 頁
146　遺産分割・遺留分の実務 303 頁、304 頁。なお、かかる考え方の理論的根拠としては信義則違反、禁反言、請求権の放棄等の説明が考えられる。

4. 寄与分の具体例（類型）[147]

寄与分は、家事従事（労務提供）、金銭拠出（財産給付）、療養看護（介護）、財産管理等に分けられる。以下、寄与分が認められた裁判例を紹介する。

(1) 家事従事（労務提供）

裁判例	要旨
神戸家審 S50.5.31	被相続人Ａの配偶者Ｘの協力は、「配偶者としての通常の家事労働とは別に、明らかに被相続人の営業に参加し、これと協力して遺産の維持増加に貢献したものであり、これまでそれに対応する格別の利益を取得した事実もないのであるから、その寄与に相当するものを評価し、これを相続債権に準じて清算するのが相当である」とした。
前橋家高崎支審 S61.7.14	被相続人と共に養豚業に従事してきた程度を考慮して、寄与分の有無及び額を当事者ごとに判断した。
高松家丸亀支審 H3.11.19	相続人Y1が夫婦で無償労働により被相続人の遺産の維持増加に寄与したこと、相続人Y2が無償労働だけでなく自己所有の不動産収入も遺産の維持増加に役立てていたことなどについて寄与分を認めた。
福岡家久留米支審 H4.9.28	相続人Ｘは、昭和46年ころから家業の薬局経営を手伝い、昭和56年からは被相続人Ａに代わって経営の中心となり、昭和60年に薬局を会社組織にした後も、店舗を新築するなどして経営規模を拡大したことにつき、「Ｘが無報酬又はこれに近い状態で事業に従事したとはいえないが、それでも、Ｘは、薬局経営のみが収入の途であったＡの遺産の維持又は増加に特別の寄与貢献を相当程度したものと解せられる。」とした。
大阪高決 H27.10.6	農地の荒廃を防いだ点に寄与分を認め、原審では遺産の30％、抗告審では農地のみの評価額の30％を寄与分と認めた。

(2) 金銭拠出（財産給付）

裁判例	要旨
和歌山家審 S59.1.25	被相続人の配偶者Ｘにつき、被相続人の病気休職に伴い働き、その収入等によって被相続人名義で宅地・居宅を購入したが、90.6％相当額は相続人Ｘが提供したものであったという事情を認定して、Ｘに相当の寄与分を認めた。
東京家審 S49.8.9	被相続人の長男であった相続人Ｙが債権者甲銀行に弁済することにより、被相続人所有不動産の競売の実行をまぬがれたことなどについて、Ｙに寄与分を認めた。
大阪家審 S51.11.25[148]	Ｙと被相続人との生活にかかる生活費や財産購入費等につき、Ｙの収入からも応分の負担をしていたことから、被相続人名義になっていてもＹの財産取得に対する寄与を認めるべきとした。
高松高決 H8.10.4	被相続人が創業した甲社に対する援助につき、甲社への援助と被相続人の資産の確保との間に明確な関連性がある場合には、被相続人に対する寄与と認める余地があるということができるとして、一定額の寄与分を認めた。
大阪高決 H27.3.6	相続人Ｘの配偶者が、被相続人が取得した不動産のローンの支払いをしたとして寄与分を認めた。

---

147 相続ガイドライン93頁以下、遺産分割・遺留分の実務333頁以下を参考に作成。特に後者は、かなり詳しく論じており参考になる。
148 同様の事例として**神戸家伊丹支審 S62.9.7**がある。

(3) 扶養

裁判例	要旨
大阪家審 S61.1.30	本来兄弟8人が能力に応じて負担すべきところを相続人Xがもっぱら被相続人の扶養をし、これがため被相続人は自己の財産を消費しないで遺産となったのであるから、本来的義務を超えて負担したものとみなされる部分に対応する寄与の効果を認めるのが相当であるとしてXに寄与分を認めた。
盛岡家一関支審 H4.10.6	Xは、被相続人Aの長男が死亡してからほとんど一人で家業の農業に従事する一方、工員として稼働して得る収入でA及び家族の生活を支え、Aの妻が死亡してからは、老人性痴呆状態のAの療養看護に勤めたもので、Xの貢献がなければAの財産は維持できなかったとしてXに寄与分を認めた。
長野家審 H4.11.6	被相続人の母親であるX及びその夫は、その収入のほとんどを被相続人らとの生活費に費やしており、こうした援助が20年以上にわたりあったればこそ遺産が形成されるに至ったとの側面も否定できず、Xに、被相続人の遺産形成に際して特別の寄与があったものと認めるのが相当であるとした。
山口家萩支審 H6.3.28	被相続人の求めに応じて居宅を新築し、被相続人が死亡するまでの間、無償で被相続人を居住させ、さらに被相続人が使用した水道、電気、ガス代等の光熱費等一切を負担したことなどから特別の寄与があったとした。

(4) 療養看護（介護）

裁判例	要旨
東京高決 H22.9.13	脳梗塞で倒れた被相続人の入院中の世話をし、退院後は右半身不随となった被相続人の通院の付き添い、入浴の介助など日常的な介護に当たり、更に死亡直前半年間は、毎晩失禁する処理をするなどの介護に多くの労力と時間を費やしたが、これは同居の親族の扶養義務の範囲を超え、特別の寄与にあたるとした。
盛岡家審 S61.4.11	20年余にわたり病弱で老齢の被相続人と同居して扶養し、殊に被相続人の痴呆が高じた以降その死亡に至るまでの10年間の療養看護は、親族間の扶養義務に基づく一般的な寄与の程度を遥かに超えたものであり、他人を付添婦として雇った場合支払うべき費用の支払を免れ、Xには、被相続人の療養看護の方法により被相続人の財産の維持につき特別の寄与があったものというべきであるとした。
大阪家審 H19.2.26	被相続人の洗髪を介助するなど、軽度の身体介助は相当早期から始まっており、その後失禁の後始末など排泄にまつわる介助も行い、さらに被相続人が幾度も転倒してその行動に注意を要する状態に至ったことなどを考慮して寄与分を認めた。
大阪高決 H19.12.6[149]	認知症の症状が重くなって排泄等の介助を受けるようになり、その後要介護3の認定を受けた被相続人を死亡まで自宅で介護したことなどについて、寄与分を認めた。

(5) 財産管理

裁判例	要旨
大阪家審 H6.11.2	被相続人が遺産不動産に係る訴訟の第一審で敗訴した後、証拠の収集に奔走し、控訴審において逆転勝訴の結果を得ることに顕著な貢献があったことが家族としての扶助義務の範囲を超え、かつ単なる精神的寄与以上のものであって、遺産の維持につき特別の寄与があったというべきであるとした。
長崎家諫早出審 S62.9.1	土地売却にあたり借家人の立退交渉、家屋の取壊し、滅失登記手続、売買契約の締結等に努力したことが、売却価格の増加に対する寄与はあったものとみることができるとして、寄与分を認めた。

[149] **大阪家審 H19.2.8** や **広島高決 H6.3.8** なども、同様の事案で寄与分を認めている。

5. 寄与分算定の手続

時系列	留意点	
相続人の協議	原則的方法（904条の2第1項）	
調停（904条の2第2項、家事法244条）	寄与分を定める調停のみを申立てることも可能	
	管轄	・相手方の住所地を管轄する家庭裁判所[150] 又は当事者が合意で定める家庭裁判所（家事法245条1項）。 ・遺産分割調停事件が既に係属している場合は、その調停が継続している家庭裁判所（家事法245条3項、191条2項）。遺産分割調停と併合される（家事法245条3項、192条）。
審判（904条の2第2項）	・審判は、遺産分割の審判が係属している場合又は死後認知された者の価額支払請求権があった場合にのみ申立てが可能（904条の2第4項）。つまり、寄与分のみを定める審判の申立てはできない。 ・調停が不成立の場合、審判に移行するが（家事法272条4項）、遺産分割審判が係属していることが必要（904条の2第4項）[151]。 ・遺産分割審判とは別に、寄与分を定める処分の申立てをする必要がある。裁判所は寄与分の請求がない限り、職権で寄与分を定める審判をすることも、寄与分を考慮した遺産分割の審判をすることも許されないと解されている（**東京高決H元.8.30**）[152]。 ・家庭裁判所は、寄与の時期、方法及び程度、相続財産の額その他一切の事情を考慮して、寄与分を定める（904条の2第2項）。	
	管轄	・相続が開始した地を管轄する家庭裁判所（家事法191条1項）。 ・遺産分割の審判事件が係属する場合は当該裁判所（家事法191条2項）。遺産分割の審判事件と併合される（家事法192条前段）[153]。

（補足）家庭裁判所は、遺産分割審判の手続が既に係属している場合、1月を下らない範囲内で、当事者が寄与分を定める処分の審判の申立てをすべき期間を定めることができ、寄与分を定める処分の審判の申立てが当該期間を経過した後にされたときは、申立てを却下することができる（家事法193条）。

---

150 相手方複数の場合は、いずれの相手方の住所地にも管轄が認められる。
151 遺産分割の審判の申立がされていない場合、遺産分割の審判の申立てを追完しない限り、寄与分を定める審判手続は不適法として申立は却下される（遺産分割・遺留分の実務330頁）。
152 なお、当事者が寄与分の主張をしている場合、寄与分の申立てをするか否かにつき裁判所は適切な求釈明を行使すべきと判示した裁判例がある（**広島高決H6.3.8、東京高決H3.2.7**）。
153 手続中に寄与分について争いがなくなった場合、寄与分を定める処分の審判事件のみを分離して調停に付し、寄与分についてのみ調停を成立させることができる（遺産分割・遺留分の実務327頁）。

第6章　遺産分割協議の手続

1. 遺産分割協議の検討の順番

(1) まとめ

　遺産分割は、概要以下の順番で検討する。**遺産分割に特に期限はないが、相続税を申告・納税する必要がある場合（特に申告が要件となっている特例を利用する場合）は、申告期限である相続開始から10か月以内に遺産分割協議をまとめることが望ましい。**

時系列	内容
遺産分割が必要か否かの確認	以下の場合に遺産分割が必要となる。 ・遺産が存在すること ・相続人が複数存在すること
遺産分割障害事由の存否の確認	遺産分割障害事由（→(2)参照）がある場合、遺産分割はできない。
当事者の確認（相続人の範囲の確定） →2参照	相続人の範囲についての争いは、審判により定めることができる場合もあれば、訴訟によらなければならない場合もある。 なお、相続人の一部を除外してなされた遺産分割協議は無効[154]。
遺産分割対象資産の確認 →3参照	特定の資産が遺産に属するか否かについて争いがある場合は、別途民事訴訟により決着をつける必要がある。
遺産分割方法の決定 →4、5参照	遺産分割協議、調停、審判(注1、2)

（注1）　調停前置主義はとられていないが、家庭裁判所は職権で審判に付することができるとされており（家事法274条）、調停を経ずに審判が申立てられても、調停に付されるのが一般的。

（注2）　審判の前提問題（相続財産の範囲など）が問題となった場合は、審判で判断はできるが、審判の判断に不服のある当事者は訴訟手続で争うことが可能とされているため（**最決S41.3.2→54頁参照**）、前提問題に争いがある場合、一般的に審判の中で判断されることはない。

(2) 遺産分割障害事由

　以下の事由がある場合、遺産分割はできない。

遺言が存する場合	遺言による遺産分割方法の指定がある場合は、遺言で遺産分割の方法が指定されていない財産（907条1項）を除き、遺産分割はできない[155]。 ただし、遺産分割協議を指定する趣旨の遺言の場合（908条）、相続分の指定がされている遺言（902条）の場合[156]及び、割合的包括遺贈の場合は、遺産分割協議が必要となる。
遺産分割協議が存する場合	既に、遺産分割協議が成立している場合は、相続人全員（受遺者や相続分の譲受人を含む）の合意がない限り、改めて遺産分割協議をすることはできないと考えられる。
遺産分割が禁止されている場合	遺言で、相続開始の時から5年を超えない期間の遺産分割禁止を定めている場合（908条）
	家庭裁判所が、期間を定めて、遺産の全部又は一部について、分割を禁じた場合（907条3項）
	相続人（受遺者や相続分の譲受人を含む）全員で、5年を超えない期間遺産分割を禁止する旨の合意をした場合（256条）

---

[154]　相続ガイドブック13頁
[155]　遺言が全部ないし一部訴訟等で無効とされた場合は、無効とされた部分については遺産分割協議が必要となる。
[156]　なお、指定されなかった相続人の相続分は法定相続分による（902条2項）。

(3) 遺産分割協議が無効となる場合

遺産分割協議が無効となる可能性がある場合として以下のものが考えられる。→詳細は第9章2（106頁）参照

分類	具体的な瑕疵事由
相続人に関する瑕疵	遺産分割協議参加者が無資格であった場合
	新たな相続資格者が判明した場合（相続人が含まれていなかった場合）
遺言に関する瑕疵	遺言が発見された場合（**最判 H5.12.16**）
参加者の意思表示の瑕疵	錯誤、詐欺など
手続上の瑕疵がある場合	協議上の瑕疵や、参加者に利益相反が発生する場合など

2. 遺産分割の当事者

(1) 基本的な当事者

相続人（907条）	相続人の範囲については、第2章（58頁）参照
包括受遺者	遺産の全部又は一部を一定の割合で遺贈された者。包括受遺者は相続人と同一の権利義務を有する（990条）。

(2) 例外的に登場する当事者、その他手続に関連する関係者

当事者となりえる者	留意点
相続分譲受人（注1）	相続分を譲渡した相続人は、遺産分割の当事者からはずれる。
相続人の親権者、成年後見人等[157]（注2）	・相続人又は包括受遺者が未成年者の場合、親権者又は未成年後見人が法定代理人として参加する（家事法17条1項、民訴法31条本文）[158]。 ・相続人又は包括受遺者が成年被後見人の場合、成年後見人が参加する（859条、家事法17条1項、民訴31条）。
不在者財産管理人[159]	相続人又は包括受遺者が不在者（「従来の住所又は居所を去った者」）である場合、利害関係人申立により選任され（25条1項）、参加することがある。
破産管財人[160]	相続人又は包括受遺者に破産手続開始決定がなされた場合（ただし、争いがある）
相続財産管理人	相続人又は包括受遺者が遺産分割協議前に死亡した場合で、その死亡した者の相続人の存否が不明ないし存在しない場合、相続財産管理人が選任され（951条、952条）、当事者として参加することがある。
遺言執行者（1012条）	遺言と異なる遺産分割調停を行う場合に、利害関係参加をすることがある（家事法258条、42条2項）。

（注1）相続人間で相続分が譲渡された場合、積極財産と消極財産とを包括した遺産全体に対する譲受人の割合的な持分が譲受人に移転し、譲受人は従前から有していた相続分と新たに取得した相続分とを合計した相続分を有する者として遺産分割に加わることとなり、遺産分割が実行されれば、その結果に従って相続開始の時にさかのぼって被相続人からの直接的な権利移転が生ずる（**最判 H13.7.10**）。また、相続分全部を譲渡した者は、遺産確認の訴えの当事者適格を失う（**最判 H26.2.14**）。

---

[157] なお、相続人又は包括受遺者が被保佐人の場合は保佐人の同意が必要。被補助人の場合は補助人の同意が必要となることが多い。
[158] 協議の時点であれば、本人が親権者又は未成年後見人の同意を得て行うことも可能（同意がない場合は取消の対象となる（5条2項））。
[159] 遺産分割協議に参加することや、協議内容につき承諾するにあたり家庭裁判所の許可が必要（953条、28条）。
[160] 相続人が、被相続人の死亡後遺産分割協議成立前に破産した場合、相続人の破産管財人が遺産分割審判を申立てることができるかについては争いがあるが、肯定説が有力のようである（遺産分割・遺留分の実務12頁）。

第6章　遺産分割協議の手続

(注2)　法定代理人等が参加する場合のまとめ（参考裁判例：**東京高決 S58.3.23**→61頁参照）

場合分け		遺産分割協議参加者
未成年者	通常	法定代理人（824条）
	法定代理人も相続人の場合	特別代理人（826条）の選任が必要
	未成年者である子が複数いた場合	親権者が相続人である数人の子を代理してした遺産分割の協議は、追認のない限り無効となる（**最判 S48.4.24**）。よって、特別代理人（826条）の選任が必要
行為能力、意思能力に問題がある場合		成年後見人等 なお、成年後見人と成年被後見人がいずれも相続人となる場合、特別代理人の選任が必要（826条、860条）

(3) 遺産分割の当事者とならない者

遺産分割の当事者とならない、注意が必要な者として以下の者が挙げられる。

注意が必要な当事者とならない者	条文等
相続放棄をした者	939条
相続欠格者	891条
相続人の廃除の審判がなされた者	892条、893条
失踪宣告を受けた者（30条）	死亡したものとみなされる（31条）。
相続分を譲渡した者	

（注）相続放棄が有効か否か、相続分の譲渡が有効か否かについては、遺産分割審判において、前提問題として判断が可能ではある（既判力はない）。包括受遺者の地位の前提となる遺言の有効性についても同様[161]。

3. 遺産分割の対象となる財産等、ならない財産等[162]

遺産分割の対象となるのは、①被相続人が相続開始時に所有し、②分割時も存在する、③未分割の、④積極財産とされている。具体的には、(1)～(4)のように整理できる。なお、(2)記載の原則として遺産分割の対象とならないものについても、遺産分割協議において、相続人全員の合意により、任意に遺産分割の対象とすることは可能であり、実務的にも行われている[163]。この点の詳細は(5)参照。

(1) （原則として）遺産分割の対象になる財産

遺言で遺贈や承継される相続人が指定されていない限り、以下のものは遺産分割の対象となる。

分類	結論	補足
現金	遺産分割の対象となる（**最判 H4.4.10**）。	現金は、遺産分割審判で、調整弁として使われることがある（**京都家審 S38.8.2、岡山家審 S55.7.7**）。
預金	→(3)参照	
株式[164]	遺産分割の対象となる（**東京高判 S48.9.17**）。	遺産分割未了の間の議決権については7(3)（92頁）参照

161　法律相談188頁
162　遺産分割・遺留分の実務の131頁〜193頁で、資産毎に詳細な検討がされている。
163　事業承継の法律実務139頁
164　持分会社の持分は、定款に別段の定めがない限り死亡により社員が退社すること（会社法607条1項3号、608条）から、相続の対象にならない。なお、退社により発生する持分払戻請求権は、その内容によって別途の検討が必要（金銭で払戻しがされる場合は、金銭債権として検討されるものと考えられる）。

国債・社債	対象となる[165]（**最判 H26.2.25**）。	
投信信託	商品の内容にもよるが、原則として対象になる（**最判 H26.2.25**）[166]。	共同相続された委託者指図型投資信託の受益権の、相続開始後に発生した販売会社の被相続人名義の口座に預り金として入金された元本償還金又は収益分配金も遺産分割の対象となる（**最判 H26.12.12**）。
動産、不動産など	遺産分割の対象となる。	
不動産賃借権	原則として、対象となる。	主に建物賃借権について検討されている[167]。
ゴルフ会員権	会則や形態による。	第3章1(4)（64頁）参照
無体財産権（知的財産権）	遺産分割の対象となる。	特許権、実用新案権、意匠権、商標権、著作権など

(2) 原則として遺産分割の対象とならないもの

以下のものは、原則として遺産分割の対象とはならない。

分　類	対象資産	考え方
相続財産とされていないもの →第3章1(2)（62頁）参照	生命保険金	一般的には、受取人と指定された者の固有の権利となる。
	死亡退職金	一般的には、受領権者の固有の権利となる。
系譜、祭具及び墳墓		被相続人の指定又は慣習に従って承継者が決まる（897条1項）。
遺贈等により未分割とはいえない遺産(注)	遺言によって相続が指定された特定財産	遺言により、承継すべき相続人が指定された特定財産や遺贈された財産は遺産分割協議の対象とならない。
	遺贈された財産	
預金債権を除く、可分債権 →詳細は(3)参照		・法律上当然に相続分に応じて分割され各相続人がその相続分に応じて権利を承継する（**最判 S29.4.8**）ため、未分割とはいえず、遺産分割の対象にならない。 ・預金については遺産分割の対象になる（**最決 H28.12.19**ほか）。 **改正点**　預金債権が遺産分割の対象になったことを踏まえて、新法909条の2が新設されている（48頁参照）。
相続後に発生した財産等 →詳細は(4)参照	遺産分割までの間に変形（処分）された財産	遺産分割時を遺産分割の対象を定める基準時とするのが実務であり、遺産分割までの間に処分された財産は原則として遺産分割の対象とならない。
	相続財産から相続開始後に生じた果実	各相続人が、法定相続分に応じて取得する。
債　務 →詳細は、第3章3（67頁）参照	可分債務[168]	各相続人が法定相続分に従って分割された債務を承継する（**大決 S5.12.4**、**東京高決 S37.4.13**）。
	連帯債務	各相続人は相続分に応じて債務の分割されたものを承継し、その範囲において本来の債務者とともに連帯債務者となる（**最判 S34.6.19**）。

(注) 遺言があっても、相続人全員（受遺者や相続分の譲受人を含む）の合意で、遺言内容と異なる合意ができるものと解されている[169]。もっとも、遺言執行者がいる場合、遺言執行者の権限との兼ね合いが問題となりえる。この点、裁判例としては、遺言の内容と異なる遺産分割協議が「相続人間で贈与ないし交換的に譲渡する旨の合意をしたものと解するのが相当であり」有効としたものがある（**東京地判 H13.6.28**）。

165　遺産分割・遺留分の実務163頁〜167頁で検討されている。
166　遺産分割・遺留分の実務157頁〜163頁で検討されている。同書では、分割債権になるか否かにつき、取扱銀行、証券会社等に問い合わせして、その回答を得て遺産分割の対象になるか否かを決定するのが相当であるとしている。
167　遺産分割・遺留分の実務142頁。なお、賃借建物に居住している相続人のみが、賃借権を相続するという下級審判例もある（法律相談102頁以下）。
168　既に発生している債務にかかる保証債務も含まれる（事業承継の法律実務178頁〜179頁）。
169　相続ガイドラン10頁

第6章　遺産分割協議の手続

改正点　新法は、「遺言執行者は、<u>遺言の内容を実現するため</u>、相続財産の管理その他遺言の執行に必要な一切の行為をする権利義務を有する」と下線部を追加した（新法1012条1項）。また、1015条の「<u>遺言執行者は、相続人の代理人とみなす</u>」は、「<u>遺言執行者がその権限内において遺言執行者であることを示してした行為は、相続人に対して直接にその効力を生ずる</u>」と改正をしている。このような改正が、遺言執行者がいるにもかかわらず、相続人、受遺者で遺言内容と異なる分割をした場合の効力に影響を与える可能性がある。

【改正点経過措置】

区　分		適　用
新法1012条	遺言執行者就任日　平成31年6月30日前	旧法又は制度なし
	平成31年7月1日以降	新法
新法1015条	相続開始日　平成31年6月30日前	旧法
	平成31年7月1日以降	新法

(3) 相続預金／可分債権に関する補足

　従来は、預金債権も通常の一般債権と同様に、法律上当然に分割され、相続人が法定相続分（900条、901条）又は指定相続分（902条）に応じて承継するとされてきた（最判S29.4.8、最判H16.4.20）が、判例変更がされた（**最決H28.12.19、最判H29.4.6**）。現時点の考え方を整理すると以下のとおり。

論　点		裁判例
遺産分割の対象となるか否か	銀行預金[170]	遺産分割の対象となる（**最決H28.12.19、最判H29.4.6**）。
	定額郵便貯金	遺産分割の対象となる（**最判H22.10.8**）。
	相続開始後に預金口座に振り込み送金された金銭、利息等の帰属	遺産分割の対象になると解される[171]。
	預金以外の可分債権	遺産分割の対象とはならない[172]。つまり、法律上当然に分割され、相続人が法定相続分（900条、901条）又は指定相続分（902条）に応じて承継すると解される。
預金以外の可分債権につき、各相続人は、相続分について債務者に対して支払いを求めることができるか。		可能と解されるが（**東京地判H8.2.23、東京地判H9.5.28、東京高判H7.12.21、東京高判H26.7.10、東京地判H28.1.28**）、否定する裁判例もある（**東京地判H9.10.20、広島高判H10.7.16**）。 なお、支払を拒否した場合、債務者に不法行為責任が成立する可能性がある（**大阪高判H26.3.20**）。そこで、債務者は債権者不確知を理由に弁済供託ができると解される（**名古屋高判H23.5.27**）。

(注1)　従来から、相続人間で預金債権を遺産分割の対象とする合意があれば、預金債権を分割の対象とすることは可能と解されていた。

(注2)　預金債権が遺産分割の対象となるとされたため、遺産分割協議がまとまるまでに発生する葬儀費用などを支払うために相続預金の一部を引き出すことを金融機関が了解をしない可能性が高くなった。そこで、このような場合、仮分割の仮処分（家事法200条2項→49頁参照）を利用するべきという議論があるが、公租公課等の相続債務の支払や、葬儀費用等の支払については、仮分割の仮処分が認められないという指摘もあり[173]、現実的には容易ではなかった。この点、次のように改正がされた。

170　貸付信託や金銭信託についても、同様に遺産分割の対象になるものと解される（金法2059号10頁「預貯金債権の相続に関する最高裁決定を受けた理論と実務」　笹川豪介）。

171　金法2058号27頁「当然の流れを前提とした実務上の問題解決努力を」両部美勝、金法2059号8頁「預貯金債権の相続に関する最高裁決定を受けた理論と実務」　笹川豪介

172　不法行為債権、貸金債権、賃料債権等は、**最決H28.12.19**の射程は及ばないとする考え方が有力（金法2058号19頁　潮見佳男「預貯金債権の共同相続に関する大法廷決定の意義と課題」）。これは、**最決H28.12.19**が、**最判H16.4.20**を変更したが、**最判S29.4.8**を変更したとはしていないためである。

173　金法2065号22頁～23頁　相続預金の理論と家裁実務　片岡武ほか

改正点 新法は、遺産分割協議成立前に被相続人の預貯金を引き出す方法として、各相続人が遺産に属する預貯金債権のうち相続開始時の債権額の3分の1に法定相続分を乗じた額（法務省令で定める額（150万円）を限度とする。）について、単独でその権利を行使することができ、この場合、当該権利行使をした預貯金債権は、当該相続人が遺産の一部の分割によりこれを取得したものとみなされるとの定めを置いた（新法909条の2）。同時に、家事事件手続法200条3項の新設がされ、また、遺産一部分割の申立てが可能とされた（新法907条2項）。

→改正後の遺産に属する預貯金債権の払戻し方法のまとめは、第1編　第2章6（48頁）参照

【改正点経過措置】

区　分			適　用
新法909条の2	預貯金債権行使日	（制度なし）	
		平成31年7月1日以降	新法
新法907条2項	相続開始日	平成31年6月30日前	旧法
		平成31年7月1日以降	新法

(4) 相続後に発生した財産等

相続後に発生した財産等は、原則として遺産分割の対象とならない。対象別に検討すると概要以下のとおり。

対　象	考え方
香　典	一般的に香典は葬儀費用に充当される[174]。
遺族年金、遺族扶助料等	受給者固有の権利とされていることが多いと考えられる（**東京家審 S44.5.10**、**大阪家審 S59.4.11**）[175]
遺産管理費用	法定相続分に応じて各相続人が負担する。 相続開始後に遺産管理費用（固定資産税など）の負担をした相続人は、遺産分割の手続外において他の相続人に償還請求権を行使できる（**札幌高決 S39.11.2**、**大阪高決 S58.6.20**）[176]。 **改正点** 配偶者短期居住権に基づき、配偶者が居住建物を使用する場合（新法1037条以下）、居住建物にかかる通常の必要費は配偶者の負担となる（新法1041条、新法1034条1項）。配偶者短期居住権の詳細は、41頁参照
相続財産から相続開始後に生じた果実[177]	各相続人が、法定相続分に応じて取得する。 例えば、遺産に含まれる不動産から生じる相続開始後遺産分割前の賃料債権は、法定相続分に従って当然に各相続人は分割単独債権として取得し、後にされた遺産分割の影響を受けない（**最判 H17.9.8**）。
遺産分割までの間に変形（処分）された財産	遺産分割時を遺産分割の対象を定める基準時とするのが実務であり、遺産分割までの間に処分された財産は原則として遺産分割の対象とならない。 例えば、相続人全員の合意によって相続財産に含まれる不動産を売却した場合の代金債権は、特別の事情のない限り、相続財産に属さない分割債権となり、各相続人は、持分に応じて個々にこれを分割取得する（**最判 S52.9.19**、**最判 S54.2.22**）。 **改正点** 遺産の分割前に遺産に属する財産が処分された場合であっても、相続人全員の同意により、当該処分された財産が遺産の分割時に遺産として存在するものとみなすことができることが明文化された。また、相続人の1人又は数人により処分されたときは、当該処分した相続人の同意なく遺産の分割時に遺産として存在するものとみなすことができるものとされた（新法906条の2）。

174　事例入門23頁
175　なお、特別受益とした審判例もある（**東京家審 S55.2.12**）。
176　よって、遺産分割審判で遺産管理費用を考慮しない決定がされたとしても違法とはならない。
177　相続開始後、遺産分割協議がまとまるまでに発生した相続財産に含まれる賃貸不動産の賃料や、相続財産に含まれる株式の配当金などが含まれる。

【改正点経過措置】

区　分			適　用
新法1037条～新法1041条	相続開始日	（制度なし）	
		平成32年4月1日以降	新法
新法906条の2	相続開始日	平成31年6月30日前	旧法
		平成31年7月1日以降	新法

(5) 当事者全員の合意があれば遺産分割の対象とすることが可能となる資産[178]

　遺産分割の対象となるのは、①被相続人が相続開始時に所有し、②分割時も存在する、③未分割の、④積極財産とされている。
　しかしながら、実務的には、以下のものは、当事者全員の合意があれば、調停において遺産分割の対象とすることが可能と考えられている。なお調停で全員の合意があれば遺産分割の対象とできる場合であっても、**審判においては対象とできない場合もある**。調停が不調となった場合、調停で合意調書として記録化され、かつ審判期日において合意を維持することの確認が取れれば、調停での合意内容を審判の基礎資料とできると解される（**名古屋高決H12.4.19**）。

分　類	本来の取扱い	審判の取扱い
金銭債権（預金債権を除く）	当然分割	原則として全員の合意があれば、審判の対象とすることが可能と解される。
相続財産から相続開始後に生じた果実	当然分割	
遺産分割までの間に変形した代償財産	当然分割(注1)改正点	
使途不明金	遺産分割の対象外(注1)改正点	
生命保険金（請求権）	相続財産の対象外となるのが一般的	原則として審判の対象とすることはできない[179]。
死亡退職金		
遺族給付	相続財産の対象外	
系譜、祭具及び墳墓の所有権、遺骨	遺産分割の対象外	
債務（可分債務・連帯債務・保証債務）[180]	遺産分割の対象外	
葬儀費用・香典(注2)	相続財産の対象外	
遺産管理費用	相続財産の対象外	

(注1) **改正点** 遺産の分割前に遺産に属する財産が処分された場合であっても、相続人全員の同意により、当該処分された財産が遺産の分割時に遺産として存在するものとみなすことができることが明文化された。また、相続人の1人又は数人により処分されたときは、当該処分をした相続人の同意なく遺産の分割時に遺産として存在するものとみなすことができることとされた（新法906条の2）。

【改正点経過措置】

区　分			適　用
新法906条の2	相続開始日	平成31年6月30日前	旧法
		平成31年7月1日以降	新法

(注2) 葬儀費用の本来の負担者について、以下のように裁判例が分かれており、はっきりしない。

東京地判S61.1.28	葬儀費用を当然に相続人が負担すると解することはできないとした裁判例
東京高決S30.9.5	葬儀費用は法律上当然に相続人が法定相続分に応じて負担するとした裁判例
東京地判S59.7.12	相続人全員が相続放棄した場合、葬儀費用を相続財産の負担とすることが許容されるとした裁判例

178　相続ガイドブック54頁
179　例外的ではあるが、債務を考慮に入れた審判もある（**東京家審S37.9.25**）。
180　債権者との関係では、債権者の承諾がなければ法定相続分と異なる負担に変更することはできない。相続人間で内部分担の意味で合意するにとどまる。

(6) 相続財産の調査方法

　被相続人が相続人に自己の相続財産を伝えてあったり、又はメモ等で残してあれば相続財産を確定することができるが、そのようなケースはむしろ例外である。多くの場合、相続財産を調査する必要性がある。主な調査方法としては、以下のものが考えられる。

代表的な相続財産	主な調査方法
預　金	銀行に取引履歴の開示を求める。取引履歴の開示は各相続人が単独で可能と解される（**最判H21.1.22**）。なお、被相続人の死亡前に預金が解約されている場合、銀行に預金履歴の開示義務はないとする裁判例がある（**東京高判H23.8.3**）。
	弁護士会照会を利用する。
	文書提出命令の利用する。
不動産	全部事項履歴証明書の確認
	名寄帳（納税義務者が所有する固定資産の一覧表）の取り寄せ
生命保険	生命保険協会に対する弁護士会照会を利用する。

（注）遺産分割調停や審判において、家庭裁判所は、必要な調査を官庁、公署その他適当と認める者に嘱託し、又は銀行、信託会社、関係人の使用者その他の者に対し関係人の預金、信託財産、収入その他の事項に関して必要な報告を求めることができるとされている（家事法62条、258条）。文書提出命令も可能（家事法64条1項、258条）[181]。

4. 遺産分割方法の決定

(1) 遺産分割方法決定までの流れ

　相続人の範囲や、相続財産の範囲が確定したあと、遺産の分割方法を決定することになる。概要、以下の流れで検討する。

項目（時系列）	主な留意点
相続財産の評価の確定[182] →(2)参照	・遺産分割時を基準時とする（**札幌高決S39.11.21**）。
（特別受益・寄与分がある場合）[(注1)]	・特別受益、寄与分は相続開始時を基準時として計算する。 ・相続財産評価額＋特別受益（複数あれば合計）－寄与分（複数あれば合計）＝みなし相続財産として計算する。
各相続人の相続分率の決定	・特別受益、寄与分がない場合は、法定相続分が相続分率となる。 ・遺言で相続分の指定がされた場合は、指定相続分で遺産分割をする。また、遺言により、相続による承継者が指定された遺産がある場合は、相続財産全体を法定相続分で案分したうえで指定された遺産は指定された者に優先的に相続される。
（特別受益・寄与分がある場合）[(注2)]	・各人の具体的相続分＝みなし相続財産×法定相続分－特別受益＋寄与分 ・この場合の相続分率＝各人の具体的相続分÷全員の具体的相続分の合計
具体的な遺産分割の方法の決定	・遺産分割時の相続財産の価額[183]×相続分率で按分する。 ・具体的に誰が何を相続するかを決定する。

（注1）　寄与分権者と特別受益者がいる場合の具体的相続分の算定については、いずれかを優先的に適用するという説もあるが、実務は、同時適用説に立っているため[184]（**大阪家審S61.1.30**）、ここではその前提で記載している。

181　遺産分割・遺留分の実務189頁～193頁に詳しい。
182　遺産分割・遺留分の実務215頁～246頁に詳しい。
183　**福岡高決S40.5.6**、**名古屋高決S45.12.9**、**大阪高決S58.6.2** など
184　遺産分割・遺留分の実務391頁

(注2) 一応の相続分より特別受益額のほうが大きい場合は、その者はゼロとして計算をする方法が取られる（**東京家審 S61.3.24** など）。特別受益者の遺贈等の額が、具体的相続分を超える部分は他の相続人の負担となる。この場合の負担割合については、具体的相続分割合又は法定相続分割合で按分される[185]。

(注3) **改正点** 旧法では、一部分割が可能かどうか条文上は明確でなかったが、新法907条は1項で協議の場合につき、2項で審判につき、一部分割が可能であることを明文で認めた。なお、旧法下においても、協議による一部分割は異論なく認められており、審判においても、残余遺産について審判事件が引き続き係属する前提で一部分割をすることは認められていた（家事法73条2項）。

【改正点経過措置】

区　分			適　用
新法907条	相続開始日	平成31年6月30日前	旧法
		平成31年7月1日以降	新法

(2) 相続財産の評価

相続財産の評価は、当事者が合意していれば当該金額で、争いがある場合は、原則として鑑定（家事法64条1項、民訴法212条以下）によるべきと考えられる。実務上は、相続税評価額、家事調停委員の意見（調停。家事法264条）や参与委員（審判。家事法40条）の意見をもとに、当事者が合意に至ることもある。なお、審判において、当事者の合意なく不動産鑑定士の資格を有する調停委員の作成した調停時の評価書により遺産の評価を行ったことが違法とされた裁判例がある（**大阪高決 H9.12.1**）。

評価時点については相続開始時説と分割時説があるが、分割時説が優勢とされている[186]。

なお、担保に入っている不動産などについては、以下のように評価すべきとされている[187]。

区　分	考え方
被担保債務の主債務者が被相続人の場合	遺産分割の対象は積極財産のみなので、原則として被担保債務額を控除する必要はない[188]。
被担保債務の主債務者が第三者の場合	主債務者に支払能力が認められる場合は被担保債務を控除しないが、支払能力に問題がある場合は控除する。

5. 遺産分割協議・調停・審判

(1) 全体像

遺産分割は、遺産に属する物又は権利の種類及び性質、各相続人の年齢、職業、心身の状態及び生活の状況その他一切の事情を考慮してこれをするとされている（906条）。具体的には以下の方法で行われる（907条）。

185　遺産分割・遺留分の実務394頁
186　前田民法331頁。なお、具体的相続分については相続開始時の評価額で計算される（参考判例：**最判 S51.3.18**）。
187　相続ガイドブック64頁
188　もっとも、被担保債務を当該担保物件を承継する相続人が引受けることを条件に控除して計算することもありえる。

時系列	内容・留意点
協議（907条1項）	**当事者間で協議を行い、遺産分割協議書を作成する方法** なお、相続人が一堂に会することなく、持回りの方式により遺産分割協議をすることも可能であるが、他の相続人の分割内容が開示されていなかったときは、遺産分割協議が不成立になる可能性がある（**仙台高判 H4.4.20**）。
	遺産分割協議が整わない場合、相続人は、家庭裁判所に対して遺産分割の調停又は審判の手続を申立てることができる（907条2項、家事法244条）。
（調停前の処分）[189]（家事法266条）	調停委員会（又は裁判官）は、調停のために必要であると認める処分を命ずることができる。
調停（家事法244条）	調停が成立しないと審判 調停に代わる審判も可能（家事法284条）→当事者は異議を申立てることが可能で（家事法286条1項）、その場合は調停に代わる審判は効力を失う（家事法286条5項）。
（審判前の保全処分）[190]	財産管理者選任等の保全処分（家事法200条）。
審判	運用上、調停前置主義がとられているため、調停が不調になった場合又は、調停に代わる審判に対する異議申立てにより開始することがほとんど。
高等裁判所	審判に対しては即時抗告が可能（家事法198条）
最高裁判所	特別抗告（家事法94条）、許可抗告（家事法97条）

（注1）　当事者全員の合意がある場合は、遺産分割協議の対象外の事項であっても、一定の事項については合意を前提として調停、審判は可能と解される（83頁参照）。調停が不調となった場合、調停で合意調書として記録化され、かつ審判期日において合意を維持することの確認が取れれば、調停での合意内容を審判の基礎資料とできると解される（**名古屋高決 H12.4.19**）。

（注2）　協議において、相続財産の一部のみを分割する（先行させる）ことも、相続人全員の同意があれば、可能と解される。調停においても、当該部分を残余部分から分離独立せしめることの合意があれば、一部分割は可能と解される（**大阪家審 S40.6.28**）。審判において一部分割が可能なのは、一部分割の必要性が認められかつ、一部分割をしても適正な分割を妨げないという許容性が認められる場合と解される（**大阪高決 S46.12.7**）。

　　　　この点、以下のとおり、改正がされている。

　　　　改正点　新法907条は、1項で協議の場合につき、2項で審判につき、一部分割が可能であることを明文で認めた。2項の一部分割の審判申立ての要件は、遺産の一部を分割することにより他の相続人の利益を害するおそれがないことのみとされ、一部分割の必要性については要件とされなかった。

【改正点経過措置】

区　分			適　用
新法907条	相続開始日	平成31年6月30日前	旧法
		平成31年7月1日以降	新法

（注3）　家庭裁判所に限り、裁判所の許可を得て、弁護士でない者が手続の代理をすることが可能（家事法22条1項ただし書）。

(2) 調停手続

　運用上、調停前置主義が取られており、調停を経ないで審判を申立てても、調停に付されるのが一般的[191]。

189　不動産の処分禁止、債権の処分禁止などが考えられるが、事例としてはほとんどない。
190　例えば建物に居住する相続人の管理懈怠による朽廃防止や預金債権の無断引出し防止のために利用される（事例入門252頁）。保全処分である以上、保全の必要性が求められる。法律相談219頁以下にも詳しい。
191　相続ガイドブック24頁

第6章　遺産分割協議の手続

時系列		内　容	条　文
申立て		相続人の1名又は数名が、他の相続人全員を相手方として申立てる。	
管　轄		・相手方の住所地を管轄する家庭裁判所[192]又は当事者が合意で定める家庭裁判所。 ・管轄権のない家庭裁判所に申立てられた場合、管轄裁判所に移送するのが原則であるが、事件を処理するために特に必要があると認めるときは、職権で、管轄権を有する家庭裁判所以外の家庭裁判所に移送し、又は自庁処理することができる。	家事法245条1項 家事法9条1項
進め方		合意を目指した話し合いが行われる。なお、電話会議システム・テレビ会議システムの利用も可能。	家事法258条1項、54条1項
当事者の排除		相続人が相続放棄や、相続分の放棄・譲渡をした場合、家庭裁判所は当該相続人を手続から排除する決定が可能[193]。	家事法258条、43条
終　結	成立の場合[194]	合意内容が調書に記載され、調書は確定判決と同一の効力を有する。	家事法268条1項
	不成立の場合	不調として終了する。当該事件は当然に審判に移行する。	家事法272条4項
	調停に代わる審判[195]	家庭裁判所は、当事者双方のために衡平に考慮し、一切の事情を考慮して職権で審判を行うことができる。	家事法284条1項
		当該審判に対し異議申立てがされた場合、調停に代わる審判の効力は失われる[196]。確定した場合は審判と同一の効力を有する。	家事法286条、279条、287条
	その他	・取り下げ ・調停をしない措置[197]	家事法273条1項 271条
記　録		当事者又は利害関係人は、家庭裁判所の許可を得て、記録の閲覧・謄写の請求が可能	家事法254条1項、3項
		・閲覧制限をしたい場合は、「非開示の希望に関する申出書」を付けて提出することで、閲覧許可を制限できる可能性がある[198]。	
		・審判になった場合は、原則として当事者からの記録閲覧・謄写は許可される。その場合、調停で閲覧許可が制限された資料も、審判で非開示となるのは家事法47条4項に定める非開示理由が存する場合に限る。	家事法47条1項、3項

(3) 審判手続

時系列	内　容	条　文
開　始	運用上、調停前置主義がとられているため、調停が不調になった場合又は、調停に代わる審判に対する異議申立てにより開始することがほとんど。	272条4項 286条7項
申立て	・一つの申立てで家事法別表第1の事件と別表第2の審判を求めることはできない[199]。 ・遺産の一部のみの分割を求める審判の申立てを可能とする明文の規定はなかった。 　**改正点**　遺産の一部を分割することにより他の相続人の利益を害するおそれがない場合は、一部分割の審判を申立てることも可能となった（新法907条2項）。	家事法49条3項参照

192　相手方複数の場合は、いずれの相手方の住所地にも管轄が認められる。
193　廃除決定には即時抗告が可能（家事法43条2項）。実務では、即時抗告権放棄書の提出を求めている（遺産分割・遺留分の実務123頁）。
194　出頭せずとも受諾手続により調停を成立させることも可能（家事法270条1項）。
195　活用場面としては、相違がわずかである場合や、反対している当事者が裁判所の判断であれば従う可能性が高い場合などが挙げられている（遺産分割・遺留分の実務40頁参照）。
196　適法な異議の申立てがあったときは、調停に代わる審判は、その効力を失い（家事法286条5項）、家事審判の申立てがあったものとみなされる（家事法286条7項）。
197　なお、調停をしない措置に対して、即時抗告はできないと解されている（**東京高決S53.12.21**）。
198　相続ガイドブック21頁。具体的な記録の開示を希望しない場合の資料の提出方法は、遺産分割・遺留分の実務32頁以下に詳しい。なお、かかる申出書があっても閲覧等の許可が出ることもある。
199　例えば、別表第1の事件である相続人の廃除の申立てと、別表第2の事件である遺産分割の審判を一つの申立てで行うことはできない。

第2編　相続手続の実務

管　轄	相続開始地の家庭裁判所。調停不成立で移行する場合は、改めて管轄裁判所に移送するのが原則であるが、事件を処理するために特に必要があると認めるときは、職権で、管轄権を有する家庭裁判所以外の家庭裁判所に移送し、又は自庁処理することができる。	家事法191条1項 家事法9条1項
審　問	・裁判所は、原則として当事者の陳述を聞かなければならない。 ・審問期日には他の当事者も期日に立ち会うことができる。	家事法68条1項 家事法69条
調　査	・家庭裁判所は、職権で事実の調査をし、かつ、申立てにより又は職権で、必要と認める証拠調べをしなければならない(注1)。 ・事実の調査をしたときは、特に必要がないと認める場合を除き、その旨を当事者及び利害関係参加人に通知しなければならない（記録の閲覧・謄写の機会を保証する趣旨）。	家事法56条1項 家事法70条
審判の範囲	・特別受益は遺産分割と切り離して判断されることはない。なお、特別受益財産であることの確認の訴えは不適法である（**最判H7.3.7**）。 ・審判において寄与分を判断するためには、寄与分を定める処分の申立てをする必要がある[200]。 ・調停で合意調書として記録化され、かつ審判期日において合意を維持することの確認が取れれば、調停での合意内容を審判の基礎資料とできると解される（**名古屋高決H12.4.19**）。 ・調停で相続債務の処理も含めて調整が行われた場合であっても、審判では積極財産だけを分割することになる（83頁参照）。	
審　判	審判書が作成される。	家事法76条
不服申立て	・即時抗告が可能（告知を受けた日から2週間以内）。 ・なお、各相続人への審判の告知日が異なる場合、相続人ごとに各自が審判の告知を受けた日から即時抗告期間は進行する（**最判H15.11.13**）。	家事法85条、86条
確　定	審判に対して、適法な即時抗告がなされなければ確定する。審判手続とは別に、具体的相続分の価額又はその価額の遺産の総額に対する割合の確認を求める訴えは不適法（**最判H12.2.24**）。	家事法86条
	確定によって形成力及び執行力が生じる。	家事法75条
	前提問題については、既判力は否定される（**最決S41.3.2**→54頁参照）。	
記　録	原則として当事者からの記録閲覧・謄写は許可される。	家事法47条
	利害関係を疎明した第三者は、家庭裁判所の許可を得て閲覧・謄写が可能	家事法47条5項

（注1）調査の方法としては以下のものが準備されている。

条　文	内　容
家事法58条	家庭裁判所調査官による事実の調査
家事法60条	医師である裁判所技官による事件の関係人の心身の状況についての診断
家事法61条	他の家庭裁判所、簡易裁判所、受命裁判官に対する調査嘱託
家事法62条	・官庁、公署その他適当と認める者への嘱託 ・銀行等へ預金等に関する事項についての報告を求めることができる。

【改正点経過措置】

区　分			適　用
新法907条	相続開始日	平成31年6月30日前	旧法
		平成31年7月1日以降	新法

[200] 裁判所は寄与分の請求がない限り、職権で寄与分を定める審判をすることも、寄与分を考慮した遺産分割の審判をすることも許されないと解されている（**東京高決H元.8.30**）。なお、当事者が寄与分の主張をしている場合、寄与分の申立てをするか否かにつき裁判所は適切な求釈明を行使すべきと判示した裁判例がある（**広島高決H6.3.8**、**東京高決H3.2.7**）。

6. 遺産分割の具体的な方法

(1) まとめ

①現物分割、②代償分割、③換価分割、④共有分割の順番で検討されることが一般的とされている[201]。現物分割等が可能であるにもかかわらず、共有分割としたことを違法とした裁判例がある（**大阪高決 H14.6.5**）。

現物分割	・原則的な方法 ・単位株制度の適用のある株式について、新たに単位未満株を生じさせる現物分割を命じることはできないとする判例がある（**最判 H12.7.11**）。
代償分割	・相続人の一人に相続財産を現物で取得させたうえで、当該相続人が他の相続人に対して自己固有財産（代償金）を提供する方法。例えば、事業を経営していた被相続人の後継者たる相続人が対象会社の株式や事業に供している資産を相続する代わりに、後継者が後継者以外の他の相続人に金銭を支払う方法（**東京高決 H26.3.20**）。 ・代償分割は、特別の事情があると認められるときに命じることができる（家事法 195 条）。また、代償金債務を負担する者に支払能力があることが必要であり、代償分割を命じる審判は、債務負担する者の支払能力の有無も判断しなければならない（**最決 H12.9.7**）[202]。
その他の方法	・換価分割　→(2)参照 ・共有分割 ・利用権の設定も可能と解されている。具体的には居住用建物の使用貸借権を遺産分割の方法として認めた審判（**浦和家審 S41.1.20**）や、賃借権の設定を遺産分割の方法として認めた審判（**東京家審 S52.1.28**）などがある。 **改正点**　新法は、配偶者が相続開始時に居住していた被相続人の所有建物を対象として、終身又は一定期間、配偶者にその使用又は収益を認めることを内容とする配偶者居住権を新設し（新法 1028 条～1036 条）、遺産分割における選択肢の一つとして、配偶者に配偶者居住権を取得させることができることとした。配偶者居住権は 42 頁参照。
その他の問題	遺産共有の状態にある共有持分と第三者の共有持分とが併存する場合、遺産共有持分権者を含み共有関係の解消を求める方法は共有物分割訴訟であるが、共有物分割の判決によって遺産共有持分権者に分与された財産の共有関係の解消は遺産分割による。例えば共有物分割訴訟で遺産共有持分権者に賠償金が支払われた場合の賠償金は、遺産分割によりその帰属が確定される（**最判 H25.11.29**）。

（注）相続放棄でなく、協議等の中で相続人が自己の取り分をゼロにすることがありえる。その場合は、相続分皆無証明書を作成する方法と、取り分をゼロとする遺産分割協議書を作成する方法がある[203]。

【改正点経過措置】

区　分		適　用	
新法 1028 条から新法 1036 条（遺贈を除く）	相続開始日	（制度なし）	
		平成 32 年 4 月 1 日以降	新法
新法 1028 条～新法 1036 条の遺贈	遺贈日	（制度なし）	
		平成 32 年 4 月 1 日以降	新法

201　相続ガイドライン 105 頁
202　債務負担する者に支払能力が認められない場合、審判は取消されることになる（参考裁判例：**名古屋高決 S47.11.27**）。
203　前田民法 327 頁。なお、相続分皆無証明書は、相続分不存在証明書とか、特別受益証明書などと呼ばれることもある。

(2) 換価分割の具体的方法

換価分割は以下の手順で行われる。

分　類		内　容
協議・調停	相続人全員による換価	任意売却
審判前保全処分（家事法 200 条）	遺産管理者による換価	任意売却
審　判(注)	中間処分としての換価	形式競売を命ずる裁判（家事法 194 条 1 項）
		任意売却を命ずる裁判（家事法 194 条 2 項）[204]
	終局審判での換価	形式競売（258 条 2 項）

（注）遺産の一部についてのみ、換価競売となる場合の遺産分割の具体的な方法は以下のものが考えられる。それぞれ難点があることから、事案に応じて適切なものが選択される（参考裁判例：**東京高判 H28.8.12**）。

審判主文の内容	難　点
競売する遺産の価額を予め評価して他の遺産と合算し、各相続人が換価代金から取得する額を算出し、換価代金を当該割合で分配する旨を定める。	換価代金額と評価額との乖離による相続人間の不公平が生じる。
現物分割により相続人が取得した遺産の分割時における価額と将来換価によって得られる金額とを合算して、これを具体的相続分に応じて分配すべき旨を定める。	競売終了時まで遺産の総額が確定しない。
換価競売に付す遺産と他の遺産を区別して、競売した遺産は、換価代金を具体的相続率により分配する旨を定める。	総合的解決という遺産分割制度の趣旨に沿わない。

7. 遺産分割が確定するまでの相続財産の取扱い

(1) 全体像（遺産共有の性質）

相続人間の権利関係（原則）	遺産分割が未了の場合、相続財産は複数の相続人の（準）共有となり（898 条）、共有の規定（249 条～263 条）が適用される（**最判 S30.5.31**）。ただし、遺産共有の段階では共有物分割請求はできない（**最判 S62.9.4**）[205]
各相続人の具体的な権利	・相続人は共有持分権を譲渡することが可能（905 条）。 ・遺産確認訴訟（持分権確認訴訟）を提起することが可能（**最判 S61.3.13**）。 ・相続人各自が保存行為として、法定相続分を共有持分として登記申請をすることができると考えられる。また、相続人一人の単独名義になっている場合、自己の持分について一部抹消等の請求ができると解される。
905 条（7 頁）	905 条は相続分の譲渡につき定めるものであり、個別の相続財産（特定の不動産など）の譲渡には適用されない（**最判 S53.7.13**）。
相続財産の管理	→(2)参照
相続財産から相続開始後に生じた果実	各相続人が、法定相続分に応じて取得する。 例えば、遺産に含まれる不動産から生じる遺産分割前の賃料債権は、法定相続分に従って当然に各相続人は分割単独債権として取得し、後にされた遺産分割の影響を受けない（**最判 H17.9.8**）。

204　相続人中に競売によるべき旨の意思を表示した者があるときは、かかる裁判はできない。
205　遺産分割において共有としたものにつき、遺産分割後に共有物分割請求をすることは可能（258 条）

(2) 相続財産の管理

相続が発生してから遺産分割が確定するまでの間の相続財産の管理について、以下のとおり整理できる。

（ⅰ）承認・放棄まで（918条1項）[206]

固有財産におけるのと同一の注意をもって、相続財産を管理しなければならない[207]。なお、限定承認をした場合も同様（926条）。

（ⅱ）遺産共有時

承認（法定単純承認を含む）された後遺産分割がなされるまでの間は、相続人の共有財産となる（898条）。遺言執行者がいない場合について特別の定めはなく、物権法の共有に関する定めによる。概要以下のとおり。

分類	内容
遺言執行者が選任されている場合	相続財産の管理は遺言執行者が行う（1012条1項、新法1012条1項）。この場合、相続人の処分権は制限される（1013条、新法1013条1項）。 **改正点** 遺言執行者の権利義務（新法1012条）や、相続人が処分した場合の効果（新法1013条2項）などについて改正がされている。→第3編第4章3（131頁）参照。
上記以外(注) 使用	・各相続人は、相続分に応じて使用可能（249条）。 ・少数持分しか有しない相続人が相続建物を占有している場合、他のすべての相続人らがその共有持分を合計すると、その価格が共有物の価格の過半数をこえるからといって、当然に多数持分を有している相続人が明け渡しをできるわけではない（**最判S41.5.19**）。 ・相続開始前から被相続人の許諾を得て遺産である建物において被相続人と同居してきた相続人は、原則として遺産分割終了までの間は、無償で居住できる（**最判H8.12.17**）。 **改正点** 新法は配偶者短期居住権を新設し（新法1037条以下）、一定の要件を満たした配偶者は、一定期間居住建物に無償で使用することができることとした。
上記以外 保存行為	・相続人が各自で行うことが可能と解される（252条ただし書）。 ・例えば、共同相続した不動産が相続人の1名に所有権移転登記がされている場合、他の相続人は保存行為として右登記全部の抹消を求めることができるとされる（**東京高判H7.5.31**）。
上記以外 管理行為	・相続分に従った持分の過半数で決することができると解される（252条）。賃貸借契約の解除（**最判S39.2.25**）や締結（**東京高判S50.9.29**）が管理行為とされている。
上記以外 変更行為	・相続人全員の同意が必要（251条）。 ・なお、共有者の一部が他の共有者の同意を得ることなく共有物を物理的に損傷しあるいはこれを改変するなど共有物に変更を加える行為をしている場合、他の共有者は、各自の共有持分権に基づいて、右行為の全部の禁止を求めることができるだけでなく、共有を原状に復することが不能であるなどの特段の事情がある場合を除き、右行為により生じた結果を除去して共有物を原状に復させることを求めることもできる（**最判H10.3.24**）。
相続財産管理人の選任	遺産分割の審判又は調停の申立てがあった場合、家庭裁判所は、財産の管理のため必要があるときは、申立てにより又は職権で、相続財産管理人を選任することができる（家事法200条1項）。この場合、相続財産管理人の管理行為と抵触する各相続人の行為は許されないと解される（**東京高判H5.10.28**）。

(注) 相続財産に関する費用は、相続財産の負担となる（885条1項）。相続財産に関する費用に含まれるものとしては、例えば、遺産に属する不動産に関する固定資産税、借地料、電気料金、水道料金、火災保険料及び下水道使用料などが該当すると考えられる（**大阪高決S41.7.1**）。遺産管理費用を拠出した者は、他の相続人に

---

[206] 承認・放棄により相続人が確定するまでの間、家庭裁判所は、利害関係人又は検察官の請求によって、いつでも、相続財産の保存に必要な処分を命ずることができる（918条2項）。

[207] 相続の放棄によって相続人となった者が相続財産の管理を始めることができるまでは、相続放棄した者も固有財産と同一の注意をもって、財産の管理を継続しなければならない（940条1項）。

相続分に応じて費用償還を求めることになる。なお、遺産分割手続の中で精算されない場合、管理費用を拠出した者は、手続外で請求していくことになる（**札幌高決 S39.11.21**、**東京地判 H10.6.25**）。

改正点 新法は配偶者短期居住権を新設している（新法 1037 条以下）。配偶者短期居住権に基づき、配偶者は居住建物を一定期間無償で使用できるが、その反面、配偶者は通常の必要費を負担し、また、居住建物の使用及び収益に善管注意義務を負うなど、一定の義務を負う。→ 41 頁参照

【改正点経過措置】

区　　分			適　　用
新法 1037 条から新法 1041 条	相続開始日	（制度なし）	
		平成 32 年 4 月 1 日以降	新法

(3) 遺産分割未了の株式の議決権の取扱い

相続財産に株式が含まれる場合、遺言で承継者を定めておらず、かつ相続人が複数いる場合、遺産分割協議により株式を誰がどのような割合で相続するかを決めることになる。その場合、株式を承継する者が決まるまでの間の議決権行使の取扱いが問題となる。

項　目	内　容
前　提	株式は遺産分割の対象となる（**東京高判 S48.9.17**）。そして、遺産分割協議がまとまるまでの間、遺産に属する株式全体が（準）共有の状態になる。
権利行使の方法（会社法 106 条）	株式が 2 以上の者の共有に属するときは、共有者は、当該株式についての権利を行使する者一人を定め、株式会社に対し、その者の氏名又は名称を通知しなければ、当該株式についての権利を行使することができない。ただし、株式会社が当該権利を行使することに同意した場合は、この限りでない。なお、権利行使には議決権行使だけでなく、株主総会決議不存在の訴えや合併無効の訴えを提起する場合なども含まれる。
遺産分割未了の間の権利行使方法	・遺産共有の状態であっても、特段の事情がない限り、会社法 106 条に定める権利行使者の通知は必要（**最判 H9.1.28**）。 ・権利行使者を定めるに当たっては、持分の価格に従いその過半数をもってこれを決することができる（**最判 H9.1.28**、**最判 H27.2.19**）。ただし、相続人間の準共有株式の権利行使者の指定は、最終的には準共有持分に従ってその過半数で決するとしても、議案内容の重要度に応じて相続人間で事前に協議をすることが必要であり、協議を欠くことが権利の濫用として許されないとした裁判例がある（**大阪高判 H20.11.28**）。 ・権利行使が民法の共有に関する規定に従ったものでないときは、会社が同意をしても権利行使は許されない（**最判 H27.2.19**）。 ・発行済株式の全部が遺産に属するにもかかわらず、相続人のうちの 1 人を取締役に選任する旨の株主総会決議がされたとしてその旨登記されているときや（**最判 H2.12.4**）、相続人の準共有に係る株式が双方又は一方の会社の発行済株式総数の過半数を占めているのに合併契約書の承認決議がされたことを前提として合併の登記がされているとき（**最判 H3.2.19**）は、権利行使の通知を欠いたとしても、他の相続人は株主総会決議不存在確認訴訟や合併無効の訴えの原告適格を有する。

# 第7章 遺留分（減殺請求）

改正点 遺留分については、改正により法的効果が変更された。新法と旧法の全体的な比較については、第1編 第2章 5（45頁）参照。改正箇所が多いため、経過措置について、本章ではここでのみ触れる。

【改正点経過措置】

区　　分			適　用
遺留分減殺請求	相続開始日	平成31年6月30日前	旧法
		平成31年7月1日以降	新法

1. 遺留分の定義

相続人が遺産の一定割合を受け取ることができる権利（旧法1028条、新法1042条）。相続人の生活を保障することが制度趣旨。

改正点 遺留分減殺請求の法的性質が変更され（新法1046条）、受遺者、受贈者及びそれらの包括承継人に対する金銭請求となったため、目的物が減殺請求に服するということはなくなった。

2. 遺留分額の計算（旧法1029条、旧法1030条、旧法1038条、旧法1039条、新法1043条～1045条）

(1) 遺留分額の計算式

遺留分額＝遺留分割合（→⑵参照）**×遺留分算定の基礎財産**（→⑶参照）

(2) 遺留分割合（旧法1028条、新法1042条）

相続人		法定相続分	遺留分割合
配偶者と子供	配偶者	2分の1	4分の1
	子供	全員で2分の1	全員で4分の1
配偶者と直系尊属（子供なし）	配偶者	3分の2	3分の1
	尊属	全員で3分の1	全員で6分の1
配偶者と兄弟（子供、直系尊属なし）	配偶者	4分の3	2分の1
	兄弟	全体で4分の1	無し
子供のみ（配偶者なし）	子供のみ	全員で全部	全員で2分の1
尊属のみ（配偶者・子供なし）	尊属	全員で全部	全体で3分の1
兄弟のみ（配偶者・子供・尊属なし）	兄弟	全員で全部	無し

(3) 遺留分算定の基礎財産（旧法1029条、旧法1030条、旧法1038条、旧法1039条、新法1043条～1045条）

「積極財産－消極財産」で計算する（旧法1029条、新法1043条）。かかる計算式の積極財産の詳細は（ⅰ）、消極財産の詳細は（ⅱ）のとおり。

(i) 積極財産

被相続人が相続開始の時において有した財産（第3章 62頁参照）**に、以下を加算した金額**。

なお、条件付きの権利又は存続期間の不確定な権利は、家庭裁判所が選任した鑑定人の評価に従によるとされている（旧法1029条2項、新法1043条2項）。

贈　与	・相続開始前1年間に贈与した財産の価額（旧法1030条前段、新法1044条1項前段）。なお、相続人に対するものに限られない。 ・相続人に対する特別受益にあたる贈与[208]は、減殺請求を認めることが右相続人に酷であるなどの特段の事情のない限り、時期関係なく含まれる（**最判H10.3.24**）。 **改正点** 新法は、相続人に対する特別受益にあたる贈与は、当事者双方が遺留分権利者に損害を加えることを知って行った贈与を除き、相続開始前の10年間にしたものに限り、遺留分算定の基礎財産に算入するとした（新法1044条3項）。 ・時期関係なく、当事者双方が遺留分権利者に損害を加えることを知って[209]贈与した財産の価額（旧法1030条後段、新法1044条1項後段）。 ・被相続人が特別受益につき持戻し免除の意思表示（903条3項）している場合でも、遺留分の基礎財産に算入される（**最決H24.1.26**）。 ・相続開始時の時価で評価する（**最判S51.3.18**）。 ・贈与の価額は、受贈者の行為によって、その目的である財産が滅失し、又はその価格の増減があったときであっても、相続開始の時においてなお原状のままであるものとみなしてこれを定める（旧法1044条、新法1044条2項、904条）。 ・特別受益に含まれる贈与の範囲については、第4章2（69頁）参照
負担付贈与	目的の価額から負担の価額を控除したものについて、その減殺を請求することができる（旧法1038条）。 **改正点** 目的の価額から負担の価額を控除した額を遺留分算定の基礎財産に算入することを明確にした（新法1045条1項）[210]。
贈与類似行為	不相当な対価をもってした有償行為は、当事者双方が遺留分権利者に損害を加えることを知ってしたものは加算され、この場合、遺留分権利者は減殺請求にあたり、その（不相当な）対価を償還する（旧法1039条）。 **改正点** 不相当な対価をもってした有償行為で、当事者双方が遺留分権利者に損害を加えることを知ってしたものは、実質的無償部分を遺留分算定の基礎に算入するとした（新法1045条2項）。

(ii) 消極財産

・債務の全額を控除（旧法1029条1項、新法1043条1項。**最判H8.11.26**）
・保証債務は、主たる債務者が弁済不能の状態にあるため保証人がその債務を履行しなければならず、かつ、その履行による出資を主たる債務者に求償しても返還を受けられる見込みがないような特段の事情が存在する場合でない限り控除されないと解される（**東京高判H8.11.7**）。
・なお、遺言執行費用・遺産管理費用は、遺留分算定の基礎財産から控除すべき債務には当たらない（1021条ただし書、885条2項）。
　改正点 実質的な改正ではないが、885条2項が削除された。

---

[208] 相続人が相続放棄した場合、初めから相続人とならなかったものとみなされるので（939条）、相続開始の1年以上前になされた贈与は、含まれないことになる。この場合、遺留分権利者に損害を加えることを知ってされた贈与に当たるか否かで処理するしかない（遺産分割・遺留分の実務509頁）。
[209] 損害を加えることを知ってとは、加害の意欲や目的ではなく、加害の認識があればよいとされている（**大判S4.6.22**）。また、かかる認識は、贈与時の状況から判断される（**大判S11.6.17**）。
[210] 旧法では、考え方としては、遺留分算定の基礎となる財産額には負担を算入せず計算したうえで、減殺請求の時点でその目的から負担額を控除した範囲で減殺請求できるとするもの（全額算入説）があったが、新法はその考え方を排除する点で意味がある。

第7章　遺留分（減殺請求）

3. 遺留分減殺請求の概要

(1) 当事者

項目	内容
請求者	・**兄弟姉妹以外の相続人（配偶者、子、直系尊属）及びその承継人**[211]。**兄弟姉妹及びその子に遺留分は認められていない**（旧法1028条、旧法1031条、新法1042条、新法1046条）。 ・相続欠格、廃除により相続権を失った者に遺留分はないが、代襲者は遺留分を有する（旧法1044条、877条2項、3号、新法1042条）。相続放棄をした者及びその相続人に遺留分はない。 ・胎児は、生きて生まれれば、子としての遺留分を有する（886条）。 ・なお、遺留分権利者の債権者が遺留分減殺請求の代位行使をすることはできない（**最判H13.11.22**）。
被請求者	・**受遺者、受贈者及びそれらの包括承継人**（旧法1031条、新法1046条） ・**受益相続人** 　**改正点**　「相続させる」遺言や、相続分の指定による遺産の取得にも遺留分侵害額の請求の適用があることが明文化された（新法1046条1項括弧書）。従来の扱いを変更するものではないと解される。 ・受贈者が目的物を遺留分減殺請求前に第三者に譲渡していた場合、悪意の第三者も被請求者となる（旧法1040条ただし書）。なお、遺留分減殺請求後に贈与不動産を譲り受けた者に対しては旧法1040条ただし書の適用はなく、減殺請求できない（**最判S35.7.19**）。 　**改正点**　遺留分減殺請の法的性質が変更され（新法1046条）、目的物の譲渡等に関係なく、受遺者、受贈者、受益相続人及びそれらの包括承継人に対する金銭請求となったため、旧法1040条は削除となった。

(2) 請求方法

	内容
遺留分減殺請求の意思表示	・**訴えの方法による必要はなく、相手方に対する意思表示で足りる**（**最判S41.7.14**）。一般的には、事後の立証の必要性を踏まえて、内容証明郵便で行われる。 ・遺産分割協議の申入れや遺産分割協議書への押印拒否に遺留分減殺請求の意思表示が含まれるとされた裁判例もあるが（**最判H10.6.11**、**京都地判S60.4.30**）、一方で遺産分割協議の申入れや調停申立てに遺留分減殺の意思表示が含まれていると解することは相当でないとした裁判例もある（**東京高判H4.7.20**）ので、意思表示は明確にして行うべき。
協議	・協議（話合い）による解決をまず検討する。 ・協議により解決が困難な場合は、調停、訴訟となる。
遺留減殺請求の調停	・割合的包括遺贈や、相続分の指定などにより遺留分が侵害された場合は、遺留分減殺請求権の行使により個々の遺産に対して具体的な権利を取得するわけではないため、遺産分割手続（調停、審判）によると解される[212]。 ・その余の場合は、遺産分割手続（調停、審判）の対象にはならないため、一般調停事件となる。「家庭に関する事件」として家庭裁判所の調停対象（家事法244条）[213]。調停前置主義の適用がある（家事法257条）。ただし、関係者の合意があれば遺産分割手続の中で分割をすることも可能と解される（参考裁判例：**東京高決H5.3.30**）。 　**改正点**　遺留分減殺請求の法的性質の変更（新法1046条）により、遺留分権利者には受遺者、受益者等に対する債権が発生するに留まるため、遺産分割手続（調停、審判）の対象にはならず、原則として一般調停事件となると思われる。ただし、関係者の合意があれば、遺産分割手続の中で対応することも可能と思われる。今後の実務を注視する必要がある。

---

[211]　承継人には、遺留分権利者の相続人、包括受遺者、相続分の譲受人、個別的な減殺請求権の譲受人などが含まれる（相続ガイドブック173頁）。
[212]　遺産分割・遺留分の実務551頁〜552頁
[213]　送達手続が要求されていないため、調停手続において遺留分減殺の意思表示をすることは到達について立証が困難になる可能性があるので避けるべきである（遺産分割・遺留分の実務517頁）。

訴訟[214]（家事法272条3項）	・遺留分減殺請求権行使の結果生じた物権的権利又は債権的権利が訴訟物となる。全部包括遺贈又は特定遺贈に対する遺留分減殺請求による財産の分割を求める方法は、遺産分割審判でなく、共有物分割訴訟（**最判H8.1.26**）[215]。 **改正点** 遺留分減殺請求の法的性質の変更（新法1046条）により、目的物の共有は発生しないため、共有物分割請求でなく、遺留分侵害額の請求の結果生じた債権的権利が訴訟物になる。 ・受遺者等から弁償すべき額の確定を求める訴訟を提起することもできる（**最判H21.12.18**）。
遺産分割調停・審判と遺留分減殺請求訴訟が並行して行われる場合の対応	遺産分割調停・審判と、遺留分減殺請求調停・訴訟が並行して行われることがある[216]。この場合、遺産分割審判の審理の中で遺留分減殺請求の審理を行わなければならなかったり、遺留分減殺請求訴訟の中で遺産分割の審理を行わなければならない事態となりうる（寄与分の主張があると、さらに手続は混迷する）。困難な問題であり、当事者の協力を得て矛盾がないように対応する必要がある[217]。

（3）　請求の期間制限

- **遺留分減殺請求は、遺留分権利者が相続の開始及び減殺すべき贈与又は遺贈があったことを知った時から1年又は、相続開始の時から10年で時効消滅する**（旧法1042条、新法1048条）。「贈与又は遺贈があったことを知った時」とは、贈与の事実及びこれが減殺できるものであることを知った時をいう（**最判S57.11.12**）。
- 遺留分権利者が精神上の障害により事理を弁識する能力を欠く常況にある場合、158条1項の類推適用により時効完成が猶予される場合がある（**最判H26.3.14**）。
- 被相続人の財産のほとんど全部が贈与されていることを遺留分権利者が認識している場合、遺留分権利者が贈与又は遺贈（遺言）が無効であると考えていたとしても、事実上及び法律上の根拠があって遺留分権利者が無効を信じているため遺留分減殺請求権を行使しなかったことがもっともと首肯しうる特段の事情がない限り時効は進行する（**最判S57.11.12**）
- 消滅時効にかかるのは遺留分減殺請求権で、減殺請求権の結果取得した返還請求権や登記請求権は遺留分減殺請求の特別の消滅時効にかかることはない（**最判S57.3.4**、**最判H7.6.9**）。

改正点 請求の期間制限については、基本的に改正の影響はないが、遺留分減殺請求の法的性質の変更（新法1046条）により、返還請求権や登記請求権の消滅時効が別途問題になることはない。また、遺留分を侵害している贈与や遺贈が無効になるということにはならない。今後は、遺留分侵害額請求を行使した後の金銭請求権の時効が論点になるものと考えられる。

214　遺留分減殺請求額の計算の前提となる特別受益額などについては、家庭裁判所の遺産分割審判で判断される事項であり、地方裁判所では判断できないという問題点がある。
215　一般的に、この判例の射程は、相続分の指定や割合的包括遺贈については及ばないと解されている。
216　例えば、①相続財産の一部が遺贈され、残部につき遺産分割調停・審判がなされている状態で遺贈に対し遺留分減殺請求がされる場合や、②第一次相続の遺産分割調停・審判の途中で相続人の一人に相続が発生し当該相続人が遺留分を侵害する内容の遺言を残していたため第二次相続につき遺留分減殺請求がされる場合などが考えられる。
217　判タ1327号5頁「遺産分割審判と遺留分減殺請求訴訟との関係」長秀之において、詳細な検討がされている。

第7章 遺留分（減殺請求）

(4) 減殺額（遺留分侵害額）（旧法には明文の規定なし。新法1046条）

計算式	**減殺額（遺留分侵害額）** 　＝**遺留分額**（前記2（92頁）参照） 　－**遺留分権利者が被相続人から相続又は遺贈を受けた財産額**（※1） 　－**特別受益財産額**（※2） 　＋**相続債務**（※3）（**最判 H8.11.26**）
留意点	※1：上記算式の「遺留分権利者が被相続人から相続及び遺贈によって得た財産額」について、遺産分割がなされていない未分割遺産の相続分をどのように考えるかは、法定相続分で判断すべきという説と、具体的相続分で判断すべき説に分かれている[218]。 　　**改正点**　新法は、この点につき、具体的相続分（寄与分の修正はしない）で判断すべきことを明文化した（新法1046条2項2号）。 ※2：上記算式の「特別受益財産額」は、新法においても、遺留分算定の基礎財産に算入される特別受益財産額と異なり、10年間に限定されない[219]。 ※3：上記算式の「相続債務」について、相続財産全部を一人の者に相続させる旨の遺言がある場合は「0」で計算される（**最判 H21.3.24**、以下に要旨を掲載）。

最判 H21.3.24　財産全部を相続させた場合、遺留分侵害の計算について債務を加算しないとした判例

民集63巻3号427頁、判時2041号45頁、判タ1295号175頁、金法1871号46頁、金判1331号42頁

　被相続人Aの相続人は子XYであったところ、Aは相続人Yに全財産を相続させる旨の遺言を残して死亡した。そこで、XがYに対して遺留分減殺請求訴訟を提起した。被相続人Aは多額の債務も負担していたことから、当該債務の2分の1を減殺額に加算するか否かが争いとなった。第1審、控訴審とも加算しなかったため、Xが上告した。

　本判決は「相続人のうちの1人に対して財産全部を相続させる旨の遺言により相続分の全部が当該相続人に指定された場合、遺言の趣旨等から相続債務については当該相続人にすべてを相続させる意思のないことが明らかであるなどの特段の事情のない限り、当該相続人に相続債務もすべて相続させる旨の意思が表示されたものと解すべきであり、これにより、相続人間においては、当該相続人が指定相続分の割合に応じて相続債務をすべて承継することになると解するのが相当である。もっとも、上記遺言による相続債務についての相続分の指定は、相続債務の債権者（以下「相続債権者」という。）の関与なくされたものであるから、相続債権者に対してはその効力が及ばないものと解するのが相当であり、各相続人は、相続債権者から法定相続分に従った相続債務の履行を求められたときには、これに応じなければならず、指定相続分に応じて相続債務を承継したことを主張することはできないが、相続債権者の方から相続債務についての相続分の指定の効力を承認し、各相続人に対し、指定相続分に応じた相続債務の履行を請求することは妨げられないというべきである。……相続人のうちの1人に対して財産全部を相続させる旨の遺言がされ、当該相続人が相続債務もすべて承継したと解される場合、遺留分の侵害額の算定においては、遺留分権利者の法定相続分に応じた相続債務の額を遺留分の額に加算することは許されないものと解するのが相当である。遺留分権利者が相続債権者から相続債務について法定相続分に応じた履行を求められ、これに応じた場合も、履行した相続債務の額を遺留分の額に加算することはできず、相続債務をすべて承継した相続人に対して求償し得るにとどまるものというべきである。」と判示し上告を棄却した。

---

[218]　遺産分割・遺留分の実務527頁〜528頁に詳しい。
[219]　新法は、遺留分算定の基礎財産に算入される特別受益財産額について、当事者双方が遺留分権利者に損害を加えることを知って贈与を除き、相続開始前の10年間に限定したが（新法1044条3項）、新法1046条2項1号はかかる限定を付していない。

(5) 減殺の対象及び減殺の順序（旧法1032条～1037条、新法1047条）

遺贈・相続させる遺言による遺産の取得及び贈与が遺留分減殺の対象となる。減殺の対象及び減殺の順序は以下のとおり。

（ⅰ）減殺の対象等

項　目	内　容
減殺の対象（目的物）	・**減殺の対象となる贈与は、減殺額計算の基礎財産となる範囲に限られている**（旧法1031条、旧法1030条、新法1047条1項柱書2つ目の括弧書）。具体的には2(3)(ⅰ)(93頁)参照。 　**改正点**　旧法は、**相続人に対する期間無制限の贈与が減殺の対象になる**としていたが（**最判H10.3.24**）、新法は、**相続人に対する特別受益にあたる贈与は、当事者双方が遺留分権利者に損害を加えることを知って行った贈与を除き、相続開始前の10年間にしたものに限り、遺留分算定の基礎財産に算入する**とした（新法1044条3項）。 ・被相続人が特別受益につき持戻し免除の意思表示（903条3項）している場合でも、遺留分の基礎財産には算入され、持戻し免除の意思表示は、遺留分を侵害する限度で失効する[220]（**最決H24.1.26**）。 ・遺留分権利者に、目的物の選択権はないと解される（**東京地判S61.9.26**）。 ・一方で受贈者又は受遺者は、遺留分減殺の対象とされた贈与又は遺贈の目的である各個の財産について、任意に選択して旧法1041条の価額弁償をすることができる（**最判H12.7.11**）。 　**改正点**　新法では、**遺留分減殺請求の法的性質が変更され、金銭請求権とされたため**（新法1046条）、**減殺の対象（目的物）は問題とならなくなり、また目的物の選択の論点はなくなった。価格弁償の条文（旧法1041条）も削除された。**
受遺者の遺留分との関係	相続人に対する遺贈が遺留分減殺の対象となる場合、遺贈の目的の価額のうち受遺者の遺留分額を超える部分のみが、旧法1034条、新法1047条1項2号にいう目的の価額に当たる（**最判H10.2.26**）。つまり、遺留分を下回る遺贈、贈与しか受けていない相続人は遺留分減殺の対象とならない。 　**改正点**　上記判例が明文化された（新法1047条1項3つめの括弧書）。
相続分の指定と遺留分減殺請求	相続分の指定も減殺の対象となり、相続分の指定が減殺された場合は、遺留分割合を超える相続分を指定された相続人の相続分が、遺留分割合を超える部分の割合に応じて修正される（**最決H24.1.26**）。 　**改正点**　「相続させる」遺言や、相続分の指定による遺産の取得にも遺留分侵害額の請求の適用があることが明文化された（新法1046条1項括弧書）。
その他	保険金受取人の変更は旧法1031条（新法1047条）に定める遺贈又は贈与に当たらないとされている（**最判H14.11.5**）。

（ⅱ）減殺の順番

・**遺贈又は相続させる遺言による承継→死因贈与→生前贈与の順番で、減殺しなければならないと解される**（旧法1033条、554条、**東京高判H12.3.8**、新法1047条）。
・**複数の遺贈がある場合、その目的の価額の割合に応じて減殺する**。ただし、遺言者が遺言に別段の意思を表示したときは、その意思に従う（旧法1034条、新法1047条1項2号）。
・**贈与の減殺は、後の贈与から順次前の贈与に対してする**（旧法1035条、新法1047条1項3号）[221]。なお減殺を受けるべき受贈者の無資力によって生じた損失は、遺留分権利者の負担となり、他の受贈者に請求することはできない（旧法1037条、新法1047条4項）。

---

[220] つまり、当該贈与に係る財産の価額は、遺留分を侵害する限度で、遺留分権利者である相続人の相続分に加算され、当該贈与を受けた相続人の相続分から控除される。
[221] 贈与の前後の判断基準として、契約時説と履行時説があるが、履行時説が妥当と考える（相続関係訴訟331頁～334条で詳しく検討がされている）。

(6) 請求の効果

改正点 効果は大きな改正がなされ、遺留分権利者は、侵害者に対して金銭請求権を有するだけとなった（新法1046条）。金銭請求として整理されたことに伴い、価格弁償に関する定め（旧法1041条）は、削除された。果実の返還請求権についても（旧法1036条）、併せて削除された。今後の実務を注視する必要がある。

以下は旧法の内容。ほとんど新法においては当てはまらない。

項　目	内　容
効果の基本的な考え方	・判例は形成権＝物権的効果説を取る（**最判 S57.3.4**、**最判 S41.7.14**）。具体的には、遺留分権利者の減殺請求により、贈与又は遺贈は遺留分を侵害する限度において失効し、その権利は遺留分権利者に当然に帰属し、遺留分権利者は引渡請求権や移転登記請求権を取得する。 ・現物返還が原則（旧法1036条参照）。現物返還の場合には共有関係になる（旧法1031条）。
価格弁償	・減殺を受けるべき受贈者が贈与の目的を他人に譲り渡したときや権利を設定したときは、遺留分権利者は価額弁償を請求できる（旧法1040条）。受遺者についても同様（**最判 H10.3.10**）。 ・受遺者及び受贈者は、減殺を受けるべき限度において、贈与又は遺贈の目的の価額を遺留分権利者に弁償して返還の義務を免れることができる（旧法1041条）。
価格弁償の詳細	・受遺者、受贈者は、価格弁償の意思表示だけでなく、履行の提供をしなければ、目的物の返還義務を免れない（**最判 S54.7.10**）。 ・受遺者、受贈者が価格弁償の履行の提供又は意思表示をした場合は、遺留分権利者は弁償金額の支払を求めることが可能と解される（**最判 S54.7.10**、**最判 S51.8.30**）。 ・遺留分権利者が価格弁償を請求する権利を行使する旨の意思表示をした場合、遺留分権利者は現物返還請求権を失い、これに代わる価格弁償請求権を確定的に取得する（**最判 H20.1.24**）。 ・価格弁償の目的物評価の基準時は現物弁償時（**最判 S51.8.30**）[222] ・価格弁償をする対象は受遺者、受贈者において選択する権利がある（**最判 H12.7.11**）。 ・受遺者、受贈者から弁済すべき額の確定を求める訴えも原則として可能と解されている（**最判 H21.12.18**）。
その他	・受贈者が、贈与に基づく目的物の占有開始などを理由に取得時効を援用しても、遺留分減殺請求は妨げられない（**最判 H11.6.24**）。つまり、受贈者の取得時効の抗弁は認められない。
遅延損害金	・受贈者は、減殺の請求があった日以後の果実を返還しなければならない（旧法1036条）。価格弁償の遅延損害金の起算日は、遺留分権利者が価格弁償請求権を確定的に取得し（＝遺留分権利者が価格弁償を請求する権利を行使する旨の意思表示をした日）、かつ、受遺者に対し弁償金の支払を請求した翌日（**最判 H20.1.24**）

---

[222] 遺留分算定の基礎財産の評価は相続開始時（**最判 S51.3.18**）なので、現物返還の場合は、相続開始時だけが問題となる。しかし、価格弁償の場合は、改めて現在（（遺留分権利者が価額弁償を請求する訴訟であれば現実に弁償がされる時に最も接着した時点としての事実審口頭弁論終結の時）の金額を算定する必要が出てくる。なお、遺贈の対象物が処分されている事案で、当該処分額が客観的に相当と認められるものであり、処分額を基準とすることが妥当とした判例がある（**最判 H10.3.10**）。

4. 遺留分に基づく紛争の防止策

遺留分に基づく紛争の防止策としては、以下の方法が考えられる。

遺留分の侵害をしない	全相続人の遺留分を侵害しない内容の遺言とすることが紛争を防ぐ最も確実な方法[223]
遺留分の事前放棄	被相続人の生存中に、放棄する者が被相続人の住所地の家庭裁判所に申立てをして許可を得る（旧法1043条、新法1049条）。→5(1)参照
承継円滑化法の特例の活用	被相続人が会社の経営者である場合、推定相続人（兄弟姉妹及びその子は除く）全員の書面による合意により、被相続人が後継者に贈与等した対象会社株式を遺留分算定の基礎財産から除外する合意ができる[224]。
遺留分減殺の順番を遺言で定めておく（旧法1034条ただし書、新法1047条1項2号ただし書）	遺言で減殺の順序を定めたり、減殺の方法として価格弁償の方法を定めておくことで、一定の範囲の紛争を防止することができる。 **改正点** 遺留分減殺請求の法定性質が変更され、単なる金銭請求となったため、新法においては、遺言で定めておくことに従来ほどの意味はない。

5. 遺留分の放棄

(1) 被相続人の相続開始前の放棄

手続	申立て	放棄をする本人が、被相続人となる者の住所地を管轄する家庭裁判所に申立てを行う（家事法216条）。
	家庭裁判所の許可（審判）（旧法1043条1項、新法1049条1項）	家庭裁判所は、権利者の自由意思、放棄理由の合理性・必要性、代償の有無などを考慮して許否を判断する[225]。
効果	他の各相続人の遺留分に影響を及ぼさない（旧法1043条2項、新法1049条2項）。	
	相続権を喪失するわけではなく、遺産分割協議の当事者となる[226]。	
取消し	要件は厳しくなるが、放棄の取消しも認められる（家事法78条1項）[227]	

(2) 被相続人の相続開始後の放棄

自由にできる。放棄しても他の各相続人の遺留分に影響を及ぼさない（旧法1043条2項、新法1049条2項）。

なお、遺留分を放棄しても、法定相続分に従って承継する相続債務を免れることはできない。

---

223 ただし、遺留分は侵害しないとしても、遺産が公平に分割されなかったことによる心情的な不満が残る可能性は残る。この点は、事前に説明を尽くして納得してもらうなどの方法による他ない。
224 後継者が単独で家庭裁判所に申立てることができるため、遺留分放棄よりも後継者以外の者の負担は少ない。
225 遺産分割・遺留分の実務499頁。遺留分放棄が許可された事例として**東京高決 H15.7.2**、不許可とされた事例として**神戸家審 S40.10.26**、**大阪家審 S46.7.31**、**和歌山家審 S60.11.14** などがある。放棄申立てをしたものの自由な意志が認められなかったり、不確かな約束に基づき申立てをしたような場合に不許可となっているようである。
226 従って、被相続人の債務も承継する。
227 遺留分放棄の取消が認められるのは、遺留分放棄の前提となった事情が著しく変化し、その結果放棄を維持することが明らかに著しく不当になった場合などに限られるとして、取消しを認めなかったものとして**東京高決 S58.9.5** がある。

第8章　相続放棄、限定承認、相続分の譲渡

1. 相続放棄（915条）

(1) 定義

相続が開始した後に、相続人が相続の効果を拒否する意思表示をいう[228]。

(2) 手続

項　目	内　容
手　続	・**自己のために相続の開始があったことを知った時から3か月以内（熟慮期間）**[229]**に、家庭裁判所**[230]**に申述をする（915条、938条）。** ・相続開始前に承認又は放棄の意思表示をしても無効[231]。 ・家庭裁判所は、相続放棄の申述を却下すべきことが明らかな場合を除き、これを受理すべきであるとされている（**東京高決H22.8.10**、**仙台高決H8.12.4**、**福岡高決H2.9.25**など）。 ・相続放棄申述を却下した審判に対しては、即時抗告できる（家事法201条9項）。
熟慮期間の伸長	・熟慮期間は家庭裁判所に伸長を請求することができる（915条1項）[232]。 ・伸長申立の審理は、相続財産の構成の複雑性、所在地、相続人の海外や遠隔地所在などの状況のみならず、相続財産の積極、消極財産の存在、限定承認をするについての相続人全員の協議期間並びに財産目録の調整期間などを考慮して行うのが相当であるとされている（**大阪高決S50.6.25**）。
留意点	・**相続放棄申述の受理がされた場合であっても、相続放棄の意思表示を裁判所が公証する行為であるに過ぎず、相続放棄の実体要件について、訴訟で争うことは可能**（例えば被相続人の債権者は後日訴訟手続で相続放棄申述が無効であるとの主張をすることは可能。**最判S29.12.24**）。 ・認知症であった者について、相続放棄の意思が欠けており無効とされた事例として、**東京高決H27.2.9**がある。 ・相続放棄をしても、被相続人の死亡を原因とする生命保険金の受取人としての地位に影響はないと解される（**東京地判S60.10.25**）。 ・相続放棄した者であっても、生命保険金等のみなし相続財産を取得した場合や、相続時精算課税の適用を受けていた場合には相続税の納税義務者となる。

(3) 効果

相続放棄した場合の効果	・**その相続に関しては、初めから相続人とならなかったものとみなされる**（939条）。従って、代襲相続もされない。 ・相続放棄をしても遺贈を受ける権利は失わない。 ・遺産分割協議は詐害行為取消しの対象となるが（**最判H11.6.11**）、相続放棄は対象とならない（**最判S49.9.20**）。
相続放棄しなかった場合の効果	**単純承認をしたものとみなされる**（921条2号）。

---

[228] 法律学小辞典（有斐閣）
[229] 相続人が未成年者又は成年被後見人であるときは、その法定代理人が未成年者又は成年被後見人のために相続の開始があったことを知った時から起算する（917条）。
[230] 相続が開始した地を管轄する家庭裁判所（家事法201条1項）
[231] 前田民法257頁
[232] 実務上、一度目の期間延長の申立ては認められることが多いとされている（事業承継の法律実務172頁）。

(4) 法定単純承認（921条）

相続人が相続財産の処分を行うなどの行為をすると、相続承認の意思表示がなくとも、承認があったものとみなされ、相続放棄ができなくなる（921条）。法定単純承認に該当する事項を整理すると以下のとおり。

分類		条文、留意点
1号（相続財産の処分）	条文	・**相続人が相続財産の全部又は一部を処分したときは、単純承認したものとみなされ、相続放棄ができなくなる**（921条1号）[233]。
	留意点	・相続開始の事実認識（少なくとも被相続人が死亡した事実の確実な予想）がなければ、相続財産の処分による法定単純承認の効果は発生しない（**最判 S42.4.27**[234]）。 ・相続債務があることが分からないまま、遺族が被相続人名義の預金から仏壇や墓石を購入することは自然な行動であり「相続財産の処分」に当たるとは断定できないとしたものとして**大阪高決 H14.7.3**がある。 ・自己が受取人となっている生命保険で、被相続人の債務を弁済しても、生命保険金は受取人固有の権利であり、処分にあたらないとしたものとして、**福岡高宮崎支決 H10.12.22**がある。 ・処分にあたるとした事例としては、**松山簡判 S52.4.25**、**最判 S37.6.21**、**東京高判 H元.3.27**などがある。
2号（熟慮期間の経過）	条文	・**相続人が自己のために相続の開始があったことを知った時から3か月以内（熟慮期間）に限定承認又は相続の放棄をしなかったときは、相続放棄が認められない**（921条2号）。 ・熟慮期間内でも、一度承認にすると撤回することができない（919条1項）。 ・一定の期間、詐欺取消や強迫による取消しは可能（919条2項、3項）[235]。
	留意点	・先順位の相続人が相続放棄したことにより、相続権が発生する場合がある（例えば、子供が相続放棄したことにより、兄弟に相続権が発生する場合など）。この場合の熟慮期間の起算点は、先順位の相続人全員が相続放棄等により相続権を有しないことを知った時と解される（**神戸地判 S62.11.17**）。 ・「限定承認又は相続放棄をしなかったのが、被相続人に相続財産が全く存在しないと信じたためであり、かつ、被相続人の生活歴、被相続人と相続人との間の交際状態その他諸般の状況からみて当該相続人に対し相続財産の有無の調査を期待することが著しく困難な事情があって、相続人において右のように信ずるについて相当な理由があると認められるときには、」熟慮期間は相続人が相続財産の全部又は一部の存在を認識した時又は通常これを認識しうべき時から起算すべきとされている（**最判 S59.4.27**）[236]。 ・相続人が調査を尽くしたにもかかわらず、債権者からの誤った回答により債務が存在しないものと信じて熟慮期間が経過した場合、相続人において、遺産の構成につき錯誤に陥っているから、その錯誤が遺産内容の重要な部分に関するものであるときは、錯誤に陥っていることを認識した時点を熟慮期間の起算点とすることができるとしたものとして、**高松高決 H20.3.5**がある。

---

233 保存行為及び短期賃貸（602条に定める期間を超えない賃貸）をする場合は含まれない（921条1項ただし書）。
234 被相続人Aは家出をして同日自殺をしていたが、死体が発見されたのは4か月後であった事例で、相続人YがAの家出翌月に自己が設立した会社にA所有にかかる物件を使用させるなどをしていたことにつき、Aの債権者Xが法定単純承認に該当するとして提訴した事案で、Xの請求を棄却した事例
235 相続放棄の取消しをしようとする者は、その旨を家庭裁判所に申述しなければならない（919条4項）。
236 長年音信不通であった被相続人について相続放棄をしなかったところ、いきなり被相続人の債権者が相続人に請求してきたようなケースに、かかる判例が機能する。同種の事案として、**大阪高決 S54.3.22**、**東京高決 H19.8.10**、**東京高決 H26.3.27**、**福岡高決 H27.2.16**などがある。

第8章 相続放棄、限定承認、相続分の譲渡

3号（相続財産の隠匿等）	条文	・相続放棄をした後であっても、相続財産の全部若しくは一部を隠匿し、これを消費し、又は悪意でこれを相続財産の目録中に記載しなかったときは、単純承認したものとされ、相続放棄は認められなくなる（921条3号）[237]。
	留意点	・「相続財産」には、消極財産（相続債務）も含まれ、限定承認をした相続人が消極財産を悪意で財産目録中に記載しなかったときにも、単純承認したものとみなされる（**最判S61.3.20**）。 ・隠匿の結果、被相続人の債権者等の利害関係人に損害を与えるおそれがあることを認識している必要があるが、必ずしも、被相続人の特定の債権者の債権回収を困難にするような意図、目的までも有している必要はないとする裁判例として、**東京地判H12.3.21**がある。

(5) 相続分の放棄

相続分の放棄という概念もある。相続放棄との差異は以下のとおり。

項目	相続放棄	相続分の放棄
時期や方法	自己のために相続の開始があったことを知った時から3か月以内に、家庭裁判所に申述をする必要がある（938条）。	遺産分割までの間であればいつでも可能。また、方式は問わない。
相続人の地位	失う。	失わない。
相続債務	負担を免れる。	負担を免れない。
他の相続人らの相続分	放棄した者は、最初から相続人にならなかったものとして他の相続人の相続分が計算される。	放棄した者の相続分は、他の相続人に相続分に応じて帰属する考え方が有力[238]。

2. 限定承認（922条）

項目	内容
定義	相続によって得た財産の限度においてのみ被相続人の債務及び遺贈を弁済すべきことを留保して、相続の承認をすること（922条）
申述手続	・**相続人複数の場合、相続人の全員が共同して行わなければならない**（923条）[239] ・**自己のために相続の開始があったことを知った時から3か月以内（熟慮期間）に、相続財産の目録を作成して家庭裁判所に提出し、限定承認をする旨を申述しなければならない**（924条）。 ・熟慮期間は、家庭裁判所に伸長の請求が可能（915条1項）。伸長申立の審理は、相続財産の構成の複雑性、所在地、相続人の海外や遠隔地所在などの状況のみならず、相続財産の積極、消極財産の存在、限定承認をするについての相続人全員の協議期間並びに財産目録の調整期間などを考慮して行うのが相当であるとされている（**大阪高決S50.6.25**）。
留意点	・一度限定承認をした場合、熟慮期間内でも、撤回することができない（919条1項） ・一定の期間、詐欺取消や強迫による取消しは可能（919条2項、3項）[240] ・不動産の死因贈与の受贈者である相続人が限定承認したとき、死因贈与に基づく限定承認者への所有権移転登記が相続債権者による差押登記よりも先にされたとしても、信義則に照らし、限定承認者は相続債権者に対して不動産の所有権取得を対抗することができない（**最判H10.2.13**）。 ・被相続人が加入していた生命保険の受取人に指定されていた相続人が限定承認した場合でも、保険金請求権の取得には影響しないと考えられる。

---

237 その相続人が相続の放棄をしたことによって相続人となった者が相続の承認をした後は、適用されない（921条3号ただし書）。
238 遺産分割・遺留分の実務112頁以下に詳しい。
239 相続放棄した者は、限定承認に加わる必要はない（939条）。
240 限定承認の取消しをしようとする者は、その旨を家庭裁判所に申述しなければならない（919条4項）。

手続	相続財産の分離	相続人が1名の場合はその者が、相続人が数人ある場合には家庭裁判所が相続人の中から選任した相続財産管理人が、相続財産の管理・清算をする（926条、936条）。 なお、相続債権者は、対抗要件を要する権利（抵当権など）については、被相続人の死亡時までに登記をしていなければ、他の相続債権者や受遺者に優先権を主張できない[241]（**最判 H11.1.21**）。
	公告及び催告	限定承認者又は相続財産管理人は、一定の期間内に、すべての相続債権者（相続財産に属する債務の債権者）及び受遺者に対し、限定承認をしたこと及び一定の期間内にその請求の申出をすべき旨を公告し、知れてる債権者等に個別に催告する（927条、936条3項）。
	換価	限定承認者又は相続財産管理人は、原則として競売による方法により相続財産を換価する（932条〜933条）[242]。
	相続債権者等への弁済	限定承認者又は相続財産管理人は、相続債権者、受遺者の順番に弁済する（929条〜931条、なお935条）。
税務		限定承認があった場合、相続財産につき被相続人が時価で譲渡したものとみなし、譲渡所得が課税される（所法59条）。

3. 相続分の譲渡

内容	相続人が、相続財産に対して有する自己の包括的持分又は法律上の地位を譲渡すること
効果	・相続人間で相続分が譲渡された場合、積極財産と消極財産とを包括した遺産全体に対する譲受人の割合的な持分が譲受人に移転し、譲受人は従前から有していた相続分と新たに取得した相続分とを合計した相続分を有する者として遺産分割に加わることとなり、分割が実行されれば、その結果に従って相続開始の時にさかのぼって被相続人からの直接的な権利移転が生ずる（**最判 H13.7.10**）。なお、相続債務の移転は譲渡人と譲受人の間のものに過ぎず、譲渡人は対外的には引き続き相続債務を負担する。 ・相続分全部を譲渡した者は、遺産確認の訴えの当事者適格を失う（**最判 H26.2.14**）。
相続分の取戻権	相続人の一人が遺産の分割前にその相続分を第三者に譲り渡したときは、他の相続人は、その価額及び費用を償還して、その相続分を譲り受けることができる（905条1項）[243]。なお、遺産に属する特定不動産の共有持ち分を第三者に譲渡した場合、905条の適用はない（**最判 S53.7.13**）。
税務	・相続人間において相続分が譲渡された場合、譲受人については自己の相続分に譲り受けた相続分を加えたものに相続税が課される（**最判 H5.5.28**）。 ・第三者に相続分が無償譲渡された場合、譲渡人は相続税の納税義務者となり、譲受人は贈与税を納付する義務がある（**東京高判 H17.11.10**）。 ・遺産が未分割の状態で相続分が第三者に有償で譲渡がなされた場合の相続税法上の扱いは明確でない。

---

241 よって、相続時に対抗要件を備えていない相続債権者は、被相続人の死亡前にされた抵当権設定の仮登記に基づいて被相続人の死亡後に本登記を請求する場合を除き、相続開始後、相続財産法人に対して対抗要件具備（例えば、抵当権設定登記手続）を請求することはできない。
242 例外的に、家庭裁判所が選任した鑑定人の評価に従い相続財産の全部又は一部の価額を弁済することで、限定承認者（相続人）が所有権を取得することが認められている（932条ただし書）。
243 1か月以内に権利行使しなければならない（905条2項）。

第9章　遺産分割後の問題

1. 第三者との関係

(1) 遺産分割の効力（909条）

原則		遺産分割は、相続開始の時にさかのぼってその効力を生ずる（遡及効）。
第三者との関係	遺産分割前の第三者	・遡及効は、第三者の権利を害することはできない（909条ただし書）。 ・相続人が遺産に属する不動産の共有持分権（遺産分割協議成立前）を第三者に譲り渡した場合、第三者が当該共有関係の解消のためにとるべき裁判手続は、遺産分割審判ではなく、共有物分割訴訟となる（**最判 S50.11.7**）。かかる場合、相続人からも共有物分割請求が可能と解される（**大阪高判 S61.8.7**）。
	遺産分割後の第三者	・遺産分割による不動産の法定相続分を超える持分の取得は、分割後の第三者との関係では対抗問題になる（**最判 S46.1.26**）。

(2) 相続を原因とする所有権の取得と対抗要件

(ⅰ) 旧法での扱いと、新法における規律の整理

　自己の法定相続分を超える相続を原因とする所有権の取得を、対抗要件なく第三者に主張できるか否かについては、（ⅱ）で紹介する判例により、遺言の有無や内容、さらには遺言執行者の有無で結論が異なる状況にあった[244]。しかしながら、遺言の有無や内容、遺言執行者の有無は外部からわかるものではなく、取引の安定を害するとの批判があったため、新法は以下のように整理した。

> **改正点**　新法899条の2第1項や新法1032条により、遺言の有無や内容、遺言執行者の有無にかかわらずある程度統一的な扱いがされるよう改正された。改正の結果、遺言の有無や内容等を知りえない相続債権者（被相続人の債権者）や相続人の債権者などは、法定相続分に対する差押え等について多くの場合保護されると思われる。なお、以下は不動産を前提とする。

場合分け			旧法での扱い	新法
遺言がない場合（遺産分割の場合）			法定相続分超える部分は、登記なく第三者に対抗不可（法定相続分については、登記なく対抗可）（**最判 S38.2.22、最判 S46.1.26**）	法定相続分については、登記なく第三者に対抗できるが、法定相続分超える部分は対抗できない（新法899条の2第1項）。 （遺言がない場合は従前と同様の扱いであるが、遺言がある場合は判例を変更したものと解される）
遺言がある場合	相続分の指定／「相続させる遺言」		法定相続分を超える部分も登記なく第三者に対抗可（**最判 H14.6.10**）	
	遺贈	遺言執行者が指定されていない場合	受遺者は登記なく第三者に対抗不可とする判例（**最判 S39.3.6**）が新法でも維持されるものと解される[245]。	相続人がした行為は無効であるが、善意の第三者に対抗することはできない（新法1013条2項）。また、相続人の債権者（相続債権者を含む）は、法定相続分で相続財産に権利行使が可能（同3項）。
		遺言執行者が指定されている場合で相続人がした遺産処分行為	遺言執行者がいる場合、相続人がした財産処分行為は絶対的に無効であり、受遺者は登記なく第三者に対抗できる（**最判 S62.4.23**）。	

244　なお、動産については即時取得が認められるため、対抗要件が問題となるのは主に不動産であると考えられる。
245　**最判 S39.3.6** は特定遺贈の事案であるが、包括遺贈も同様と解されている（改正ガイドライン191頁）。

【改正点経過措置】

区　分			適　用
新法899条の2第1項、新法1013条	相続開始日	平成31年6月30日前	旧法
		平成31年7月1日以降	新法

（ⅱ）旧法における判例

【遺言がない場合】

判　例	判示内容
最判 S38.2.22	遺産分割前の共同相続した状態の不動産につき、相続人の一人が単独相続したように登記したうえで第三者に売買予約をした事案で、他の相続人は自己の法定相続分による持分の取得については、登記なく、第三者に対抗できるとした。
最判 S46.1.26	遺産分割後、遺産分割による不動産の法定相続を超える持分の取得は、対抗要件なく第三者に主張することはできない（法定相続分については、対抗要件なく対抗することが可能）。

【相続させる遺言や、相続分指定の遺言がある場合】

判　例	判示内容
最判 H5.7.19	相続人Bは遺言で相続分を80分の13と指定されていたが、法定相続分である4分の1とする相続登記が経由されていた不動産をBから譲渡を受けたYの権利につき、「Bの登記は持分80分の13を超える部分については無権利の登記であり、登記に公信力がない結果、Yが取得した持分は80の13にとどまるというべきである」とした。
最判 H14.6.10	「相続させる」遺言による権利の移転につき、受益相続人は、法定相続分又は指定相続分の相続による不動産の権利の取得については、登記なくしてその権利を第三者に対抗することができるとした。

【遺贈の場合】　遺言執行者の有無によって、分かれていた。

判　例		判示内容
遺言執行者が指定されている場合	**最判 S62.4.23**	「民法1012条1項が『遺言執行者は、相続財産の管理その他遺言の執行に必要な一切の行為をする権利義務を有する。』と規定し、……受遺者は、遺贈による目的不動産の所有権取得を登記なくして右処分行為の相手方たる第三者に対抗することができるものと解するのが相当である」
遺言執行者が指定されていない場合	**最判 S39.3.6**	「遺贈は……意思表示によって物権変動の効果を生ずる点においては贈与と異なるところはないのであるから、遺贈が効力を生じた場合においても、遺贈を原因とする所有権移転登記のなされない間は、完全に排他的な権利変動を生じないものと解すべきである。……遺贈の場合においても不動産の二重譲渡等における場合と同様、登記をもって物権変動の対抗要件とするものと解すべきである」

2. 遺産分割の瑕疵

(1) 相続人に関する瑕疵

場合分け	考え方
協議参加者が無資格であった場合[246]	・無資格者がいなければ分割の結果が大きく異なったであろう特別の事情があるときを除き、無資格者に分割された部分のみを再分割すべきと解される（**大阪地判 H18.5.15**）。 ・特別代理人の選任が必要であるにもかかわらず選任せずに遺産分割協議をした場合は無効と解される（**東京高決 S58.3.23** → 61頁参照）。

246　具体的には、①遺産分割時点で相続人でなかった場合（戸籍の記載の誤り、不在者財産管理人を選任したところ不在者が被相続人より先に死亡していたことが後から判明した場合など）と、②遺産分割後に遡って相続資格を失った場合（相続人廃除の審判、嫡出否認、認知無効の各裁判が確定した場合など）が考えられる（法律相談273頁）。

新たな相続資格者が判明した場合（相続人が含まれていなかった場合）	相続の開始後認知によって相続人となった者が遺産の分割を請求する場合	・価額のみによる支払の請求権を有する（910条）。 ・この場合の価額支払請求の遺産評価の基準時は請求時であり、他の相続人は、履行の請求を受けた時に遅滞に陥る（**最判 H28.2.26**）。 ・910条に基づく価格請求は審判事項でなく訴訟による（**名古屋高決 H4.4.22、東京地判 H28.10.28**）。 ・被認知者が相続人の子で、かつ被相続人に他に子がある場合、被相続人の配偶者に対して価格請求はできないと解されている（**東京地判 H28.10.28**）。
	当初からの相続人が判明した場合	分割は無効であり、分割をやり直すことになると考えられる。なお相続回復請求権（884条→109頁参照）の適用につき注意が必要（**最判 S53.12.20**）。

(2) 遺産に関する瑕疵

瑕疵の内容	一般的な考え方
遺産の脱漏	・原則は、脱漏された以外の部分は有効であり、当該脱漏部分につき新たに遺産分割をすれば足りる（**東京高判 S52.10.13**）。 ・漏れていた遺産が広範にわたっているなど、遺産分割協議は無効ないし不成立として、再度すべての遺産について遺産分割協議を行うべき場合もある（**東京地判 H27.4.22、福岡家小倉支審 S56.6.18**）。
遺産以外のものを対象にした場合	遺産対象外の物が遺産の大部分又は重要な部分であると扱われていたなどの特段の事情のない限り、遺産対象外の物についての分割の効力のみが否定され、その余の遺産についての分割は有効であると考えられる（**名古屋高決 H10.10.13**）。

(3) 遺言が発見された場合

　原則として遺産分割は錯誤無効と考えられる（**最判 H5.12.16**）[247]。なお、遺言の内容を了解したうえで、相続人全員（受遺者や相続分の譲受人を含む）の合意で、遺言と異なる遺産分割協議をすることも許されると解される[248]。

(4) 参加者の意思表示の瑕疵

　遺産分割協議の参加者に意思表示の瑕疵があった場合は、民法の原則通り無効等とされる。錯誤に関する裁判例としては以下のようなものがある。

　（ⅰ）錯誤無効を認めた事案

裁判例	概　要
最判 H5.12.16	遺言があることを相続人全員が知らずに遺産分割協議がされた事案で、要素の錯誤がないとはいえないとした（錯誤の成否について審理を尽くすため差戻された）。
広島高松江支決 H2.9.25	相手方の虚偽の説明により誤信した被相続人の預金額を前提に一定額の金員を取得してその余の請求はしないとした意思表示が要素の錯誤にあたり、無効であるとされた。
東京地判 H27.4.22	被相続人が保有していた全ての預貯金及び株式の内容を知らないまま、相手方が作成した遺産分割協議書にはそのほとんどが記載されているものと信じて応じた遺産分割協議に係る意思表示が要素の錯誤にあたり無効であるとされた。
東京地判 H11.1.22	相手方が提示する分割案は遺言に従った分割よりも有利であり、いかなる手段に訴えてもこの案を上回る額の遺産を取得することは不可能であると信じて遺産分割協議に応じたことが錯誤にあたり、かかる錯誤は動機の錯誤ではあるが、相手方に表示されているなどとして、遺産分割協議が錯誤無効とされた。

247　相続ガイドライン 111頁～113頁に詳しい。
248　相続関係訴訟 264頁

(ii) 錯誤無効を認めなかった事案

裁判例	概　要
東京高判 S59.9.19	遺産の価額を時価の半額程度と誤認して行われた遺産分割の合意は錯誤にあたるとした。ただし、十分な調査を行うことが可能であったにもかかわらず行わなかったことが表意者の重過失にあたるとして、結論としては錯誤無効は認めなかった。
神戸家審 H4.9.10[249]	相手方が被相続人の妻らの将来の生活を保障するとの約定の下に遺産の全部を相手方に取得させる内容の遺産分割協議が成立した後、相手方が扶養義務を果たさないとして錯誤無効の主張をして改めて遺産分割が申立てられた事案で、相手方は一定期間扶養義務を果たしており、遺産分割協議そのものに要素の錯誤があったとすることはできないとされた。

(5) 手続上の瑕疵

瑕疵の内容	参考裁判例
協議の瑕疵	相続人が一堂に会することなく、持回りの方式により遺産分割協議をすることも可能であるが、他の相続人に関する遺産分割の内容が開示されていなかったときは、遺産分割協議が不成立になる可能性がある（**仙台高判 H4.4.20**）。
利益相反	親権者が相続人である数人の子を代理してした遺産分割の協議は、追認のない限り無効となる（**最判 S48.4.24**）。
相続開始前の遺産分割	遺産分割協議は相続開始後における各相続人の合意によって成立したものでなければ効力を生じないというべきであるから、相続開始前の遺産分割協議は無効であるが、相続開始後、各相続人がこれを追認したときは、新たな分割協議と何ら変わるところはないから、これによって効力を生じることになると解される（**東京地判 H6.11.25**）。

3. 遺産分割協議の解除

遺産分割協議において負担した債務の不履行を理由とした解除	不可（**最判 H元.2.9**）
合意解除	可能（**最判 H2.9.27**）。なお、法律上は合意解除が可能ではあるが、税務上は、当初の分割により相続人又は包括受遺者に分属した財産を分割のやり直しとして再配分した場合には、その再配分により取得した財産は、当初の遺産分割による取得者からの贈与として扱われる可能性があるので注意が必要[250]（**東京高判 H12.1.26**[251]）。

4. 遺産分割協議の詐害行為取消しの可否

　遺産分割協議も詐害行為取消しの対象となる（**最判 H11.6.11**）。遺産分割協議が詐害行為にあたる場合は、具体的相続分を超えて財産を取得した受益者が被告となり、遺産分割協議の相対的な取消しと財産の回復を請求することになる[252]。

249　同種の事案として、**東京地判 S57.2.25** がある。
250　相基通 19 の 2-8 ただし書
251　再度の分割協議が当初の分割協議によって帰属が確定した財産の移転を分割協議の名の下に移転するものと認められる場合には、その合意に基づく財産権の移転の効力を肯定することができるとしても、その原因を相続によるものということはできないというべきであるとする。
252　前田民法 329 頁〜 330 頁

5. 相続回復請求権（884条）

内　容	表見相続人（相続人でないにもかかわらず、相続人と称する者）が相続財産を占有し、相続権を侵害している場合に、真正相続人が相続財産の返還など相続権の侵害を排除して、相続権の回復を求める権利（884条） 相続人間で、消滅時効が援用できるか否かで争われることが多い。
権利行使期間 （時効期間）	下記のいずれか早い時期 ・真正相続人が相続権を侵害された事実を知った時から5年間 ・相続開始の時から20年
適用範囲	相続人間にも884条は適用されるが、悪意者又は合理的理由を有さない相続人は消滅時効を援用できない（**最判 S53.12.20**）。
消滅時効援用にかかる留意点	・相続人間で相続回復請求権の消滅時効を援用しようとする者は、相続権侵害の開始時点において、善意かつ合理的理由があったことを主張立証しなければならない（**最判 H11.7.19**）。 ・相続人間からの取得者が884条による消滅時効を援用する場合も、譲渡人である相続人につき善意かつ合理的理由が必要（**最判 H7.12.5**）。

第3編　遺言作成及び執行の実務

第1章　遺言能力

1. 意思能力（遺言能力）

(1) まとめ

　遺言の作成には、遺言の内容を理解し、遺言の結果を弁識し得るに足りる意思能力（遺言能力）**が必要**（東京高判 H25.3.6 など）。**遺言能力に欠ける者が作成した遺言は無効**。遺言能力が問題となる可能性がある場合の対応としては、以下のようなものが考えられる。

医師の関与	遺言書作成直前に、医師の診断書により、意思能力があったことを立証する。
ビデオ撮影	遺言書作成の様子をビデオ作成する[253]。撮影時期が問題となりうるため、新聞紙の日付を撮影するなどの工夫が必要。

　遺言能力については多数の裁判例がある。裁判例を分析した論文によれば[254]、遺言能力の判断方法としては、①医学判断を基に精神上の疾患及び重症度を特定したうえで、②その精神状態が常時事理弁識能力を失わせるような疾患及び程度なのであれば遺言時にも遺言能力がなかったことが推認され、遺言時においてこれを覆すような特段の事情があるか否かを判断する、③医学的にみた精神状態が必ずしも常時障害を生じさせる程度のものでないという場合は、遺言作成時に当該遺言を理解できないと認めるに足りる事情があるか否かを判断しているようである。

(2) 遺言能力を肯定した裁判例

裁判例	概　要
広島高判 S60.5.31	漢字、平仮名、片仮名が混在した遺言書であり、また手が震えて文字が書きにくいという体調不全があった遺言者につき、遺言作成後の家事調停の各調停期日において代理人なく本人が出頭し、家事審判官及び家事調停委員は本人の判断能力の程度を十分確かめ本人に自由に発言させその意思を確かめて調停を成立させており判断能力に欠陥があったとは到底考えられないし、遺言作成のころ医師の診断などにも答え雑誌を読むなどしており、判断能力に欠陥があったことを認めることはできないとした。
東京高判 H10.2.18	脳梗塞を発症した83歳の遺言者につき、1審は遺言能力を否定したが、控訴審は、入院中の生活状況、言動、病状等、遺言書作成の契機となった事情、遺言書作成時の状況と遺言の方式などについて詳細な検討を加えたうえで、控訴審における鑑定結果も併せ考慮し、意思能力を有していたと判断した。なお、鑑定意見を否定する内容の医師の意見書も提出されているが、採用できないとしている。
東京高判 H10.8.26	入院中の病院で公正証書遺言をした94歳の遺言者につき、事実関係、医師の鑑定意見及び遺言内容を総合勘案し、94歳の老人としての標準的な精神能力を有しており、遺言の時点では意識の状態も概ね普段どおりに回復していたなどとして遺言能力を認めた。

---

[253] 証拠として提出された遺言作成時を映したとする4つの途切れたファイルが合成された動画について、新聞は何度も映されているのに、遺言を自書し押印する動作が全く撮影されていないことなどから、結論としては遺言を無効とした裁判例として**東京高判 H29.3.22** がある。

[254] 判タ1423号15頁「遺言能力（遺言能力の理論的検討及びその判断・審理方法）」土井文美

(3) 遺言能力を否定した裁判例

裁判例	概要
東京高判 S52.10.13	脳溢血のため倒れた64歳の約11年後（死亡の約1年前）に公正証書遺言をした遺言者につき、遺言当時中等度の人格水準低下と痴呆がみられ、是非善悪の判断能力並びに事理弁別の能力に著しい障害があったとした鑑定結果は相当であるとした。なお、公証人も遺言者の簡単な言動からその意思が原稿どおり相違ないものと認めて事を処理しえたからといって、当時の遺言者の精神能力に欠陥が存したことを否定すべきことにはならないとした。
東京高判 S57.5.31	病院で作成した公正証書遺言につき、遺言作成の日には衰弱し、言語は不明瞭で聞きとれず、昏迷状態で呼びかけに対しても返事をしなくなり、明朝死亡したことや、担当医が、遺言を作成した時間帯に遺言者が他人と会話を交すことはかなり確実に不可能であったと考えていることなどから、遺言作成時に、遺言者が遺言の趣旨を口授できたものとは認め難いとした。
大阪地判 S61.4.24	病院で作成した公正証書遺言につき、遺言作成の2日前から殆ど眠った状態と完全に意識が消失する状態を行き来したうえで遺言作成の翌日に死亡した遺言者は、遺言作成当時公証人の問いかけにうなずきあるいは簡単な返事で応答したにしても、その意識状態はかなり低下し、思考力や判断力を著しく障害された状態にあり、内容がかなり詳細で多岐にわたる遺言の意味・内容を理解・判断するに足るだけの意識状態を有していたとは認められないとして、遺言能力を否定した。
東京地判 H9.10.24	病院で作成した公正証書遺言につき、遺言者が遺言をした当時94歳で、脳梗塞の他覚的所見が認められていたこと、主治医が遺言作成当時遺言書を作成することは不可能であったと思われる趣旨の意見を述べていることなどから遺言能力を否定した。なお、公証人が弁護士を通じて遺言の作成を依頼されたことや、公証人が病室にいた時間が15分程度であったことなどから公証人は遺言者の意思能力の有無を十分に確認した上で遺言書を作成したものとは認め難いとした。
東京地判 H10.6.12	入院中であった74歳の遺言者が行った自筆証書遺言につき、遺言前年に加齢による老人性痴呆と診断された症状が大きく改善していたとは言いがたいことや、遺言書が極めて乱れた字で書かれ、全体としての文書の体裁も整っておらず、唯一その内容を記載した部分も、漢字のほか、カタカナとひらがなが混在して使用され、かつ、語順も通常でなく、遺言の重要部分の趣旨も明確であるとはいえないことなどから、遺言能力が無かったとした。
東京高判 H12.3.16	公正証書遺言につき、控訴審で行われた鑑定などによれば、遺言作成の2年ぐらい前の86歳のころから理解力が低下し記憶障害があり遺言書作成の時点では高度の痴呆状態にあったということができることや、遺言が本文14頁、物件目録12頁、図面1枚という大部のものであるうえ、その内容は極めて複雑かつ多岐にわたるものであって、高度の痴呆症状にあった遺言者が理解し、判断できる状況になかったことは明らかであり、遺言能力に欠けるとした。
東京地判 H26.11.6	89歳の遺言者が行った公正証書遺言につき、遺言作成の数か月前の入院における診療録又は看護記録に認知症であったことを示す記録があり、また遺言作成後の診療録又は看護記録にも、同様の記録があったことから遺言能力を否定した。なお、遺言者が公証人と会話したことは遺言能力を有していなかったことと矛盾する事実とはいえないとした。
東京地判 H28.8.25[255]	公正証書遺言につき、公証人は遺言者が遺言能力を有していたとする意見を述べたが、遺言作成当時にアルツハイマー型認知症と診断をした医師の、遺言に必要な複数の情報を同時に想起して判断をするという精神的作業を行う能力を有しておらず、遺言をするに足る意思能力はなかったという意見を重視し、遺言能力は認められなかったとした。
東京高判 H25.3.6	公正証書遺言につき、遺言作成時点で81歳であった遺言者はうつ病と認知症に罹患しており、直前に精神科による情動不安定、易怒性、常同保続の所見から種々の薬剤が処方されていた状態であり、また、従前の自筆証書遺言に代わる遺言を作成する合理的な理由がないとして遺言能力を否定した。なお公証人については、本人確認が不十分であり、遺言作成にあたり受遺者を排除せず、被相続人の署名の可否を試みていない、被相続人の視力障害に気づいていないなどの諸点に疑問があるとしている。

---

[255] 同様の裁判例として**東京地判 H29.6.6**、**東京地判 H18.7.4**、**東京地判 H11.11.26**、**横浜地判 H18.9.15**などがある。

東京高判 H22.7.15	公正証書遺言につき、遺言作成時点で87歳であった遺言者は、認知症が進行しており、遺言の内容も併せ考え、遺言事項の意味内容や当該遺言をすることの意義を理解して遺言意思を形成する能力があったものということはできないとした。なお、遺言作成に2名の司法書士が立ち会っているが、当日遺言者に初めて会ったものであり、医師や介護施設職員の意見を聴取していないことからすると、立会人が遺言能力があると感じたとしても、これによって上記認定が妨げられることはないとした。
東京高判 H21.8.6	自筆証書遺言につき、遺言者は遺言をした時点で、見当識障害、記憶障害等の症状は持続しており、アルツハイマー病と脳梗塞の合併した混合型痴呆症によりやや重い痴呆状態にあったものと認められ、残してある録音内容も遺言者が自主的に発言しているものではなく、Yの指示を受けて発言していることがうかがわれるものであり、遺言能力に欠けていたと判断するのが相当であるとした。

2. 制限行為能力者の遺言能力

分 類	遺言の可否（有効要件）
未成年者	満15歳以上であれば、法定代理人の同意なく、単独で遺言可能（961条、962条）。
成年被後見人	・事理を弁識する能力を一時回復した時において、医師2人以上の立会い^(注)のもと遺言することは可能（973条1項）。この場合、遺言に立ち会った医師は、遺言者が遺言をする時において精神上の障害により事理を弁識する能力を欠く状態になかった旨を遺言書に付記して、これに署名し、印を押さなければならない（秘密証書遺言の場合は、その封紙にその旨の記載をし、署名し、印を押さなければならない）（973条2項）。 ・直系血族、配偶者又は兄弟姉妹が後見人である場合を除き、被後見人が後見の計算の終了前に、後見人又はその配偶者若しくは直系卑属の利益となるべき遺言をしたときは、その遺言は無効となる（966条1項）。

（注）①未成年者、②推定相続人及び受遺者並びにこれらの配偶者及び直系血族、③公証人の配偶者、四親等内の親族、書記及び使用人は立会人になれない（974条）。なお、民法所定の証人が立ち会っていれば、証人又は立会人になれない者が同席していたとしても、この者によって遺言の内容が左右されたり、遺言者が自己の真意に基づいて遺言をすることを妨げられたりするなど特段の事情のない限り、遺言が無効となることはない（**最判H13.3.27**）。

第2章 遺言の方式

1. まとめ

(1) 通常方式の遺言方法の全体像

方式	主なメリット	主なデメリット
自筆証書遺言 (968条)	・簡単に書くことができる。 ・費用負担がない。 ・遺言の存在及び内容を秘密にできる。	・作成要件に欠けると無効となる。 ・自筆で行う必要がある。 改正点 ・偽造の危険性も他の方法に比べると高い。 ・保管方法によっては紛失の危険性が高い。 改正点
公正証書遺言 (969条)	・自筆で行う必要がない。 ・無効となる可能性は低い[256]。 ・偽造や紛失のおそれがない。	・一定の費用負担[257]がある。 ・遺言内容を完全に秘密にすることが難しい（証人が必要となるため）。
秘密証書遺言 (970条)	・自筆で行う必要がない。 ・費用負担が少ない。 ・遺言内容を秘密にできる。	・作成要件に欠けると無効となる。 ・保管方法によっては紛失の危険性が高い。

（注）作成要件などを満たさず、遺言として効力が認められない場合であっても、死因贈与書面として認められる可能性がある）。→第5章1(3)（137頁）参照。

改正点 新法は、自筆証書遺言であっても、添付する財産目録はワープロ等で印字したものを使用できるようにした（新法968条2項）。

【改正点経過措置】

区　分			適　用
新法968条	遺言日	平成31年1月12日前	旧法
		平成31年1月13日以降	新法

改正点 法務局における自筆証書遺言の保管制度（法務局における遺言書の保管等に関する法律）が新設された。→49頁参照。施行日は、**平成32年7月10日**。

(2) 特別方式の遺言方法

上記(1)の他に、特別方式の遺言として、以下のように、危篤の状態に陥った場合の遺言や、船舶で遭難した場合の遺言などの定めがある（976条～982条）。いずれも、遺言者が普通の方式によって遺言をすることができるようになった時から6か月生存するときは効力は失う（983条）。

疾病その他の事由によって死亡の危急に迫った者による特別方式の遺言（976条）
伝染病のため行政処分によって交通を断たれた場所にある者による特別方式の遺言（977条）
船舶中に在る者による特別方式の遺言（978条）
遭難した船舶中にあって、死亡の危急に迫った者による特別方式の遺言（979条）

(3) 共同遺言の禁止（975条）

遺言は、二人以上の者が同一の証書ですることができない（975条）。共同遺言禁止による遺言が無効となるか否かが争われた裁判例としては、以下のようなものがある。裁判所は形式的に判断するのではなく、ある程度救済する方向で判断しているようである。

---

[256] 公証人が関与して作成されるため。
[257] 主なものは、公証役場において公証人に支払う費用

第2章 遺言の方式

裁判例		概　要
共同遺言にあたらないとした裁判例	最判 H5.10.19	B 五判の罫紙四枚を合綴した、各葉ごとに被相続人Aの印章による契印がされているが、1枚目から3枚目までは、A名義の遺言書の形式のものであり、四枚目は相続人Y1名義の遺言書の形式のAの自筆証書遺言につき、「両者は容易に切り離すことができる」から共同遺言に当たらないとした。
	東京高決 S57.8.27	一見被相続人Aと相続人Y1の共同遺言のような形式をとっている遺言につき、AとY1が共同の遺言書に作成するということは格別話し合ったことはないこと、Y1がAが本件遺言書を作成したことをAの死後まで全く知らず、本件遺言書に自らの氏名が記載されていることも知らなかったこと、遺言書に記載された不動産はすべてAの所有でありY1は共有の所有権すら有していなかったことなどから、Aの単独の遺言として有効であるとした。
共同遺言に当たるとした裁判例	最判 S56.9.11	同一の証書に二人の遺言が記載されている場合、そのうちの一方に氏名を自書しない方式の違背があるときでも、共同遺言にあたるとした。

(4) 遺言の撤回

(ⅰ) 遺言の撤回が認められる場合を整理すると、概要以下のとおり。

分　類		内容・留意点
意図的な撤回（1022条）		・いつでも可能。 ・原則として撤回行為が撤回されても原遺言の効力は復活しない（1025条）が、甲遺言を乙遺言で撤回した後、丙遺言で乙遺言を撤回し甲遺言を復活する旨記載した場合、遺言書の記載に照らし、遺言者の意思が甲遺言の復活を希望するものであることが明らかなときは、甲遺言の効力が復活するとした判例がある（**最判H9.11.13**）。
法定撤回	抵触遺言等の作成（1023条）	**前の遺言と抵触する後の遺言が存在する場合や、遺言後に遺言者が遺言と抵触する処分その他の法律行為をした場合、抵触する部分について撤回したものとみなされる**→具体例（裁判例）は（ⅱ）（ⅲ）参照
	遺言等の破棄（1024条）	・**遺言者が故意に遺言書を破棄したとき及び、故意に遺贈の目的物を破棄したときは、遺言は撤回したものとされる**(注)。 ・赤色のボールペンで遺言書の文面全体に斜線を引く行為は、故意に遺言書を破棄したときに該当するとされている（**最判H27.11.20**）。

(注) 公正証書遺言の原本は公証人役場に保存されるため、遺言者が手元の証書を破棄しても、遺言は撤回されたことにならない[258]。

(ⅱ) 前の遺言と抵触する遺言が存在する場合（1023条1項）に関する裁判例

裁判例	内容（要旨）
東京地判 H3.9.30	遺言者が、昭和62年4月7日付公正証書遺言によって甲土地の共有持分3分の1を同棲中であったXに遺贈したが、その後、同年12月7日付公正証書によって甲土地を含む遺産のすべてを相続人であるYに相続させるとの遺言をしていた事案で、先の遺言は後の遺言と抵触する部分は撤回したものとみなされるとした。
東京地判 H7.7.26	遺言者の遺産をYに単独相続させるとした旧遺言と、遺産のうち甲土地をXに相続し、甲土地以外の遺産はXに4分の1の割合で分割協議に参加し得るものとするとした新遺言につき、旧遺言と新遺言では遺言執行者が変更されていることや、旧遺言が作成されてから新遺言が作成されるまで13年余りが経過していることなども加味して、遺言者は、旧遺言と両立させない趣旨で新遺言を作成したものというべきであるから、旧遺言は新遺言により全面的に取り消されたものとみなされるとした。

[258] 法律相談 317 頁

裁判例	内容（要旨）
東京高判 H14.8.29	遺産すべてを妻甲に譲るとの自筆証書遺言（第一遺言）と、甲存命中は土地家屋その他一切現状を維持しその死後は土地家屋その他を換価し子供らに4分の1を与える旨の自筆証書遺言（第二遺言）につき、原審は両遺言は抵触するとしたが、本判決は、第二遺言は第一遺言を前提に、子供らに対し、甲の取得する土地家屋等について子供らの側から甲に対しその売却や分割等を求めないことを指示するとともに、甲の死亡後は、それを換価処分し代金を配分することを指示したものと解すべきであり両遺言は抵触しないとした。

（ⅲ）　遺言後に遺言者が遺言と抵触する処分その他の法律行為をした場合（1023条2項）に関する裁判例

裁判例	内容（要旨）
最判 S56.11.13	養子縁組したXに遺産の大半を遺贈する旨の遺言をした後にXと協議離縁したことが、遺贈と抵触するものとして、遺言の撤回が認められた。
最判 S43.12.24	財団法人を設立する遺言がされた後、遺言者が財団設立行為を開始していたが、主務官庁の許可による効果の発生する前に相続が発生した場合、抵触の問題は生じないとした。
高松地判 H6.2.18	遺産のすべてをY（妻）に遺贈するという内容の自筆遺言証書を作成していた遺言者が、遺贈の対象となる土地の一部を売却したり、建物の一部を取り壊すなどしたことにつき、売却、取り壊した各不動産は、抵触する生前処分により本件遺言を取消したものと見るべきであるが、売却した不動産と遺言に記載された不動産の面積の比率、生前処分にいたった事情、家庭状況等の照らし、その余の部分についてはいまだ有効と認めるのが相当であるとした。
大阪高判 H2.2.28	遺産に含まれる複数の土地をYに相続させる旨の公正証書遺言を作成していた遺言者が、当該土地を合筆及び分筆し、一部土地を売却したことについて、売却土地について、生前処分によって取消されたものとみなされるのは当然であるが、その余は抵触しないとした。

2．自筆証書遺言の作成方法等（968条）

(1)　まとめ

項目	対応
作成方法	・**全文を自筆で表示しなければならない。**ワープロ等は不可。 ・遺言者には遺言当時、自書能力（遺言者が文字を知り、かつ、これを筆記する能力）が必要[259]。 **改正点**　新法は、自筆証書遺言であっても、添付する財産目録はワープロ等で印字したものを使用できるようにした（新法968条2項）。偽造防止のため各頁（両面印刷の場合は両面）に署名捺印が必要[260]。なお、目録に限定はないため、登記事項証明書や貯金通帳の写しでも目録として使うことが可能とされている[261]。 **作成年月日を自書しなければならない。** **氏名を自署し、押印しなければならない。**なお連名は認められない（975条）。
加除訂正の方法	訂正箇所を指示し、これを変更した旨を付記して特にこれに署名し、かつ、その変更の場所に印を押さなければ、その効力を生じない（968条2項、新法968条3項）。 **改正点**　ワープロ等で印字した目録の加除訂正も同様の方法による（新法968条3項）。

259　全く目が見えなくても、文字を知り、かつ、自筆で書くことができる場合には、仮に筆記について他人の補助を要するときでも自書能力を有し、逆に、目の見える者でも、文字を知らない場合には、自書能力を有しない。よって、本来読み書きのできた者が、病気、事故その他の原因により視力を失い又は手が震えるなどのために、筆記について他人の補助を要することになったとしても、特段の事情がない限り、自書能力は失われない（**最判S62.10.8**）。
260　条文上は各頁の印鑑の同一性や、本文との印鑑の同一性は求められていない。
261　相続法制70頁

保管方法	特に定めはない(自ら保管)。 **改正点** 自筆証書遺言の法務局での保管制度が新設された(**遺言書保管法の新設**)。詳細は49頁参照。
検　認	相続発生後に、家庭裁判所で検認手続をする必要がある(1004条1項)[262]。 **改正点** 遺言書保管法に基づき、法務局で保管されている遺言書は検認不要。

【改正点経過措置】

区　分			適　用
新法968条	遺言日	平成31年1月12日前	旧法
		平成31年1月13日以降	新法

(2) 作成方法に関する裁判例

(ⅰ) 自筆に関する裁判例

分　類	裁判例
他人の添え手による補助を受けた遺言	・他人の添え手による補助を受けてされた自筆証書遺言は、①遺言者が証書作成時に自書能力を有し、②他人の添え手が、単に始筆若しくは改行にあたり若しくは字の間配りや行間を整えるため遺言者の手を用紙の正しい位置に導くにとどまるか、又は遺言者の手の動きが遺言者の望みにまかされており、遺言者は添え手をした他人から単に筆記を容易にするための支えを借りただけであり、かつ、③添え手をした他人の意思が介入した形跡のないことが筆跡のうえで判定できる場合に有効となる(**最判S62.10.8**)。 ・有効とされた事例として**東京高判H5.9.14**、無効とされた事例として**東京地判H18.12.26**、**東京地判H30.1.18**がある。
自筆の範囲	・カーボン複写によって作成された自筆証書遺言は有効(**最判H5.10.19**)。 ・司法書士が事務員に命じてタイプ印字した不動産目録が添付された遺言を無効とした裁判例として、**東京高判S59.3.22**がある。 ・第三者作成の耕地図に線を引き、区分けした中に相続人らの名を記入することにより分割方法を示した遺言書も自筆証書遺言として有効とした裁判例として、**札幌高決H14.4.26**がある。
その他	・筆跡鑑定の結果を根拠として自筆性を否定した原審判が取消され、遺言は遺言者の自筆によるものとされた事例として、**東京高判H12.10.26**がある。 ・「○○●○」に「すべてをまかせる」とする遺言の●部分が、▲に訂正され、次に姪の名前である■に訂正されていたが968条2項所定の方式を履践していなかった事案で、姪の名前への訂正を認め遺言を有効とした事例として**東京地判H29.9.13**がある。

(ⅱ) 日付に関する裁判例

分　類	記載内容等
有効とされた事例	・「平成二千年一月十日」と記載された遺言(**大阪地判H18.8.29**)[263] ・第1葉に「昭和46年10月18日」、第2〜第4葉に「昭和47年11月10日」と記載された遺言(**東京高判S55.11.27**) ・昭和四八と書くべきところ「昭和二八年」と書いた遺言(**最判S52.11.21**) ・「昭和五拾四拾年一月参拾壱日」と記載された遺言(**東京地判H3.9.13**)[264] ・「正和五六年一二月一一日」と記載された遺言(**大阪高判S60.12.11**)[265] ・「平成元年一一月末」と記載された遺言(**東京地判H6.6.28**) ・遺言者が遺言書のうち日附以外の部分の記載及び署名捺印し、その8日後に当日の日附を記載して遺言書を完成した遺言(**最判S52.4.19**)

---

[262] 検認手続を経ずに遺言を執行したり遺言書を開封した場合には、5万円以下の過料に処せられる(1005条)。
[263] 「西暦2000年」を表示するものとして有効であるとした。
[264] 「昭和五拾四年」の誤記であることが明らかとした。
[265] 「正和」の記載は「昭和」の明らかな誤記とした。

分類	記載内容等
	・自筆証書3葉を入れて封をした封筒の裏面のみに日付が自書されていた事案につき、同一紙質の便せんが用いられ、すべてインクで記載がされており、各葉の欄外に「遺言状⑴」、「遺言状⑵」、「遺言状⑶」と表題及び番号が付されていて、右封筒には、糊のようなもので封がされた封じ目に〆の字が記載されていたことなどから、右3葉の書面及び封筒の一体性を認め、自筆証書遺言の方式として要求される日付の自署があるとした（**東京高判 S56.9.16**）。
無効とされた事例	・「昭和四十五年一月」と日の記載が抜けた遺言（**最判 S52.11.29**） ・「昭和四拾壱年七月吉日」と記載された遺言（**最判 S54.5.31**） ・遺言書記載の遺言執行者の住所が遺言書の日付から2年弱程度経過した後に遺言執行者が転居した住所が書かれていたことにより、遺言書の日付が少なくとも実際の作成日から2年近くも遡った日を記載していることが判明した遺言書を、作成日の記載がない遺言書と同視すべきものであるとした（**東京高判 H5.3.23**）。 ・日付のない遺言書が開封されたままの日付のある封筒に納められた事案につき、日付の変更が自由にできることなどから無効とした（**岐阜家審 S55.2.14**）。 ・平成20年4月23日より後の日において作成した、平成19年12月21日付けの遺言（**東京地判 H28.3.30**）

(ⅲ) 氏名の自署、押印に関する裁判例

分類	記載内容等
有効とされた事例	・印章に代えて拇指その他の指頭に墨、朱肉等をつけて押捺された遺言（**最判 H元.2.16**） ・英文の遺言につき、押印がない遺言書（**最判 S49.12.24**） ・自筆証書遺言上には署名はあったが押印がなく、封筒の封じ目に押印のあった遺言（**最判 H6.6.24**） ・遺言者が自己の名前「正雄」を「政雄」と表示した遺言（**大阪高判 S60.12.11**）[266] ・自筆証書遺言を記載した書面には遺言者の捺印がなかったが、封筒の封じ目に封印があった遺言（**東京高判 H5.8.30**） ・2枚からなる自筆遺言証書の遺言者の署名下に押印がなく、実印による契印のみがあった遺言（**東京地判 H28.3.25**） ・「遺言書が数葉にわたるときであっても、その数葉が一通の遺言として作成されたものであることが確認されればその一部に日附、署名、捺印が適法になされている限り、右遺言書を有効と認めて差支えない」とした（**最判 S36.6.22**）。 ・遺言書が2葉にわたり、その間に契印がなくまた綴じ合わされていないが、第2葉は第1葉において譲渡するものとされた物件が記載され、両者は紙質を同じくし、いずれも遺言書の押印と同一の印で封印されて遺言書の署名ある封筒に収められた事案につき、一通の遺言書であると明認できるから、右遺言は有効であるとした（**最判 S37.5.29**）。 ・3枚がホッチキスで綴じられている遺言書の2枚目に遺言者の署名及び押印があった遺言（**京都地判 H16.8.9**）
無効とされた事例	・遺言書には署名及び押印のいずれもなく、封筒の表に「遺言書」と記載され、裏面に遺言者の氏名及び封じ目に「封」と判読できる1文字が記載され、遺言者の印影が顕出され、検認時には既に開封されていた遺言（**東京高判 H18.10.25**）[267] ・いわゆる花押（署名の代わりに使用される記号・符号）が押された遺言（**最判 H28.6.3**） ・書面の末尾に遺言者の署名と片仮名を崩したサインの様なものと、「も」を○で囲ったものが書かれていた遺言（**東京地判 H25.10.24**）

---

[266] 生前自己の名前の表示として政雄を用いたこともあったことや、遺言の内容から、氏名の表示として十分であるとした。

[267] 文書と封筒が一体のものとして作成されたと認めることができるのであれば、自筆証書遺言として有効なものと認め得る余地があるものの、一体のものとして作成されたと認められず、署名及び押印のいずれをも欠いているとした。

3. 公正証書遺言の作成方法等（969条、969条の2）

(1) まとめ

項　目	対　応
作成方法	**証人2人以上の立会いが必要**。①未成年者、②推定相続人及び受遺者並びにこれらの配偶者及び直系血族、③公証人の配偶者、四親等内の親族、書記及び使用人は、遺言の証人又は立会人となることができない（974条）。 **（公証役場で）公証人が作成をする**。より具体的には以下の流れで作成する。なお、遺言書の対象財産の価格に応じて、一定の公証人手数料がかかる。 ①遺言者が遺言の趣旨を公証人に口授する。 ②公証人が遺言者の口述を筆記し、これを遺言者及び証人に読み聞かせ又は閲覧する。 ③遺言者及び証人が筆記の正確なことを承認した後、各自これに署名し押印する（遺言者が署名することができない場合は、公証人がその事由を付記して署名に代えることができる）。 ④公証人が、その証書は前各号に掲げる方式に従って作ったものである旨を付記して、これに署名し印を押す。
保管方法	**原本は公証役場で保管される**。平成元年以降に作成された遺言は、日本公証人連合会においてデータベース化されており、検索が可能。
検　認	**不要**（1004条2項）。

(2) 公正証書遺言の作成（969条各号）に関する裁判例

(ⅰ) 証人（969条1号）に関する裁判例（いずれも遺言を有効とした）

裁判例	概　要
最判 H13.3.27	証人とは別に、遺言の証人となることができない者が同席していても、特段の事情のない限り、遺言公正証書の作成手続を違法ということはできないとした判例
最判 S55.12.4	聴力に障害がなければ、目が見えない者でも公正証書遺言の証人適格を有するとした判例
最判 H10.3.13	遺言者が、証人2名の立会いの下に、遺言の趣旨を口授しその筆記を読み聞かされた上で署名をしたところ、印章を所持していなかったため、約1時間後に、証人1名のみの立会いの下に、再度筆記を読み聞かされて押印を行ったが、もう1名の証人は、その直後ころに公証人から完成した遺言公正証書を示されて右押印の事実を確認した事案で、この間に遺言者が従前の考えを翻し、又は右遺言公正証書が遺言者の意思に反して完成されたなどの事情は全くうかがわれない本件において、遺言公正証書の作成の方式には瑕疵があるものの、その効力を否定するほかないとまではいえないとした。

(ⅱ) 口授（969条2号）に関する裁判例（いずれも遺言を無効とした）[268]

裁判例	概　要
最判 S51.1.1	遺言者が公証人のすべての問に対し単にうなずいただけで、一言も言葉をいわなかった事案につき、「遺言者が、公正証書によつて遺言をするにあたり、公証人の質問に対し言語をもって陳述することなく単に肯定又は否定の挙動を示したにすぎないときには、民法969条2号にいう口授があったものとはいえ」ないとした。

---

[268] 口授を肯定した判例としては、公証人が遺言書を項目ごとに区切って読み聞かせたのに対し、遺言者が、その都度そのとおりである旨声に出して述べ、金員を遺贈する者の名前や数字の部分についても声に出して述べるなどし、最後に、公証人が通読したのに対し大きくうなずいて承認したというものがある（**最判 S54.7.5**）。

裁判例	概　要
東京地判 H20.11.13	遺言者が、遺言書作成時に、公証人による遺言公正証書の案文の読み聞かせに対し手を握り返して反応しただけであり、また、遺言書の各条項は、自ら口述した文章を記載したものではなく、公証人が予め記載しておいた遺言書案文であったことなども踏まえ、口授があったとは認められないとした。
大阪高判 H26.11.28	遺言当時遺言者に多発性脳梗塞等の既往症があり記憶力や特に計算能力の低下が目立ち始めていたこと、公証人が事前に遺言の内容が遺言者の意思に合致しているのかを直接確認したことはないこと、公証人が遺言の案の要旨を説明し、遺言者はうなずいたり「はい」と返事をしたのみで遺言の内容に関することは一言も発していないこと、さらには、遺言の内容を踏まえ、「口授」があったということはできないとした。
宇都宮地判 H22.3.1[269]	遺言者はモルヒネ注射液の点滴を受けており、そのため意識レベルが低下した状態にあり、また、酸素マスクを付けていて、公証人が問いかけたのに対し、声を出してうなずくのみであったことや、遺言の内容は、事前にYらが公証人に告げたと推認することができることなどから、口授したとは認められないとした。
東京地判 S62.9.25	遺言者は脳梗塞の発作を起こすに至り、左半身不随等の運動機能障害及び著しい言語機能障害を呈するようになっていたことに加え、遺言作成の基盤となった原稿に遺言に深い利害関係を有する他人の介在があったものと認められることなどから、遺言者が遺言の趣旨を口授したとは認められないとした。

（補足）969条の2の通訳人に関する裁判例として、遺言者の咽喉部に装着された人工呼吸器のために言葉が聞き取りにくい場合に、聞き慣れた者を通訳人として作成された公正証書による遺言を有効とした**東京地判 H27.12.25**がある。

(iii)　署名・署名省略（969条4号）に関する裁判例

裁判例	概　要
大阪高判 H21.6.9	署名が判読困難であったが、遺言者の署名と認めた事例
最判 S37.6.8	遺言者が、遺言当時胃癌のため入院中で手術に堪えられないほどに病勢が進んでおり、公証人に対する本件遺言口述のため約15分間も病床に半身を起していたため、公証人が遺言者の病勢の悪化を考慮してその自署を押し止めたため、公証人の言に反対してまで自署することを期待することができなかったような事情があるときは、「遺言者が署名することができない場合」にあたるとした。
東京高判 H12.6.27	脳血栓により、片側の麻痺はあったが、遺言者の右手に麻痺はなく、右手で字を書く気になれば書けたし、鉛筆も持てたことが認められ、食事も自分で箸を使って食べていたことが認められ、遺言書作成の8日前に写真で右手でグラスを口元に運び、水を飲んでいることが認められるなどの状況から、「遺言者が署名することができない場合」に該当すると認めることはできないとして遺言が無効とされた事例

(iv)　その他（順番に関する裁判例）

裁判例	概　要
最判 S43.12.20	筆記、読み聞かせ、口授の順番でされた公正証書遺言につき、「右遺言の方式は、民法969条2号の口授と同条3号の筆記および読み聞かせることとが前後したに止まるのであって、遺言者の真意を確保し、その正確を期するため遺言の方式を定めた法意に反するものではないから、同条に定める公正証書による遺言の方式に違反するものではないといわなければならない」として有効とした。

269　同様の裁判例として、**東京高判 H27.8.27**がある。

4. 秘密証書遺言の作成方法等（970条〜972条）

項　目	対　応
作成方法	・遺言書本文を作成する。自筆である必要はなく、ワープロ等で作成することが可能。代筆でも可能。 ・遺言者が、署名（自筆）、押印した遺言書を封じ、遺言書に用いた印章で封印する。 ・公証人1名及び証人2人[270]以上の前に封書を提出して、遺言者が自己の遺言書である旨並びにその筆者の氏名及び住所を申述する。なお、第三者がワープロで作成した場合、当該第三者が「筆者」となるので、遺言者以外がワープロで作成したものを使う場合、ワープロでの作成者を「筆者」として申述をしないと、無効となる（**最判 H14.9.24**）。 ・公証人及び証人が封紙に署名押印する。
加除訂正の方法	訂正箇所を指示し、これを変更した旨を付記して特にこれに署名し、かつ、その変更の場所に印を押さなければ、その効力を生じない（970条2項、968条2項、新法968条3項）。
保管方法	特に定めはない（自ら保管）。
検　認	相続発生後に、家庭裁判所で相続人又はその代理人の立会をもって開封し、かつ検認手続をする必要がある（1004条1項、3項）。

（注）秘密証書遺言としての方式に欠ける場合であっても、自筆証書遺言の要件を満たしていれば、自筆証書遺言としては有効（971条）。

270　①未成年者、②推定相続人及び受遺者並びにこれらの配偶者及び直系血族、③公証人の配偶者、四親等内の親族、書記及び使用人は、遺言の証人又は立会人となることができない（974条）。なお、証人とは別に、これらの者が遺言作成に立ち会っても、特段の事情のない限り、遺言は無効とならない（**最判 H13.3.27**）。

第3章 遺言の内容

1. 遺言で定められる内容

遺言で定められる内容は法定されており、原則として法定されている以外の内容を記載しても効力は認められない。

(1) 遺言に定めることができる事項（まとめ）

（ⅰ） 遺産の承継に関する事項→詳細は(2)参照

項目	内容
相続分（遺産分割方法）の指定等	相続分の指定（及びその委託）（902条）
	遺産分割方法の指定・その委託、遺産分割の禁止[271]（908条）
	遺産分割における相続人間の担保責任に関する事項（914条）
特別受益の持戻しの免除／持戻し免除の推定規定に反する旨の意思表示	特別受益の持戻し免除の意思表示（903条3項）
	改正点 婚姻期間が20年以上の夫婦の一方である被相続人が、他の一方に対し遺贈又は贈与をした居住用の建物又はその敷地ないしは配偶者居住権につき、持戻し免除の対象としないことの意思表示（新法903条4項、新法1028条3項）
遺贈	遺贈に関する定め（964条）
遺留分に関する定め[272]	受遺者、同時受贈者が複数いる場合の、遺留分減殺の負担に関する別段の定め（旧法1034条ただし書、新法1047条1項2号ただし書）
祭祀主催者の指定	祭祀を主宰すべき者の指定（897条ただし書）

【改正点経過措置】

区分			適用
新法903条4項	遺贈又は贈与日	（制度なし）	
		平成31年7月1日以降	新法

（ⅱ） 相続人に関する事項

項目	内容
相続人の廃除及びその取消し	推定相続人を廃除する旨の意思表示（893条）
	生前行った推定相続人を廃除する旨の意思表示を取消す旨の意思表示（894条2項、893条）
認知	認知の意思表示（781条2項）
未成年後見人・後見監督人の指定	未成年者に対して最後に親権を行う者（管理権を有する場合に限る）による未成年後見人、未成年後見監督人の指定（839条、848条）

（ⅲ） 遺言執行者に関する事項

内容	留意点
遺言執行者の指定（1006条）	未成年者及び破産者は遺言執行者になれない（1009条）。
遺言執行者の権限の範囲	執行が円滑に進められるように、遺言書において、貸金庫の開扉や、預金の払戻し等の具体的な項目について遺言執行者に権限があることを明確にしておいたほうがいいとされている[273]。

---

[271] 相続開始の時から5年を超えない期間に限られる。なお、遺言で遺産分割が禁止されていても、相続人全員の合意があれば、分割を実行することができる（遺産分割・遺留分の実務422頁）。
[272] 定めがなければ、目的物の価額の割合に応じて負担する（1034本文、新法1047条1項2号）。
[273] 事業承継の法律実務230頁

第3章　遺言の内容

改正点 相続させる遺言において、遺言執行者が対抗要件を具備したり、預金の払戻しや解約をすることについての別段の定め（新法1014条4項）	**改正点** 定めがなければ、遺言執行者は、相続人が対抗要件を備えるために必要な行為をすることができる。また、相続預金又は貯金の払戻しの請求及び解約の申入れをすることができる（解約の申入れについては、その預貯金債権の全部が承継遺言の目的である場合に限る）（新法1014条2項、3項）。
遺言執行者の復任権に関する別段の定め（1016条1項ただし書） **改正点** 遺言執行者の復任権を制限する旨の定め（新法1016条1項ただし書）	遺言書に定めがなければ、遺言執行者は、やむを得ない事由がない限り、第三者にその任務を行わせることができない（1016条1項本文）。 **改正点** 遺言書に定めがなければ、遺言執行者は自己の責任で、第三者にその任務を行わせることができる（新法1016条1項本文）
遺言執行者複数の場合の別段の定め（1017条1項ただし書）	定めがなければ、遺言執行者が数人ある場合には、その任務の執行は、保存行為を除き、過半数で決する（1017条）。
遺言執行者の報酬（1018条1項ただし書）	定めがなければ、家庭裁判所が決定する（1018条、648条2項、3項）。

【改正点経過措置】

区分			適用
新法1014条2項～4項、新法1016条	遺言日	平成31年6月30日前	旧法又は制度なし
		平成31年7月1日以降	新法

（ⅳ）　その他

一般社団法人の設立（一般社団法人及び一般財団法人に関する法律152条2項）
信託の設定（信託法3条2号）
保険金受取人の変更（保険法44条、73条）

(2)　遺産の承継に関する事項

（ⅰ）　遺産の承継内容

遺産の承継は、相続分の指定、遺贈、「相続させる」遺言のいずれかで行われる。遺産承継方法の種類や、それぞれの場合の効果をまとめると以下のとおり。

種　類		効　果
相続分の指定（902条）→（ⅱ）参照		法定相続分と異なる割合を指定するもの。遺産共有の状態となるため、共有状態の解消は遺産分割手続による。
遺贈→（ⅲ）参照	特定遺贈	物権的効果を有する（**最判H8.1.26**）。
	全部包括遺贈	物権的効果を有する（**最判H8.1.26**）。なお、包括受遺者は相続人と同一の権利義務を有する（990条）。
	割合的包括遺贈	共有状態の解消は遺産分割手続によるとされている[274]。なお、包括受遺者は相続人と同一の権利義務を有する（990条）。
「相続させる」遺言(注1、2)	個別の資産を特定する場合	物権的効果を有する（「当該遺言において相続による承継を当該相続人の受諾の意思表示にかからせたなどの特段の事情のない限り、何らの行為を要せずして、被相続人の死亡の時（遺言の効力の生じた時）に直ちに当該遺産が当該相続人に相続により承継される」**最判H3.4.19**）。
	割合的な相続を定めた場合	遺産共有となり、共有状態の解消は遺産分割手続によると解される。

（注1）「遺産分割方法の指定」（908条）は、本来は、現物分割、換価分割、代償分割といった方法を指定することを指していたが、現在では上記のとおり「相続させる」遺言も、遺産分割方法の指定であると解されている。
（注2）「相続させる」遺言と代襲相続の関係につき判例は、「遺産を相続させるものとされた推定相続人が遺言者の死亡以前に死亡した場合には、当該『相続させる』旨の遺言に係る条項と遺言書の他の記載との関係、遺言書作成当時の事情及び遺言者の置かれていた状況などから、遺言者が、上記の場合には、当該推定相続人の代襲者その他の者に遺産を相続させる旨の意思を有していたとみるべき特段の事情のない限り、その効力を生ずることはない」（**最判H23.2.22**）と、原則として代襲相続人との関係では効力は発生しないとしている。

274　相続関係訴訟301頁

(ⅱ) 遺言で相続分（遺産分割方法）の指定等を定める場合の留意点

遺言で相続分（遺産分割方法）の指定等を定める場合の留意点としては、以下の事項が挙げられる。

内　容	留意点等
相続分の指定（及びその委託）（902条）。	遺言で指定されていない財産があると、当該資産について遺産分割協議が必要となる[275]。
遺産分割方法の指定・その委託（908条）。	相続人中の一人に遺産分割の方法の指定を委託する遺言は、指定の公正が期待できないから無効であると解されている（**東京高決 S57.3.23**）。よって、委託する第三者は、相続人以外の者であることが必要。
遺産分割の禁止（908条）	相続開始の時から5年を超えない期間に限られる。

(ⅲ) 遺言で遺贈について定める場合の留意点

遺言で遺贈を定める場合、原則と異なる別段の定めを記載することが可能な事項は以下のとおり。

受遺者が遺贈の承認又は放棄をしないで死亡したときは、その相続人が自己の相続権の範囲内で、遺贈の承認又は放棄をすることができるとする点に関する別段の定め（988条）
停止条件付遺贈について、受遺者がその条件の成就前に死亡したときに遺贈はその効力を生じないとする点に関する別段の定め（994条2項）
受遺者は、遺贈の履行を請求することができる時から果実を取得するとする点に関する別段の定め（992条）
遺贈が無効又は放棄によってその効力を失ったときは、受遺者が受けるべきであったものは相続人に帰属するとする点に関する別段の定め（995条）
相続財産に属さない権利の遺贈における遺贈義務者が権利を取得することができないとき、又はこれを取得するについて過分の費用を要するときは、遺贈義務者は、その価額を弁償しなければならないとする点に関する別段の定め（997条2項）
遺贈の目的である物又は権利が遺言者の死亡の時において第三者の権利の目的であるときは、受遺者は、遺贈義務者に対しその権利を消滅させるべき旨を請求することができないとする点に関する別段の定め（1000条本文） **改正点** 1000条は削除された。
改正点 遺贈義務者は、遺贈の目的である物又は権利を、相続開始の時（その後に当該物又は権利について遺贈の目的として特定した場合にあっては、その特定した時）の状態で引き渡し、又は移転する義務を負うとする点に関する別段の定め（新法998条）
負担付遺贈の受遺者が遺贈の放棄をしたときは、負担の利益を受けるべき者は、自ら受遺者となることができるとする点に関する別段の定め（1002条2項本文）
負担付遺贈の目的の価額が相続の限定承認又は遺留分回復の訴えによって減少したときは、受遺者は、その減少の割合に応じて、その負担した義務を免れるとする点に関する別段の定め（1003条本文）

【改正点経過措置】

区　分			適　用
新法998条、新法1000条	遺贈日	平成32年3月31日前	旧法
		平成32年4月1日以降	新法

---

[275] 財産の一部のみについて相続すべき者を指定した場合、原則として当該相続人の相続分を変更するのではなく、当該相続人の相続分の内容を指定したと解すべきとされている（前田民法318頁）。

2. 遺贈

(1) まとめ

(ⅰ) 定義、種類

項　目		内　容
定　義		遺言によって、遺産の全部又は一部を無償で、又は負担を付して、他に贈与すること[276]。停止条件付遺贈（985条2項）も可能。
種類（964条）[注]	（割合的）包括遺贈	財産の全部又は割合による一部を遺贈する方法
	特定遺贈	特定の財産を遺贈する方法
負担付遺贈	責任の範囲	負担付遺贈を受けた者は、遺贈の目的の価額を超えない限度においてのみ、負担した義務を履行する責任を負う（1002条1項）。
	受遺者が放棄した場合	負担の利益を受けるべき者は、自ら受遺者となることができる。ただし、遺言者がその遺言に別段の意思を表示したときは、その意思に従う（1002条2項）。
	相続人の取消権	相続人[277]は、相当の期間を定めて負担部分の履行の催告をすることができる。この場合において、その期間内に履行がないときは、その負担付遺贈に係る遺言の取消しを家庭裁判所に請求することができる（1027条）。
寄与分との関係		遺贈は寄与分に優先する。寄与分は、被相続人が相続開始の時において有した財産の価額から遺贈の価額を控除した残額を超えることができない（904条の2第3項）。
相続放棄、相続人の廃除等との関係		相続放棄をした者や、相続人たることを廃除された場合であっても、受遺者たる地位は失わない。

（注）特定遺贈と包括遺贈の主な差異は以下のとおり。
　　実務上、包括遺贈か特定遺贈かは必ずしも明確でない場合もあるが、以下のような相違点があることから、明確にすべきである。特定遺贈か包括遺贈かが争われた事案として**東京地判 H10.6.26**があり、当該裁判例では、遺言書の文言から遺贈の対象を特定することが困難であることや、遺贈の目的が特定の財産の移転を超え学習館の運営を委ねるというものであったことなどを理由に、包括遺贈であると判断されている。

項　目	包括遺贈	特定遺贈
効　果	遺贈された割合で、債務も含めて遺産を承継する（990条、896条、899条）[278]	負担付遺贈でない限り、債務を承継することはない。
	相続人や他の包括受遺者と遺産を共有する（990条、899条）	共有関係にはならない。
留意点	相続放棄に準じて放棄する必要がある。また限定承認が可能。（990条、915条以下）	いつでも放棄できる。放棄は遺言者死亡に遡って効力を生じる。（986条）

(ⅱ) 受遺者の要件

権利能力者であること	胎児も受遺者の資格を有する（965条、886条）。
右記の受遺欠格にあたらないこと（相続欠格を準用、965条、891条）	故意に遺贈者又は遺贈について先順位若しくは同順位にある者を死亡するに至らせ、又は至らせようとしたために、刑に処せられた者
	遺贈者の殺害されたことを知って、これを告発せず、又は告訴しなかった者[279]

276　法律学小事典（有斐閣）
277　遺言執行者がいる場合は遺言執行者（1012条）
278　相続債権者との関係では、相続債権者が承諾しない限り及ばない。
279　ただし、その者に是非の弁別がないとき、又は殺害者が自己の配偶者若しくは直系血族であったときは、除く（891条2号ただし書）。

第3編 遺言作成及び執行の実務

	詐欺又は強迫によって、遺贈者が遺贈に関する遺言をし、撤回し、取消し、又は変更することを妨げた者
	詐欺又は強迫によって、遺贈者に遺贈に関する遺言をさせ、撤回させ、取消させ、又は変更させた者
	遺贈に関する遺言者の遺言書を偽造し、変造し、破棄し、又は隠匿した者

(ⅲ) 遺贈の無効、放棄

遺贈が無効となる場合や、放棄についての概要は以下のとおり。遺贈が、その効力を生じないとき、又は放棄によってその効力を失ったときは、受遺者が受けるべきであったものは相続人に帰属する。ただし、遺言者がその遺言に別段の意思を表示したときは、その意思に従う（995条）。なお、相続人に対する遺贈につき、相続人が遺贈を放棄したとしても、相続人としての地位を放棄するものではなく、相続人の地位に基づく権利は残る[280]。

項目	場合分け	内容
無効となる場合	受遺者の不存在	遺言者の死亡以前に受遺者が死亡したとき（994条1項）。
		停止条件付きの遺贈で、受遺者がその条件の成就前に死亡したとき。ただし、遺言者がその遺言に別段の意思を表示したときは、その意思に従う（994条2項）。
	遺贈目的物が相続財産外の場合(注)	遺贈の目的物が遺言者の死亡の時において相続財産に属しなかったとき（996条）。
	その他	遺言自体が方式違反などにより無効となる場合（参考判例：**最判 S61.11.20**）
放棄	包括遺贈	包括受遺者は、相続人と同一の権利義務を有する（990条）。よって、放棄する場合は、自己のために包括遺贈があることを知ってから3か月以内に放棄の申述をしなければならない。
	特定遺贈	いつでも放棄できる。放棄は遺言者死亡に遡って効力を生じる。（986条）

(注) 以下の例外がある

その権利が相続財産に属するかどうかにかかわらず、これを遺贈の目的としたものと認められるとき（996条ただし書）。
遺贈の目的物の滅失、変造等によって第三者に対する償金請求権や代償物が相続財産にあるときは、当該権利等が遺贈の目的と推定される（999条、1001条）。

(ⅳ) 権利の実現（遺贈義務者）

場合分け	方法
遺言執行者がいる場合	遺言執行者が遺贈義務者となるので（**最判 S43.5.31**）、遺言執行者に対して請求する。 **改正点** 遺言執行者がある場合には、遺贈の履行は、遺言執行者のみが行うことができることを明文化した（1012条2項）。
遺言執行者がいない場合	相続人が遺贈義務者となるので、相続人全員に対して請求する。

【改正点経過措置】

区分		適用
新法1012条	遺言執行者就任日 平成31年6月30日前	旧法又は制度なし
	平成31年7月1日以降	新法

(ⅴ) 第三者との対抗関係

改正点 第三者との対抗関係につき、新法1013条は判例を一部改めた。旧法下の判例と新法における規律を比較すると以下のとおりとなる。

---

[280] 遺産分割・遺留分の実務464頁

場合分け	旧法	新法
遺言執行者が指定されていない場合	・受遺者は登記なく第三者に対抗不可（**最判 S39.3.6**）[281]。 ・特定債権が遺贈された場合、遺贈義務者からの債務者に対する通知又は債務者の承諾がなければ受遺者は遺贈による債権の取得を債務者に対抗することができない（**最判 S49.4.26**）。 ・上記の判例は、新法でも維持されるものと解される。	
遺言執行者が指定されている場合	遺言執行者がいる場合、相続人がした財産処分行為は絶対的無効であり、受遺者は登記なく第三者に対抗できる（**最判 S62.4.23**）	相続人がした行為は無効であるが、善意の第三者に対抗することはできない（新法 1013 条 2 項）。また、相続人の債権者（相続債権者を含む）は、法定相続分で相続財産に権利行使が可能（同 3 項）。

【改正点経過措置】

区　分			適　用
新法 1013 条	相続開始日	平成 31 年 6 月 30 日前	旧法
		平成 31 年 7 月 1 日以降	新法

(2) 包括受遺者と相続人の主な相違点

包括受遺者は相続人と同一の権利義務を有する（990 条）とされているが、以下のような違いがある。

項　目	包括受遺者	相続人
法　人	なれる	なれない
代襲制度の適用	なし	あり
遺留分権利	なし	あり
他の相続人の相続放棄の影響	影響を受けない（受遺分は増加しない）	影響を受ける（相続分は増加する）
対抗要件の要否（相続人は遺産分割前）	第三者に対抗するために対抗要件が必要（**大阪高判 H18.8.29**、**東京地判 H9.8.20**）。	「相続させる」遺言による遺産の取得を第三者に対抗するために対抗要件は不要（**最判 H14.6.10**）。 **改正点** 法定相続分を超える部分については、対抗要件を備えなければ、第三者に対抗することができないとされた（新法 899 条の 2 第 1 項）。

(3) 受遺者の主な権利義務

項　目	内　容
遺贈対象物について	遺言者が、遺贈の目的物の滅失若しくは変造又はその占有の喪失によって第三者に対して償金を請求する権利を有するときは、その権利を遺贈の目的としたものと推定される（999 条 1 項）。
	遺贈の目的物が、他の物と付合し、又は混和した場合、遺言者が民法の規定により合成物又は混和物の単独所有者又は共有者となったときは、その全部の所有権又は持分を遺贈の目的としたものと推定される（999 条 2 項）。
	債権を遺贈の目的とした場合、遺言者が弁済を受け、かつ、その受け取った物がなお相続財産中に在るときは、その物を遺贈の目的としたものと推定される（1001 条 1 項）。ただし、金銭債権を遺贈の目的とした場合、相続財産中にその債権額に相当する金銭がないときであっても、その金額を遺贈の目的としたものと推定する（1001 条 2 項）。
果実取得権	遺贈の履行を請求することができる時から果実を取得する。ただし、遺言者がその遺言に別段の意思を表示したときは、その意思に従う（992 条）。

---

[281] **最判 S39.3.6** は特定遺贈の事案であるが、包括遺贈も同様と解される（**大阪高判 H18.8.29**、**東京地判 H9.8.20**）。

遺産管理費用の負担義務	遺贈義務者が遺言者の死亡後に遺贈の目的物について必要費を支出した場合は、受遺者に請求できる。有益費を支出したときは、価格の増加が現存する場合に限り、受遺者の選択に従い、その支出した金額又は増価額を償還請求できる（993条1項、299条）。
担保責任	不特定物を遺贈の目的とした場合において、受遺者がこれにつき第三者から追奪を受けたときは、遺贈義務者は、これに対して、売主と同じく、担保の責任を負う。また、物に瑕疵があったときは、遺贈義務者は、瑕疵のない物をもってこれに代えなければならない（998条）。なお、遺贈の目的である物又は権利が遺言者の死亡の時において第三者の権利の目的であるとき、受遺者は、遺贈義務者に対しその権利を消滅させるべき旨を請求することはできない[282]（1000条）。 **改正点** 債権法改正と平仄をあわせて、遺贈義務の担保責任も改正された。具体的には、遺言に別段の定めがない限り、遺贈義務者は、遺贈の目的である物又は権利を、相続開始の時（その後に当該物又は権利について遺贈の目的として特定した場合にあってはその特定した時）の状態で引き渡し又は移転する義務を負うものとされた（新法998条）。なお、あわせて1000条が削除された。

【改正点経過措置】

区　　分			適　用
新法998条、新法1000条	遺贈日	平成32年3月31日前	旧法
		平成32年4月1日以降	新法

3. 特定遺贈と「相続させる」遺言の比較

特定遺贈と、特定の財産を相続人に「相続させる」とした遺言の比較は以下のとおり。

	特定遺贈	「相続させる」遺言
指定先	**相続人に限らない。**	**相続人に限る。**
効　果	当然に、指定された者の単独所有となる（**最判H8.1.26**、**最判H3.4.19**）。特定遺贈や、特定の相続財産を相続させる場合は、当該相続財産は遺産分割の対象ではなくなる。	
法定相続分との関係	相続人が遺贈を受けている場合には特別受益となる（903条1項）。	遺贈と同様に特別受益になると解される[283]。なお、受益相続人は、法定相続分の額に満つるまで他の遺産を取得することができると解される（**山口家萩支審H6.3.28**）。
債　務	・**相続人以外であれば承継しない**（なお、包括遺贈の場合は承継する（990条、896条、899条））。 ・相続人が受遺者の場合は、原則として法定相続分で承継する。	・**原則として法定相続分で承継する。** ・遺言で、法定相続分と異なる負担割合を定めることも可能であるが、相続債権者が承認しない限り、相続債権者には及ばない（**最判H21.3.24 → 97頁参照**）。 **改正点** 新法902条の2は、遺言による相続分の指定があったとしても、相続債権者は法定相続分に従って相続債務の履行を求めることができることを明文化した。従来の扱いを変更するものではないと解される。
寄与分との関係	遺贈は寄与分に優先する（904条の2第3項）。	遺贈と同様に相続分の指定は寄与分に優先すると解される[284]。
遺留分行使	行使可能（旧法1031条、新法1046条）。	遺贈と同様に遺留分行使可能[285]。 **改正点** 遺留分行使が可能であることを明文化した（新法1046条1項括弧書）。従来の扱いを変更するものではないと解される。

---

282 ただし、遺言者がその遺言に反対の意思を表示したときは、この限りでない。
283 遺産分割・遺留分の実務482頁
284 遺産分割・遺留分の実務484頁
285 遺産分割・遺留分の実務484頁

放棄	当該遺贈のみを放棄することが可能（986条）。	当該指定財産のみを放棄することは不可（放棄するのであれば相続放棄が必要となる）。
相続放棄との関係	相続放棄をしても、受遺者の地位に影響はない。	相続放棄をすると、相続できなくなる。
受遺者又は受益相続人が被相続人より先に死亡した場合、代襲相続されるか	遺贈はその効力を生じない（994条1項）とされており、代襲相続されない。	遺言者が、当該推定相続人の代襲者その他の者に遺産を相続させる旨の意思を有していたとみるべき特段の事情のない限り、代襲相続の効力を生ずることはない（**最判H23.2.22**）。
譲渡制限株式の承継要件	会社の承認が必要。	会社の承認は不要。
賃借権の承継	賃貸人の承諾が必要。	賃貸人の承諾は不要。
農地の承継	受遺者が相続人であれば許可不要であるが、相続人でない場合は農業委員会又は知事の許可必要（農地法3条1項）。	農業委員会の許可不要（農地法3条1項12号）。
改正点 配偶者居住権	配偶者居住権を遺贈の目的とすることが可能（新法1028条以下）。	配偶者居住権を相続させる遺言の目的とすることはできない。
対抗要件の具備方法	・他の相続人との共同申請となる。 ・遺言執行者がいる場合は遺言執行者が登記義務者になるものと解される。 改正点　新法は遺贈の履行は、遺言執行者がいる場合は、遺言執行者のみが行うことができると明文化した（新法1012条2項）。従来の扱いを変更するものではないと解される。	・不動産は、受益相続人の単独申請が可能（**最判H7.1.24**）[286]。 ・債権は、共同相続人全員による譲渡通知が必要になると解される。 改正点　遺産に含まれる債権に関する対抗要件について、受益相続人が単独で対抗要件を具備するための方法を新設した（新法899条の2第2項）。
第三者との関係 →第2編第9章1⑵（105頁）参照	・遺言執行者がいない場合、第三者に遺贈を対抗するためには対抗要件が必要（**最判S39.3.6**）。 ・遺言執行者がいる場合、相続人がした財産処分行為は絶対的無効（**最判S62.4.23**）。 改正点　新法1013条2項は、遺言者がいる場合に相続人がした財産処分行為であっても、善意の第三者に対抗することができないとした。	第三者に対抗するために、対抗要件は不要（**最判H14.6.10**）。 改正点　法定相続分を超える部分については、対抗要件を備えなければ、第三者に対抗することができない（新法899条の2第1項）として、遺贈の場合と平仄をあわせた。
登録免許税	同じ税率で課税される。	

【改正点経過措置】

区分			適用
新法899条の2（債権の承継にかかる通知）	通知日	（制度なし）	
		平成31年7月1日以降	新法適用あり
新法1012条	遺言執行者就任日	平成31年6月30日前	旧法又は制度なし
		平成31年7月1日以降	新法
新法902条の2、新法1046条、新法1013条	相続開始日	平成31年6月30日前	旧法
		平成31年7月1日以降	新法
新法1028条～新法1036条の遺贈	遺贈日	（制度なし）	
		平成32年4月1日以降	新法

286　遺言の実現が妨害される状態が出現したような場合には、遺言執行者が真正な登記名義の回復を求めることができるとされている（**最判H11.12.16**）。

第4章 遺言の執行

1. 遺言の検認・開封

検　認	・**公正証書遺言以外の遺言の保管者は、相続開始を知った後遅滞なく検認を家庭裁判所に請求しなければならない**（1004条1項、2項）。なお、検認に対し不服申立はできないとされている（福岡高決S38.4.24）。 ・家庭裁判所は、遺言書の検認手続期日を相続人に対して通知をしなければならない（家事規則115条）[287]。
開　封	**封印のある遺言書を開封する場合は、家庭裁判所において相続人又はその代理人の立会いが必要**（1004条3項）。一般的には、開封して直ちに検認が行われる。
管　轄	相続開始地の家庭裁判所（家事法209条1項）

（注）上記に反した場合、5万円以下の過料に処せられる（1005条）。なお検認や開封の有無は遺言の効力には影響しない。

2. 遺言執行の対象となる事項

(1) 遺言執行が必要な事項

　遺言執行の対象となる主な事項は以下のとおり。執行が必要な事項には遺言執行者のみが執行が可能なものと、相続人も執行が可能なものがある。遺言執行者のみが執行可能な事項が遺言で指定されているにもかかわらず、遺言で遺言執行者が指定されていなければ、遺言執行者を選任する必要がある。

分　類	事項（主なもののみ）
遺言執行者のみが執行可能な事項	相続人の廃除又はその取消し（893条、894条）[288]
	認知（781条2項、戸籍法64条）[289]
	一般社団法人の設立（一般社団法人及び一般財団法人に関する法律152条2項）
遺言執行者がいない場合は相続人による執行が可能な事項	遺贈（964条）[290]
	生命保険金受取人の変更（保険法44条）[291]
	祭祀主宰者の指定（897条1項ただし書）[292]
	信託の設定（信託法3条2号）

(2) 遺言執行が不要な場合

　遺言の内容が以下の場合、遺産の承継に関する執行業務は限定される。

287　従って、検認申立てには、相続人がわかるものを添付する必要がある。
288　遺言執行者は、家庭裁判所に相続人廃除又はその取消しを求める審判を申立てなければならない。具体的な執行業務の内容は、遺言執行者の実務204頁～209頁に詳しい。
289　具体的な執行業務の内容は、遺言執行者の実務202頁～204頁に詳しい。
290　具体的な執行業務の内容は、遺言執行者の実務194頁～201頁、212頁～215頁に詳しい。
291　具体的な執行業務の内容は、遺言執行者の実務230頁～233頁に詳しい。
292　具体的な執行業務の内容は、遺言執行者の実務233頁～235頁に詳しい。

場合分け	説　明
相続分の指定、割合的包括遺贈の場合	相続分の指定や割合的包括遺贈の場合、遺産分割協議に委ねられるため、遺産の管理権限（1012条）や登記手続を除き、原則として執行の余地はないと解される（参考裁判例：**東京家審S61.9.30**、**東京地判H13.6.26**）。 **改正点**　新法は、「遺言執行者がある場合には、遺贈の履行は、遺言執行者のみが行うことができる」（新法1012条2項）としていることから、割合的包括遺贈の場合の遺言執行者の執行について考え方が変更される可能性がある。
特定の財産を「相続させる」遺言の場合	・何らの行為を要せずして、被相続人の死亡の時に直ちに対象遺産は指定された相続人に承継されるため（**最判H3.4.19**）、原則として執行業務はない（**最判H7.1.24**）が、登記が被相続人名義から相続人以外の者に移転している場合は、職務が生じる（**最判H11.12.16**）。 ・預金の払戻しは執行が可能と解されるが、はっきりしない[293]。 **改正点**　新法1014条は「相続させる」遺言の遺言執行者の権限の範囲を明確にした。

【改正点経過措置】

区　分			適　用
新法1012条	遺言執行者就任日	平成31年6月30日前	旧法又は制度なし
		平成31年7月1日以降	新法
新法1014条2項〜4項	遺言日	（制度なし）	
		平成31年7月1日以降	新法

3. 遺言執行者による遺言執行

(1) 執行者の資格要件等

（ⅰ） 選任、資格要件等

選　任	遺言による場合（1006条）
	家庭裁判所による選任（1010条） なお、遺言書として有効か否か争いがある場合、一見して無効でない限り、家庭裁判所は遺言執行者を選任するのが相当であるとされている（**東京高決H9.3.17**、**東京高決H9.8.6**）。
資格要件	未成年者・破産者でないこと（1009条）
就　職	・遺言執行者に就職義務はないが、就職を承諾したときは、直ちにその任務を行わなければならない（1007条、1008条）。 ・遺言執行者は、やむを得ない事由又は遺言による許可がなければ、第三者にその任務を行わせることができない（1016条1項）。 **改正点**　新法は、遺言に別段の意思表示がない限り、遺言執行者は自己の責任で第三者にその任務を行わせることができるとした（新法1016条1項）。
共同遺言執行	・遺言執行者が複数の場合、任務の執行は過半数で決する。ただし、遺言に別段の意思を表示がある時は、その意思に従う（1017条1項）。 ・保存行為は単独で可能（1017条2項）。
解　任[294]	遺言執行者に任務懈怠があるなど正当な事由があるときは、利害関係人は、その解任を家庭裁判所に請求することができる（1019条1項）。裁判例は(6)参照
辞　任	遺言執行者は、正当な事由があるときは、家庭裁判所の許可を得て、辞任できる（1019条2項）。

（注）相続人全員（受遺者や相続分の譲受人を含む）の合意あれば、遺言と異なる遺産分割協議をすることも許されると考えられているが、遺言執行者がある場合も同様に考えられるかは問題となる。遺言執行者の同意がある場合（**東京地判S63.5.31**）や、遺言執行の余地がない場合（**東京高判H11.2.17**）は可能と解されるが、それ以外の場合は定説がないようである[295]。

---

[293] 遺言執行者の預金払戻し権限を否定する裁判例として**東京高判H15.4.23**がある。支払拒絶に対する不法行為の成立を否定するものとして、**東京地判H24.1.25**などがある。
[294] 解任事由については、執行トラブル215頁以下で詳細に検討がされている。
[295] 相続関係訴訟265頁。なお、執行トラブル309頁〜325頁において、実務的な対応が詳細に検討されている。

第3編　遺言作成及び執行の実務

改正点　新法は、遺言執行者は、遺言の内容を実現するため、相続財産の管理その他遺言の執行に必要な一切の行為をする権利義務を有すると下線部を追加した（新法1012条1項）。また、1015条の「遺言執行者は、相続人の代理人とみなす」は、「遺言執行者がその権限内において遺言執行者であることを示してした行為は、相続人に対して直接にその効力を生ずる」と改正をしている。このような改正が、遺言執行者がいるにもかかわらず、相続人、受遺者で遺言内容と異なる分割をした場合の効力に影響を与える可能性がある。

【改正点経過措置】

区　分		適　用
新法1012条	遺言執行者就任日　平成31年6月30日前	旧法又は制度なし
	平成31年7月1日以降	新法
新法1015条	相続開始日　平成31年6月30日前	旧法
	平成31年7月1日以降	新法
新法1016条	遺言日　平成31年6月30日前	旧法
	平成31年7月1日以降	新法

（ⅱ）　主な権利義務、執行費用、報酬

権利・義務	・執行者は相続財産の管理その他遺言の執行に必要な一切の行為をする権利義務を有する（1012条1項）。よって、遺贈にかかる権利の実現を求める被告適格を有するのは遺言執行者となる。（**最判S43.5.31**）。 ・具体的な職務の範囲は、**遺言によって決定される。** 　**改正点**　新法は、「遺言の内容を実現するため」遺言執行者は相続財産の管理その他遺言の執行に必要な一切の行為をする権利義務を有するとし、さらに、遺言執行者がいる場合には、遺贈の履行は遺言執行者のみが行うことができることを明確にした（新法1012条1項、2項）。 ・**善管注意義務を負う**（1012条2項、新法1012条3項、644条）。この点、実務上受遺者や受益相続人を遺言で遺言執行者に指定していることがあるが、問題があるという指摘がある[296]。
執行費用	・**執行費用は相続財産から支払われる**（1021条）。なお、遺言執行者の提起した訴訟が遺言無効を理由として却下された場合、訴訟費用は遺言執行者個人の負担になると解される（**長野地判S36.12.27**）。 ・**相続人に対して費用償還請求権を有する**（1012条2項、新法1012条3項、650条）。なお、各相続人に対して請求し得る額は、全相続財産のうち当該相続人が取得する相続財産の割合で比例按分した額であり、かつ、当該相続人が取得した相続財産の額を超えない部分に限ると解される（**東京地判S59.9.7**）。
報　酬	・遺言に定めがあれば、その金額 ・遺言書に定めがない場合、家庭裁判所の定めにより報酬を受け取ることができる（1018条、648条2項、3項）。

【改正点経過措置】

区　分		適　用
新法1012条	遺言執行者就任日　平成31年6月30日前	旧法又は制度なし
	平成31年7月1日以降	新法

（ⅲ）　相続人との関係

・遺言執行者は相続人の代理人とみなされ（1015条）、相続人との間では委任に関する規定が準用されるため（1012条2項、新法1012条3項）、善管注意義務（644条）や報告義務（645条）などを負う。相続人が求めた遺言執行状況などの報告を遺言執行者が拒否したことにつき損害賠償請求を認めたものとして**京都地判H19.1.24**がある。

　改正点　相続人の代理人とみなすという表現は、「遺言執行者がその権限内において遺言執行者であることを示してした行為は、相続人に対して直接にその効力を生ずる」と改められた（新法1015条）。これにより、相続人との関係に関する解釈が変更される可能性がある。さらに、遺言執行者は、任務開始後、遅滞なく、遺言の内容を相続人に通知しなければならないことが明文化された（新法1007条2項）。

---

[296] 執行トラブル40頁

第4章　遺言の執行

・遺言執行者がいる場合、相続人は相続財産に対する管理処分権を失い、相続財産の処分その他遺言の執行を妨げるべき行為をすることができない（1012条、1013条）。その結果、遺言で遺言執行者に指定された者がいる場合、相続人が無断で行った行為は、無効となる（**最判S62.4.23**、参考裁判例：**東京地判H9.8.20**、**名古屋高判S58.11.21**）[297]。なお、被相続人の債務者の相続人に対する弁済につき478条の適用が認められる余地はある（**最判S43.12.20**）。

> **改正点**　相続人が無断で行った行為が無効であることが明記されるとともに、善意の第三者に対抗できないとされた（新法1013条2項）。遺言執行者がいる場合、相続人がした財産処分行為を絶対的無効としていた判例（大判S5.6.16、最判S62.4.23）が変更された。

【改正点経過措置】

区　分		適　用
新法1007条2項、新法1012条	遺言執行者就任日 平成31年6月30日前	旧法又は制度なし
	平成31年7月1日以降	新法
新法1015条、新法1013条	相続開始日 平成31年6月30日前	旧法
	平成31年7月1日以降	新法

(2)　執行業務の全体像[298]

時系列	内　容
就　任	遺言執行者が就職を承諾したときは、直ちにその任務を行わなければならない（1007条）。
相続人への通知	就任したら各相続人へ通知をすべき（**東京地判H19.12.3**）[299]。 **改正点**　遺言執行者が、任務開始後遅滞なく、遺言の内容を相続人に通知する義務を負うことが明文化された（新法1007条2項）。
相続財産の目録作成	遅滞なく、相続財産の目録を作成して、相続人に交付しなければならない（1011条1項）[300]。
遺言の執行	遺言内容の実現
任務終了通知、結果報告	・相続人に対して任務終了の通知（1020条、655条） ・相続人に対して経緯及び結果の報告（1012条2項、新法1012条3項、645条）

【改正点経過措置】

区　分		適　用
新法1007条2項、新法1012条	遺言執行者就任日 平成31年6月30日前	旧法又は制度なし
	平成31年7月1日以降	新法

(3)　具体的な主な執行業務

具体的な執行業務は、遺言の内容によって異なる。概要は以下のとおり。なお、遺言書に記載されていない相続財産があった場合、遺言執行者の権限は及ばないため、別途相続人による遺産分割協議が必要となる。

297　これに対して、遺言執行者の選任が家庭裁判所にかかる場合は、選任がされるまでは相続人の処分行為は制限されない（遺言執行者の実務129頁）。
298　当然のことであるが、遺言執行者が職務上の義務を適切に履行しなかった場合は債務不履行又は不法行為に基づく損害賠償請求を受ける可能性があり、認められた裁判例も存在する。執行トラブル229頁以下に詳しい。
299　受遺者・相続人が未成年者の場合は法定相続人、成年被後見人の場合は成年後見人、行方不明の場合は不在者財産管理人へ通知をする（遺言執行者の実務184頁～185頁）。
300　相続人の請求があるときは、その立会いをもって相続財産の目録を作成し、又は公証人にこれを作成させなければならない（1011条2項）。

第3編　遺言作成及び執行の実務

(ⅰ) 特定遺贈、全部包括遺贈

分類	内容
不動産	判決による場合を除き、受遺者を登記権利者、遺言執行者を登記義務者とした共同申請による（**東京高決 S44.9.8**）。
動産	引渡し
指名債権	債権譲渡通知
有価証券	受遺者に名義変更手続を行う[301]。
相続預金	遺言執行者は預金払戻請求権を有すると解されるので（**さいたま地熊谷支判 H13.6.20**、**東京地判 H14.2.22**）、払戻しをして受遺者に現金で引き渡すか、預金名義を受遺者に変更する。
現金	受遺者に引き渡す。

(ⅱ) 「相続させる」遺言

分類	内容
不動産	原則として、執行業務はない（**最判 H7.1.24**）が、登記が被相続人名義から相続人以外の者に移転している場合は、職務が生じる（**最判 H11.12.16**）。 **改正点**　新法は、遺言で別段の意思表示がない限り、遺言執行者が対抗要件を備えるために必要な行為をすることができるとした（新法1014条2項、4項）。もっとも、受益相続人は単独で不動産の相続登記ができるとした判例（**最判 H7.1.24**）は変更されないものと思われる[302]。
指名債権・動産	遺贈と同様に、受益相続人に対抗要件を備えさせるなどの対応をすべきものと考えられている。 **改正点**　新法は、遺言で別段の意思表示がない限り、遺言執行者が対抗要件を備えるために必要な行為をすることができると明記した（新法1014条2項、4項）。
相続預金	可能と解されるが、はっきりしない[303]。少なくとも、預金払戻しは遺言執行者の義務ではない[304]。 **改正点**　新法は遺言執行者が、遺言で別段の意思表示がない限り、預金等の払戻しや解約の申入れをすることができるとした（解約の申入れは、預貯金債権の全部の遺言の目的である場合に限る）（新法1014条3項）。

【改正点経過措置】

区分		適用
新法1014条2項～4項	遺言日	（制度なし）
	平成31年7月1日以降	新法

(ⅲ) 共通事項

認知（781条2項、戸籍法64条）の届出
相続人の廃除・その取消し（893条、894条2項）につき、家庭裁判所への審判の申立て
一般社団法人の設立（一般社団法人及び一般財団法人に関する法律152条2項、155条）は、定款作成のうえ公証人の認証の受けるなど必要な事務をして、設立登記の申請をする。

(4) 訴訟追行

遺言執行者が対応すべき訴訟類型を整理すると概要以下のとおり。

改正点　新法1012条1項は、「遺言執行者の権利義務の範囲につき、<u>遺言の内容を実現するため、</u>相続財産の管理その他遺言の執行に必要な一切の行為をする権利義務を有する」と、下線部分を追記した。この点が、今後の遺言執

---

[301] 遺言で遺言執行者に換価処分権が付与されている場合は換価処分できるが、売却金額が上下することから換価の要否やタイミングにつき受遺者の了解を取るべきと考えられる（執行トラブル161頁）。

[302] 改正ポイント181頁、相続法制91頁。

[303] 遺言執行者の預金払戻し権限を否定する裁判例として**東京高判 H15.4.23**がある。支払拒絶に対する不法行為の成立を否定するものとして**東京地判 H24.1.25**などがある。

[304] 執行トラブル154頁。なお、銀行が受益相続人からの預金解約に応じない場合は、遺言執行者の職務権限が顕在化し、遺言執行者は、遺言の内容を実現するための義務を負うと解される（執行トラブル156頁）。

行者の当事者適格の解釈に影響を与える可能性がある。

分 類	対 応
遺言無効確認訴訟	・遺言執行者がいる場合、被告は遺言執行者（**最判 S31.9.18**）。 ・すでに受遺者に遺贈による所有権移転登記（所有権移転仮登記を含む）がされている場合は、相続人の抹消登記手続訴訟の被告は遺言執行者でなく受遺者（**最判 S51.7.19**）
受遺者からの遺贈義務の履行請求	・遺言執行者に被告適格が認められる（**最判 S43.5.31**）。 **改正点** 遺言執行者がある場合には、遺贈の履行は、遺言執行者のみが行えることが明文化された（新法1012条2項）。従来の取扱いに変更を加えるものではないと解される。 ・遺贈履行後に、移転登記の抹消手続等を求める場合は、遺言執行者でなく受遺者に被告適格が認められる（**最判 S51.7.19**）。
「相続させる」遺言の履行請求等	・原則として遺言執行者に当事者適格はない（**最判 H7.1.24**）。例えば、特定の相続人に相続させるものとされた不動産の賃借権確認請求訴訟の被告は、遺言書に当該不動産の管理及び相続人への引渡しを遺言執行者の職務とする旨の記載があるなどの特段の事情のない限り[305]、遺言執行者ではなく、受益相続人（**最判 H10.2.27**、**広島高判 H19.9.27**、**東京地判 H15.11.12** など） ・ただし、遺言に反した相続登記がされた場合は、遺言執行者は抹消登記手続及び、遺言により相続した相続人への真正な登記名義の回復を原因とする移転登記請求が可能（**最判 H11.12.16**）。
相続債務被請求	遺言執行者に相続債務被請求の当事者適格を認める裁判例もあるが（**東京高判 H15.9.24**）、やや疑問である（私見）。

【改正点経過措置】

区 分		適 用
新法1012条	遺言執行者就任日 平成31年6月30日前	旧法又は制度なし
	平成31年7月1日以降	新法

(5) 遺言執行と遺留分との関係[306]

　遺言執行者は、多くの場合、受遺者、受益相続人やそれに近い者が指定されており、遺留分権利者の関与を嫌がる傾向にある。しかしながら、遺言執行者は相続人の代理人とみなされ（1015条）、相続人との間では委任に関する規定が準用され（1012条2項、新法1012条3項、1020条）、善管注意義務（644条）や報告義務（645条）などを負うのであり、それは遺留分権利者に対しても同様である。そこで、遺言執行者が遺留分減殺請求を受けた場合、生前贈与などの確認を待たなければ遺留分減殺請求が可能か否かが判明しないとしても、遺言執行者が知りうる範囲で遺留分請求が妥当なものと判断されるのであれば、遺留分権者の権利に配慮して職務を遂行すべきであり、事案によっては、遺言執行を停止又は留保すべきと考えられる（例えば、**東京高決 H19.10.23** は「遺留分の減殺請求が適法にされた以上、その権利は当然に保護されるべきものであるから、遺言執行者としても、遺留分権利者の権利に配慮してその職務を遂行しなければならない」と判示する。）。

　ただし、遺言執行者は生前贈与に関する調査権などを有しないことから、遺留分侵害額を算出することはできないし、そのような義務もない。そこで、現実的には、受遺者、受益相続人及び遺留分権利者の了解を取り、遺言執行完了後に受遺者や受益相続人を相手として遺留分減殺請求を行使するように調整し、遺言執行をひとまず完了させるのが妥当であると考えられる[307]。

　なお、不動産を単独相続した相続人が法定共同相続登記を単独相続登記に更正登記手続することを求めたのに対し、遺留分権利者が遺留分減殺請求権の行使を抗弁として主張することはできないとする裁判例があり（**東京高判 H16.9.7**）、遺留分減殺請求があっても不動産については遺言

---

305 「相続させる」遺言でも、遺言において権利移転のための手続が遺言執行者の事務として明示されている場合があり、その場合は、遺言執行者に訴訟の当事者適格が認められる余地がある（執行トラブル107頁）。
306 執行トラブル297頁～308頁で詳細に検討がされている。
307 執行トラブル6頁～9頁、15頁以下に詳しい。

書通りに所有権移転登記をするべきと解される[308]。

改正点 新法は、1015条の「遺言執行者は、相続人の代理人とみなす」という定めを、「遺言執行者がその権限内において遺言執行者であることを示してした行為は、相続人に対して直接にその効力を生ずる」に改正した。また、新法は、遺言執行者の権利義務につき「遺言執行者は、<u>遺言の内容を実現するため、相続財産の管理その他遺言の執行に必要な一切の行為をする権利義務を有する</u>」（新法1012条1項、下線部追加）とした。さらに、遺留分の法的性格を、物権的な効果から債権的な効果に変更している（新法1046条）ことから、遺留分について遺言執行とは関係なく遺留分侵害者と遺留分権利者との間で金銭的に解決することが容易になったものといえる。これらの改正が、遺言執行と遺留分との関係に影響を及ぼす可能性があり、今後の動向に注意が必要。

【改正点経過措置】

区　分			適　用
新法1015条、遺留分減殺請求	相続開始日	平成31年6月30日前	旧法
		平成31年7月1日以降	新法

(6) 遺言執行者の解任に関する主な裁判例

遺言執行者に任務懈怠があるなど正当な事由があるときは、利害関係人は、その解任を家庭裁判所に請求することができる（1019条1項）。解任を認めた裁判例としては以下のようなものがある。

裁判例	要　旨
名古屋高決 S32.6.1	相続人の意思に迎合し、受遺者の利益を無視して、受遺者不知の間に遺産を不当に廉価で処分し、遺言者の意思の実現を阻止したとして解任を認めた。
東京高決 S44.3.3	遺言執行者として職務上の過誤を指摘されることがなくても、遺言執行者が遺言書どおりの遺産分割を望んでいる相続人の一部の者と特段に緊密な関係にあり、相続人全員の信頼を得られないのが明瞭なことが解任の正当事由にあたるとした。
東京高決 S60.3.15	遺言執行の対象となるべき事項は存在しなくなり、本来は遺言執行者は任務終了により事実上その地位を失っているにもかかわらず、遺言執行者がその地位を保有すると主張して訴訟を提起している場合、遺言執行者解任の審判ができるとした。
大阪高決 H17.11.9	遺言執行者に、相続財産目録作成義務、遺言執行の事務処理内容の報告義務について任務懈怠があり、相続人に対し遺言執行者としての公平性及び信頼性に疑問を懐かせる事実があり、さらに健康状態などから、解任が相当であるとした。
東京高決 H19.10.23	遺言執行者には、相続人に預貯金等の相続財産の管理方法や管理状況を報告しなかった任務懈怠があり、また、相続人が遺留分減殺請求を行使したことを認識しながら、無断で受益相続人のために預貯金等の払戻し等を行うなど、遺言執行者としての職務遂行の適正性、公平性を欠く行為があり、解任につき正当な事由があるとした。
東京高決 H23.9.8	遺言により遺言者が代表者であった甲会社の約6割の株式についての分割方法の指定を委託されていた遺言執行者（弁護士）が、甲社の代表取締役である相続人Xに、自らの子を著しく高額の給与で雇用させたことは遺言執行者がその地位を利用して自己の利益を図るものであり、かつ、Xに甲社の経営を円満に引き継ぐことを希望する旨の遺言者の意思にも反するものであり、遺言執行者を解任すべき正当な事由があるとは認められないとした原審の判断には、違法があるとした。

308　そのうえで、遺留分減殺を原因とする持分移転登記をすることになる（執行トラブル20頁）。

第5章 遺言をめぐる主な紛争

1. 遺言の効力をめぐる紛争

(1) 遺言が無効となる主な場合

分類		備考
形式要件の欠缺	遺言の方式違反	→第2章(114頁)参照
	共同遺言(975条)	→第2章1(3)(114頁)参照
	証人、立合人の欠格(974条)	→第2章3(2)(119頁)参照
実質要件の欠缺	遺言能力の欠缺(注)	15歳未満(961条)である場合や意思能力に欠ける場合→第1章(111頁)参照
	公序良俗違反	愛人に対する遺贈を含む遺言が公序良俗に反し無効とはいえないとした事例がある(**最判** S61.11.20)。
その他	被後見人が、後見の計算の終了前に、後見人又はその配偶者若しくは直系卑属の利益となるべき遺言をしたとき(966条1項)	直系血族、配偶者又は兄弟姉妹が後見人である場合には、左記の適用はない(966条2項)

(注) 遺言は一般的に高齢になってから書かれることから、意思能力をめぐって争いになることが多い。対応策としては、①公正証書遺言にすること[309]、②作成時の医師の診断書を取得しておくこと、③遺言作成時の状況を記録に残しておくことなどが考えられる[310]。なお、遺言能力が否定された公正証書遺言の作成に関与していた信託銀行の不法行為責任が問われた事案で、控訴審(**東京高判 H25.9.25**)では信託銀行の責任は否定されたものの、一審では責任が一部認められており留意が必要である。

(2) 遺言無効の争い方

遺言無効確認の調停		家庭裁判所に家事調停の申立てをする。なお、調停前置主義が適用される(家事法257条、244条)。
遺言無効確認の訴え	相手方	・遺言の効力について法律上の利害関係を有する者に当事者適格がある[311]。 ・遺言執行者がいる場合は遺言執行者(**最判** S31.9.18)。なお、すでに受遺者に遺贈による所有権移転登記(所有権移転仮登記を含む)がされている場合は、相続人の抹消登記手続訴訟の被告は遺言執行者でなく受遺者(**最判** S51.7.19)。 ・原則として固有必要的共同訴訟ではない(**最判** S56.9.11)。
	訴えの利益	・現在の特定の法律関係の効力を解決できる場合には訴えの利益がある(**最判 S47.2.15**)。なお一部無効確認は訴えの利益がないと解される(**東京地判 H2.12.12**)。 ・遺言者が生きている場合、訴えの利益が否定される(**最判 S31.10.4**、**最判 H11.6.11**)。 ・特別縁故を主張する者の訴えの利益は否定される(**最判 H6.10.13**)。

(3) 無効遺言につき死因贈与契約と認められる場合

遺言として無効とされた場合、死因贈与契約との主張がなされ、認められた裁判例として以下のようなものがある。なお、死因贈与については遺贈に関する規定が準用される(554条)ことから、遺贈の執行に関する規定である1010条を準用して、選任自体が不相当であるとか、必要

---

[309] 公正証書遺言は、公証人が関与することから意思能力が否定される可能性は低くなると考えられるが、公正証書遺言でも意思能力が否定された事案があるので留意が必要である。
[310] 詳細は事業承継の法律実務203頁～204頁に詳しい。
[311] 相続ガイドブック159頁

性がないことが明らかであるなどの事情のない限り、死因贈与の執行のために執行者を選任することができるものと解されている（**水戸家審 S53.12.22、広島家審 S62.3.28、東京高決 H9.3.17**）。

遺言の種類	裁判例	
自筆証書遺言	水戸家審 S53.12.22	押印を欠く自筆証書遺言につき、「遺言書なる書面の内容自体から判断すれば、……死因贈与の申込みと解され、……死因贈与の申込みに対し当時これを申立人において受諾したことが一応認められるから、右死因贈与契約は当時成立したものということができる。」として、遺言執行者選任申立事件において、死因贈与契約の執行者を選任した。
	東京地判 S56.8.3	自筆証書遺言としては要式を欠くため無効としつつ、被相続人が「自分が死亡した場合には自分の財産の二分の一をXに贈与する意思を表示したものであり、Xはこの申し出を受け入れたものであると認めるのが相当である」とした。
公正証書遺言	東京高判 S60.6.26	証人2名の立会いを欠いた瑕疵により公正証書遺言としての効力は有しない書面につき、死因贈与について作成されたものと認めることができ、550条所定の書面としての効力は否定できないとした。

（補足）死因贈与契約としても認めなかった裁判例として、**仙台地判 H4.3.26** などがある。

2. 遺言の内容（遺言の解釈）に関する紛争

　遺言の内容に関する裁判例は、個別的な事案が多いため、ここでは解釈基準となりえる最高裁判例のみを紹介する。**紛争を回避するためには、内容に疑義が生じないように明確に定めておくことが重要となる。**

最判 S58.3.18	「遺言の解釈にあたっては、遺言書の文言を形式的に判断するだけではなく、遺言者の真意を探究すべきものであり、遺言書が多数の条項からなる場合にそのうちの特定の条項を解釈するにあたっても、単に遺言書の中から当該条項のみを他から切り離して抽出しその文言を形式的に解釈するだけでは十分ではなく、<u>遺言書の全記載との関連、遺言書作成当時の事情及び遺言者の置かれていた状況などを考慮して遺言者の真意を探究し当該条項の趣旨を確定すべきものであると解するのが相当である。</u>」
最判 H5.1.19	第一遺言で遺言執行者としてXを指定したうえで、第二遺言で、「全部を公共に寄與する。」とした遺言につき、「<u>遺言の解釈に当たっては、遺言書に表明されている遺言者の意思を尊重して合理的にその趣旨を解釈すべきであるが、可能な限りこれを有効となるように解釈することが右意思に沿うゆえんであり、</u>……あえて遺産を『公共に寄與する』として、遺産の帰属すべき主体を明示することなく、遺産が公共のために利用されるべき旨の文言を用いていることからすると、<u>本件遺言は、右目的を達成することのできる団体等……にその遺産の全部を包括遺贈する趣旨であると解するのが相当である。</u>……本件においては、遺産の利用目的が公益目的に限定されている上、被選定者の範囲も前記の団体等に限定され、そのいずれが受遺者として選定されても遺言者の意思と離れることはなく、したがって、選定者における選定権濫用の危険も認められないのであるから、<u>本件遺言は、その効力を否定するいわれはないものというべきである。</u>」として第二遺言を有効とした。
最判 H13.3.13	「遺言者A所有の不動産である東京都……をXに遺贈する」とする遺言の「不動産」が、土地建物を指すか建物だけを指すかが争点となった。本判決は、「<u>遺言の意思解釈に当たっては、遺言書の記載に照らし、遺言者の真意を合理的に探究すべきところ</u>、本件遺言書には遺贈の目的について単に『不動産』と記載されているだけであって、本件土地を遺贈の目的から明示的に排除した記載とはなっていない。……そうすると、本件遺言書の記載は、……本件土地及び本件建物を一体として、その各共有持分をXに遺贈する旨の意思を表示していたものと解するのが相当であり、これを本件建物の共有持分のみの遺贈と限定して解するのは当を得ない。原審は、……<u>本件遺言書作成当時の事情を判示し、これを遺言の意思解釈の根拠としているが、以上に説示したように遺言書の記載自体から遺言者の意思が合理的に解釈し得る本件においては、遺言書に表われていない……事情をもって、遺言の意思解釈の根拠とすることは許されないといわなければならない。</u>」とした。

最判 H17.7.22	被相続人Aは、兄Cの子Yを嫡出子として出生の届出をし、戸籍にYはAの長男として記載されていた。Aは「遺言者は法的に定められたる相續人を以って相續を與へる。」と記載した遺言を遺していたことから、Aの兄弟の子らXらがYに対し、Aの相続財産について各法定相続分の割合による持分を有することの確認等を求めて提訴した。第1審、控訴審ともXらの請求を概ね認めたため、Yが上告したところ以下のように判示して破棄差戻とした。 　本判決は「遺言を解釈するに当たっては、遺言書の文言を形式的に判断するだけでなく、遺言者の真意を探究すべきであり、遺言書が複数の条項から成る場合に、そのうちの特定の条項を解釈するに当たっても、単に遺言書の中から当該条項のみを他から切り離して抽出し、その文言を形式的に解釈するだけでは十分でなく、遺言書の全記載との関連、遺言書作成当時の事情及び遺言者の置かれていた状況などを考慮して、遺言者の真意を探究し、当該条項の趣旨を確定すべきである……。Aは、……YをA夫婦の実子として養育する意図で、YにつきA夫婦の嫡出子として出生の届出をしたこと、……Yは、A夫婦に引き取られた後Aが死亡するまでの約39年間、A夫婦とは実の親子と同様の生活をしていたことがうかがわれる。そして、Aが死亡するまで、本件遺言書が作成されたころも含め、AとYとの間の上記生活状態に変化が生じたことはうかがわれない。以上の諸点に加えて、本件遺言書が作成された当時、Yは、戸籍上、Aの唯一の相続人であったことにかんがみると、法律の専門家でなかったAとしては、同人の相続人はYのみであるとの認識で、Aの遺産のうち本件遺言書1項から3項までに記載のもの以外はすべてYに取得させるとの意図の下に本件遺言書を作成したものであり、同4項の『法的に定められたる相續人』はYを指し、『相續を與へる』は客観的には遺贈の趣旨と解する余地が十分にあるというべきである。」とした。

第4編 相続税・贈与税の実務（概要）

相続の対応を行う際に、相続税及び贈与税の知識は不可欠なものであることから、相続税及び贈与税につき、概要だけであるが説明を行う。相続税、贈与税の財産評価は、実務上、財産評価基本通達によっているところであるが、少々細かい内容でもあることから、本書では財産の評価については原則として取り上げていない。なお、税法は改正が多いところであり、常に改正に注意が必要である。

第1章 相続税

1. 相続税の概要（計算の概要）／相続法改正の影響

(1) まとめ

項　目	概　要		
課税原因	相続、遺贈、死因贈与		
A. 基礎財産額の計算	A	積極財産[312] －承継債務[313] －葬儀費用[314]（2 参照）	
B. 課税財産額の計算	A －基礎控除額	基礎控除額は 3000 万円 +600 万円×法定相続人の数で計算される（注）。なお、課税価格の合計額が、基礎控除額に満たない場合は、原則として申告をする必要はない[315]。	
C. 相続税額総額の計算		各相続人が法定相続分で相続したものとして各人の税額を計算して、これを合計する。	
D. 各人の相続税按分	C を按分	各人が実際に相続した割合（承継した債務及び葬儀費用の負担額を差し引く）で税額を按分する。上記のとおり、遺贈や死因贈与によって相続財産を取得した者にも、贈与税でなく相続税が課税される（相法 17 条）。**改正点** 新法は配偶者居住権を新設しており、配偶者は配偶者居住権を取得することが可能となった（新法 1028 条以下）。配偶者居住権にかかる相続税法上の評価方法は未定であり、今後の税制改正を注視する必要がある。配偶者居住権の詳細は、42 頁参照のこと。	
E. 各人の相続税額の計算	D に控除等を行う → 2(4)参照	配偶者	法定相続分相当額と 1 億 6000 万円に対応する税額のいずれか大きい方を控除する（相法 19 条の 2）。
		配偶者、親、子以外	2 割増額（相法 18 条）[316]

312　積極財産には、生命保険金等のみなし相続財産なども含まれる。詳細は 2 (1)参照。
313　相法 11 条の 2 第 1 項、2 項。被相続人が納めなければならなかった税金で未納のものも含まれる。
314　相法 13 条 1 項。寺院・葬儀社・タクシー会社などへの支払など。墓地、墓碑などの購入費用、香典返しの費用は含まれない。
315　あくまでも基礎控除額に満たない場合だけであって、小規模宅地等の特例や、配偶者の税額軽減の特例などを利用した結果相続税を支払う必要がない場合は、申告が必要。
316　相続放棄、相続欠格により相続権を失った場合でも、1 親等の血族に限り、遺贈等により取得した財産にかかる相続税につき 2 割加算はない（相基通 18-1）。当該被相続人の直系卑属が相続開始以前に死亡し、又は相続権を失ったため、代襲して相続人となった当該被相続人の直系卑属を含む（相法 18 条 1 項括弧書）。また、被相続人の直系卑属（代襲相続人を除く）が当該被相続人の養子となっている場合を含まない（相法 18 条 2 項）。一方で、代襲相続人たる孫が相続放棄をした場合で、遺贈等により取得した財産にかかる相続税は 2 割加算される（国税庁ホームページ　相続税・贈与税　質疑応答集）。

		全員	死亡前3年以内に受けた贈与に対する贈与税、相続時精算課税を適用して納めていた贈与税を控除する（相法19条1項、21条の15第3項、21条の16第4項）
		その他	その他にいくつか税額控除がある（相法19条の2～20条の2他）。

（注）　法定相続人の数は、相続税法上は以下の計算式で算定する。

相続放棄した者	相続放棄していない者として数に含める。
養子[317]（相法15条2項）	被相続人に実子がいる場合　　1名まで数に含める。
	被相続人に実子がいない場合　2名まで数に含める。

(2)　相続税における、遺産分割方法の留意点

分　類	税務上の取扱い（要旨）		
現物分割	各相続人、受遺者が遺産分割により取得した財産の相続税評価額の割合に従って相続税を負担する。 **改正点**　新法は配偶者居住権を新設しており、配偶者は配偶者居住権を取得することが可能となった（新法1028条以下）。配偶者居住権に係る相続税法上の評価方法は未定であり、今後の税制改正を注視する必要がある。配偶者居住権の詳細は、41頁参照のこと。		
代償分割[318]	課税価格（注1）	代償財産を交付した者	相続又は遺贈により取得した現物の財産の価額から交付した代償財産の価額を控除した金額を相続税の課税価格とする。
		代償財産の交付を受けた者	相続又は遺贈により取得した現物の財産の価額と交付を受けた代償財産の価額の合計額を相続税の課税価格とする。
	留意点	・代償財産として交付する財産が金銭以外の相続人固有の財産の場合には、交付した者は、その履行の時における時価によりその資産を譲渡したことになり、譲渡所得税が課税される。一方、代償財産として当該財産を取得した者は、その履行があった時の時価により、その資産を取得したことになる[319]。 ・取得した遺産の額を超える代償金を支払った場合、贈与として扱われる（**東京地判H11.2.25**）。	
換価分割	売却金額が取得費を上回った場合、譲渡所得が発生する（**東京高判H4.7.27**、次頁に要旨を掲載）。換価分割の場合は、譲渡所得が問題となる場合が多いので注意が必要[320]。		

（注1）　代償金の金額は取引価格で算定されることが多いため、相続税評価額と取引価額がずれた場合、代償金をそのまま課税価格の計算に利用することは妥当でないことがある。そこで、代償分割の対象となった財産が特定され、かつ、代償債務の額がその財産の代償分割の時における通常の取引価額を基として決定されている場合の代償金を受け取った相続人の課税価格は、その代償債務の額に、代償分割の対象となった財産の相続開始の時における相続税評価額が代償分割の対象となった財産の代償分割の時において通常取引されると認められる価額に占める割合を掛けて求めた価額とされている。

（注2）　相続人に国税の滞納者がいる場合、滞納者である相続人にその相続分に満たない財産を取得させ、他の相続人にその相続分を超える財産を取得させる内容の遺産分割協議をすると、国税徴収法39条（無償又は著しい低額の譲受人等の第二次納税義務）により、他の相続人に当該滞納の第二次納税義務が発生する可能性がある（**最判H21.12.10**）。

317　以下の者は、実子として扱われる（相法15条3項、相令3条の2）。
　　・特別養子縁組により養子となった者
　　・被相続人の配偶者の実子で被相続人の養子となった者
　　・被相続人の実子若しくは養子又はその直系卑属が相続開始前に死亡し、又は相続権を失ったためその者に代わり相続人になったその者の直系卑属（被相続人の孫、曽孫など）
318　相基通11の2-9、11の2-10
319　代償財産について譲渡益課税や、不動産取得税などが発生する可能性もある（所基通33-1の5）。
320　国税庁ホームページに質疑応答事例などもある。

東京高判 H4.7.27	遺産分割協議が代償分割か換価分割か争われた事例

税務訴訟資料192号172頁

被相続人Aの相続人X及び甲らは、遺産に含まれる借地権につき、借地権売却手続と遺産分割協議を平行して進め、甲が当該不動産を取得して、Xは代償金を取得する内容の代償分割としての遺産分割協議書を作成したうえで、遺産分割協議成立の2日後に借地権をBに売却する譲渡契約が締結された。Xが譲渡所得税を申告しなかったところ、Y税務署長が換価分割であるとして譲渡所得税の決定処分等を行ったため、Xが代償分割であるとして、取消を求めて提訴した。1審が請求を棄却したため、Xが控訴したが、本判決も「代償分割は、特定の相続財産を複数の相続人に分割することによりもたらされる価値の激減を避けるために特定相続人が相続する場合、あるいは、特定の相続財産について特定の相続人が排他的に利用する便を図る必要があるために当該相続人が相続する場合等において、特定相続人が債務（代償金支払債務）を他の相続人に対して負担することにより行われるものである。……本件借地権については、本件分割協議が成立した時、既にBを買主として売却の合意が事実上成立していたものとみられ、Bから譲渡人は単独名義にするよう要望があったので、形式上甲が単独相続したことにし、その代金から必要経費等を差し引いた額を代償金の名目で各相続人に分配することにしたこと、Xに支払われた……円は右の売却代金額に基づいて決定され、分割協議書作成と同時にXに支払われていることを考え合わせると、本件分割協議は、分割協議書の文言にかかわらず、既に売却が決定していた本件借地権の代価を分割する趣旨でなされた実質上換価分割であるとするのが相当である。」として控訴を棄却した。

(3) 遺留分減殺請求と相続税

相続税申告期限内に遺留分減殺請求につき決着がつけば、各人が相続した相続財産の相続税評価額の割合に従って、相続税を申告し負担すればよいが、そうでない場合は、以下のように対応することになる。相続税申告後に遺留分減殺請求を受けた場合も同様。

手続中	受遺者、受益相続人による申告	減殺請求がないものとして、課税価格を計算して申告及び納税を行う（相基通11の2-4）。
確定後	遺留分減殺請求を行った側（遺留分権利者）	相続税申告をしていない場合は、期限後申告（相法30条1項） 相続税申告をしていた場合は、修正申告（相法31条1項） 適切に修正申告をしないと更正を受けることになる（相法35条3項）。
	遺留分減殺請求を受けた側（受遺者）	遺留分減殺請求に応じて弁償をしたことにより相続税が過大になった場合、遺留分による減殺の請求に基づき返還すべき、又は弁償すべき額が確定したことを知った日の翌日から4か月以内に、減額の更正の請求を行う（相法32条1項3号）。

改正点 遺留分の法的性格等の変更（新法1046条）が相続税法上の取扱いに与える影響はほとんどないと考えられるが、不明確な部分もあるため今後の税制改正を注視する必要がある。

一方で、新法は、旧法下における代償分割ないしは価格弁償と同様の方法を一般化したものであるから、新法においては、譲渡所得税が問題となりえる場面が増える可能性が高い。この点についても、今後の税制改正を注視する必要がある。

(4) 寄与分（904条の2第1項）、特別の寄与制度（新法1050条）の税務上の取扱い

寄与分（904条の2第1項）	寄与分制度により取得した財産にも相続税が課税されると解される（**東京地判H14.1.22**）。
特別の寄与制度（新法1050条）	**改正点** 特別の寄与制度の税務上の取扱いは明確でない。 請求者、被請求者、いずれの側の税務についてもはっきりしない。税法上の手当てがされるものと考えられるため、今後の税制改正を注視する必要がある。

(5) 相続放棄と相続税

相続放棄をしても、被相続人からの遺贈を受けた場合や、生命保険金等のみなし相続財産を取

得した場合、さらには相続時精算課税の適用を受けていた場合には相続税の納税義務者となる。この場合、生命保険金等の非課税（相法12条1項5号）、死亡退職金の非課税（相法12条1項6号）、債務控除（相法13条）、相次相続控除（相法20条）は適用されない。

(6) 遺産分割のやり直しと更正の請求

遺産分割をやり直した場合に、更正の請求が可能か否かで争われることがある。更正の請求を認めなかった裁判例として**大阪地判H26.2.20**、認めた裁判例として**東京地判H21.2.27**がある。

2. 基礎財産額の計算

(1) 対象となる積極財産

(ⅰ) 被相続人が相続時点で所有していた資産

金銭に見積もることができるものは、一部の例外を除きすべて含まれる。無記名債券、相続人名義の株式や預金などが、相続財産に含まれるか否かで争われることが多い[321]。潜在的な債権としては、所得税還付金が相続財産に含まれるとした判例がある（**最判H22.10.15**）。なお、本書では財産評価については触れないが、実務的には特に不動産の評価が重要になる[322]。

主な例外としては以下のようなものがあり、相続財産から控除される（相法12、措法70、相令附則4、平20改正法附則88、平20改正措令附則57）。

墓所、霊びょう及び祭具並びにこれらに準ずるもの。なお、弁財天及び稲荷を祀った各祠の敷地部分が「準ずるもの」にあたるとした裁判例がある（**東京地判H24.6.21**）。
宗教、慈善、学術、その他公益を目的とする事業を行う一定の個人などが相続や遺贈によって取得した財産で公益を目的とする事業に使われることが確実なもの
相続や遺贈によって取得した財産で相続税の申告期限までに国又は地方公共団体や公益を目的とする事業を行う特定の法人に寄附した場合[323]
相続や遺贈によってもらった金銭で、相続税の申告期限までに特定の公益信託の信託財産とするために支出したもの

(ⅱ) 主なみなし相続財産（相法3条、12条）

民法上の相続財産ではないが、相続税法上は相続財産とみなされ、相続税の課税がされる主なものとして、以下のものがある。なお、みなし相続財産は、民法上は相続財産でないことから、相続放棄をしても受領することが可能。この場合、相続放棄をしても、相続税法の納付義務は負うことになるが、相続人であることを前提とする非課税枠の適用はない。

分類		内容
生命保険金	みなし相続財産の金額	被相続人の死亡に伴い支払われる生命保険金、損害保険金等のうち、被相続人が負担した保険料や掛金に対応する保険金額[324]
	非課税枠	500万円×法定相続人の数

---

[321] 比較的最近の裁判例として、**大阪地判H23.12.16**、**東京高判H21.4.16**、**大阪地判H21.1.30**、**静岡地判H17.3.30**、**東京地判H30.4.24**などがある。なお、相続人が相続財産に含まれることを知りながら仮装隠ぺいして相続税の申告をした場合は、重加算税が課される（国通法68条）。仮装隠ぺいの意義にかかる裁判例としては**東京地判H30.1.19**、**京都地判H4.3.23**、**名古屋地判S55.10.13**などがある。

[322] 特に重要なのは小規模宅地の特例（措法69条の4、措令40条の2）。

[323] 争われたものとして、**大阪高判H13.11.1**などがある。

[324] 受取人が保険料を負担していた場合は所得税が、被相続人でも受取人でもない者が保険料を負担していた場合は、みなし贈与税の問題となる。

		なお、年金形式により受け取る権利を相続により承継した場合、当該年金受給権の現在価値が相続税の課税対象になり、年金を受給する段階では所得税は課税されないと考えられる（参考判例：**最判 H22.7.6**）。
死亡退職金	みなし相続財産の金額	被相続人の死亡に伴い支払われる退職金等[325]
	非課税枠	500万円×法定相続人の数
	相続財産とみなされるためには、相続開始時に、少なくとも退職金が支給されることが、退職手当金支給規定その他明示又は黙示の契約等により当然に予定され、かつ相続税として課税可能な期間内に支給額が確定しなくてはならないとする判例がある（**最判 S47.12.26**）[326]。	
会社から相続人に支払われる弔慰金	業務上死亡の場合は最終報酬月額×36か月、業務外死亡の場合は最終報酬月額×6か月は非課税	
生命保険契約の権利	被相続人が保険料を負担していた、被相続人以外を被保険者とする生命保険契約の相続開始時の解約返戻金相当額がみなし相続財産の金額	

（ⅲ）　生前贈与のうち、相続税が課税されるもの

分　類	内　容
相続時精算課税を適用して取得した贈与財産（相法21条の15、21条の16）	相続時精算課税を適用して、被相続人から取得した贈与財産（贈与時の価額）
暦年課税を適用した贈与財産のうち、相続開始前3年以内のもの（相法19条1項）	暦年課税により、被相続人から取得した贈与財産のうち、相続開始前3年以内に贈与を受けた財産（贈与時の価額）[327]（参考裁判例：**東京高判 H14.9.18**）

(2)　積極財産から控除できるもの（相法13条、14条）

債　務	・被相続人死亡時の債務で、確実と認められるもの ・被相続人に対する所得税なども対象となる。 ・連帯債務については、原則として負担すべき金額が明らかになっている部分に限られると解される[328]。 ・保証債務は、債務者及び他の共同保証人に対して求償権を行使したり債権者に代位して物上担保権を行使してもなお債権の回収を受ける見込みのないことが明確になっていなければならないと解される（**大阪高判 H15.7.1**、**東京高判 H16.3.16**、次頁に要旨を掲載）[329]。 ・なお、相続税の非課税財産（例えば、お墓）の取得、維持又は管理のために生じた債務は控除できない[330]。
葬儀費用	相基通13-4、5

325　功労金や、年金等の形で受け取るものも含まれる。また、その支給額が被相続人の生前に確定しなかったもので、その死亡後3年以内に確定したものは、みなし相続財産に該当する扱いとなっている（相基通3-31）。

326　相続発生後5年程度が経過した時点で、被相続人に対する退職金を支給したことにつき、相続税が課税されるか、相続人に対する所得税が課税されるかが争われた事案

327　贈与税の配偶者特例（被相続人との婚姻期間が20年以上である配偶者に対して、居住用不動産又は金銭で2000万円までの贈与）を利用して贈与した財産（相法19条2項）や、教育資金管理契約に基づく贈与（措令40条の4の3第18項）などの贈与は含まれない。

328　他の連帯債務者が無資力である場合の債務控除算入額は、保証債務に準じて判断されるものと解する（私見）。

329　相基通14-3は「保証債務については、控除しないこと。ただし、主たる債務者が弁済不能の状態にあるため、保証債務者がその債務を履行しなければならない場合で、かつ、主たる債務者に求償して返還を受ける見込みがない場合には、主たる債務者が弁済不能の部分の金額は、当該保証債務者の債務として控除すること。」としている。

330　相続ガイドライン203頁

裁判例	連帯保証債務の債務控除が認められる要件に関する判示部分
大阪高判 H15.7.1	連帯保証債務は、それが履行された場合でも、その履行による負担は、法律上は主たる債務者に対する求償権の行使によって補填されて解消する関係にあり、このような観点からみると、被相続人が連帯保証債務を負っているというだけでは、原則として法14条1項の「確実と認められる」債務を負っているということに直ちになるものではなく、相続開始の現況において、主たる債務者が資力を喪失して弁済不能の状態にあるため、主たる債務者に求償しても返還を受ける見込みがない場合にはじめて、「確実と認められる」債務であるとして債務控除の対象になるというべきであり、このような解釈基準は、結局のところ、評価基本通達205にいうところの「その他その回収が不可能又は著しく困難であると見込まれるとき」という基準とほとんど同様のものというべきである。
東京高判 H16.3.16	相続の開始時点を基準として、その履行すべき保証債務について主たる債務者及び他の共同保証人に対して求償権を行使したり債権者に代位して物上担保権を行使してもなお債権の回収を受ける見込みのないことが明確になっていなければならず、具体的には、主たる債務者及び他の共同保証人が破産、和議、会社更生あるいは強制執行等の手続開始を受け、又は事業閉鎖、行方不明、刑の執行等によって債務超過の状態が相当期間継続しながら、他からの融資を受ける見込みもなく、再起の目途が立たないとか、債権者に代位して物上担保権を行使しても優先債権者が存在するため担保価値が乏しいとかなどの事情によって事実上債権の全部又は一部の回収ができない状況にあることが客観的に認められるか否かで決せられるべきである。

(3) 相続税の税率表（27年1月1日以後の場合）[331]

法定相続分に応ずる取得金額	税率	控除額
1,000万円以下	10%	―
3,000万円以下	15%	50万円
5,000万円以下	20%	200万円
1億円以下	30%	700万円
2億円以下	40%	1,700万円
3億円以下	45%	2,700万円
6億円以下	50%	4,200万円
6億円超	55%	7,200万円

(4) 主な税額控除

相続税の主な税額控除や特例として以下のものがある。

分類		内容
二重課税回避のための控除	贈与税額控除	相続税の基礎財産額に算入した財産に対応する贈与税（＝死亡前3年以内に受けた贈与に対する贈与税、相続時精算課税を適用して納めていた贈与税）（相法19条1項、21条の15第3項、21条の16第4項）
	外国税額控除	外国において相続税に該当する税が課された場合の調整（相法20条の2）
相続人の属性に応じた控除	配偶者の税額控除	法定相続分相当額と1億6000万円に対応する税額のいずれか大きい金額（相法19条の2）
	未成年控除（相法19条の3）	相続人が未成年者のとき、相続税の額から一定の金額（原則として、10万円×（20歳－相続時の年齢））を差し引くもの
	障害者控除（相法19条の4）	相続人が85歳未満の障害者のとき、相続税の額から一定の金額（原則として10万円ないし20万円×（85歳－相続時の年齢））を差し引くもの
	相次相続控除（相法20条）	相続開始前10年以内に被相続人が相続、遺贈や相続時精算課税に係る贈与によって財産を取得し相続税が課されていた場合、その被相続人から相続、遺贈や相続時精算課税に係る贈与によって財産を取得した人の相続税額から、一定の金額を控除するもの

---

[331] 国税庁ホームページ　タックスアンサーより

3. 相続税の申告手続（概要　相法27条）

(1) まとめ

項　目		内　容
申告義務の有無		・遺産の総額が基礎控除以下の場合、申告義務がない。 ・配偶者の税額軽減規定等により納税額がない場合でも、申告は必要。 ・相続人が意思無能力者であっても相続税の申告義務はある（**最判 H18.7.14**）[332]。
提出期限		・相続の開始があったことを知った日の翌日から10か月目の日（該当日が土曜日・日曜日や祝日の場合は翌営業日） ・包括遺贈の場合、遺産の帰属につき係争中であっても、自己のために包括遺贈のされていること及び遺言者の死亡したことを知った日が起算日になると解される（**東京地判 S47.4.4**）。
申告期限に遺産が未分割の場合の対応→(2)参照		遺産未分割の状態で申告すると、配偶者の税額軽減の特例等は利用できない。遺産分割後に特例等を利用するためには、申告時に「申告期限後3年以内の分割見込書」を提出し、後から修正申告をする必要がある。
提出方法		・相続人全員が共同で提出することも、各自ばらばらに提出することも可能[333]。 ・相続人間に相続財産の範囲や遺贈の効力等につき争いがあり、相続財産の全容が把握できない場合でも、相続財産が基礎控除額を超えることを相続人が認識し得るときは、相続税申告義務を免れない（**大阪高判 H5.11.19**）。
提出場所		原則として被相続人の死亡時における住所地を所管する税務署（相法附則3条）
納付	原　則	・申告書の提出期限までに金銭で納付しなければならない（相法33条、国通法34条）。 ・期限までに納付ができなかった場合は、延滞税の納付義務が発生する（国通法60条）。
	例　外　延納（相法38条〜40条）	・納期限までに金銭で納付することを困難とする事由が必要[334]。 ・原則として担保が必要。 ・延納期間中は利子税が課税される（相法52条）。
	物納（相法41条、42条）	・一定の要件を満たす場合、物納をすることができる。 ・相続税評価額で収納される。 ・物納が認められるケースはそれほど多くはないようである。
事後対応	修正申告	相続税額が申告で確定した税額よりも過大であることが判明した場合に行う申告（国通法19条、相法31条）
	更正の請求	相続税額が申告した税額よりも少ないことが判明した場合、あるいは、申告後の事情により過少になった場合に、減額の更正を求めるもの（国通法23条、相法32条）

（注）同一の被相続人の相続又は遺贈により財産を取得した者は、その相続にかかる相続税について、当該相続等により受けた利益額を限度として、連帯納付義務がある（相法34条）。連帯納付義務は、賦課決定通知書の送達など経ずに当然に成立する（**最判 S55.7.1**）。また、連帯納付義務には、第二次納税義務者のような補充性（本来の納税義務者に滞納処分を執行しても徴収すべき税額に不足すると認められる場合に限りその不足見込額を限度として認められるとするもの）は認められないと解されている（**東京地判 H10.5.28**、**大阪地判 H13.5.25**、**名古屋高金沢支判 H17.9.21**）。

---

[332] 事案としては、意思無能力者に代わって相続税を申告し納付した者の事務管理に基づく費用償還請求につき、原審は棄却したのに対し、判断に違法があるとして破棄差戻したもの
[333] 各自がばらばらに相続税を計算した結果、内容に齟齬が生じる可能性があるため、共通の税理士に依頼し共同で提出するのが穏当であることが多い。
[334] 現金、預貯金その他換価の容易な財産から当面の生活費と個人事業主の当面の運転資金を除いた額は納税したうえで、さらに納税に不足していることが必要とされている（相令12条）。逆にいえば、換価の容易な金融資産等は換価することが原則となる。

(2) 申告期限において遺産分割未了の場合の対応及びデメリット

(ⅰ) 実務対応

申告期限において遺産分割が未了の場合の対応は概要以下のとおり。

時系列	対　応
申告期限（相法55条）	分割されていない財産については、各相続人又は包括受遺者が民法（寄与分を除く。）の規定による相続分又は包括遺贈の割合に従って当該財産を取得したものとしてその課税価格を計算する[335]。なお、当初の申告期間内に相続人間で相続分の譲渡があった場合、遺産分割が未了であっても、その譲渡を受けた分も含めて「相続分」として計算し納税する必要がある（**最判H5.5.28**）。
分割後	・相続税額が増額した者は修正申告 ・相続税額が減額した者は更正の請求 ・新たに申告納税義務が発生した者は期限後申告

(ⅱ) 主なデメリット

申告期限において遺産分割が未了の場合の主なデメリットは以下のとおり。

項　目	内　容
配偶者の税額軽減等の不適用	・配偶者の税額軽減、小規模宅地についての課税価格の特例などについて、申告時に適用を受けることはできない。 ・遺産分割後に、配偶者の税額軽減、小規模宅地についての課税価格の特例などの適用を受けるためには、「申告期限後3年以内の分割見込書」を提出する必要がある。さらに、3年以内に分割できないやむを得ない事情がある場合[336]、3年を経過する日の翌日から2か月以内に所轄税務署長に承認申請書を届出て承認を得れば、3年の期間制限を伸長できる。この場合、分割ができることとなった日[337]の翌日から4か月以内に更正の請求を行うことで、特例の適用を受けることができる（措法69条の4第4項など）。
一時的に納税資金が必要となる	上記のとおり、遺産分割が未了の場合、申告時点では、配偶者の税額軽減、小規模宅地についての課税価格の特例などについて適用を受けることができない。遺産分割後に適用を受けて還付請求することは可能であるが、一時的に納税義務が発生するため、納税資金を準備する必要がある。しかも、遺産分割が未了であるため遺産を納税資金の原資とすることもできない。
相続税の取得費加算の不適用	相続により取得した財産を相続税申告期限の翌日以降3年以内に譲渡した場合、相続税を一定の方法で計算した金額を、取得費に加算することができる（措法39条）。仮に申告期限から3年以内に遺産分割協議がまとまらない場合、かかる適用を受けることができない。
物納ができない	未分割の状態だと物納はできない（相法41条2項）。
延納の担保にならない	延納申請において担保が必要であるが（相法38条）、未分割の相続財産を担保として提供することはできない。

335　なお、負担額が確定していない債務は、法定相続分又は包括遺贈の場合で負担したものとして計算する（相法13条1項）。

336　具体的な基準は、相令4条の2第1項、相基通19の2-15に規定されている。

337　分割ができることとなった日は、実務上以下のように扱われているようである（税経通信2017年4月号62頁~65頁「未分割状態が解消した場合の取扱いと留意点」門田荘平）。

協議による分割	遺産分割協議書を作成し、署名押印した日
調停による分割	合意が成立した日（調整調書が作成された日や送達された日ではない）
審判による分割	審判が確定した日（審判の告知を受けた日の翌日から2週間を経過した日）
訴訟による分割	高等裁判所決定の告知日

第2章 贈与税

1. 贈与税の概要

(1) 暦年課税の概要（相法21条）

控除（非課税枠）	年間で贈与を受けた金額が基礎控除額（110万円）を超える部分が課税対象となる[338]。
税率	10%～55%→3参照
申告、納付	前年1月1日から12月31日までの贈与につき、翌年の2月1日から3月15日までの間に申告書を提出して、かつ3月15日までに贈与税を一括納付する（相法28条、相法33条、通則法35条）。 なお、年間で贈与を受けた金額が基礎控除（110万円）に満たない場合は申告不要。

(2) 対象となる贈与

財産の取得が相続税法にいう「贈与」に当たるか否かは、民法における贈与と同様に当事者の意図によって定められるべきものであり、権利の不存在確認、放棄を条件（対価）として受領した金員は「贈与」に当たらないと解される（**大阪地判S52.7.26**）。

また、以下のものは贈与税がかからない[339]。

法人からの贈与により取得した財産（所得税がかかる）
夫婦や親子、兄弟姉妹などの扶養義務者から生活費や教育費に充てるために取得した財産で、通常必要と認められるもの[340]
宗教、慈善、学術その他公益を目的とする事業を行う一定の者が取得した財産で、その公益を目的とする事業に使われることが確実なもの
奨学金の支給を目的とする特定公益信託や財務大臣の指定した特定公益信託から交付される金品で一定の要件に当てはまるもの
特定障害者扶養信託契約に基づく信託受益権[341]
個人から受ける香典、花輪代、年末年始の贈答、祝物又は見舞いなどのための金品で、社会通念上相当と認められるもの
直系尊属から贈与を受けた住宅取得等資金、教育資金、結婚・子育て資金のうち一定の要件を満たすものとして、贈与税の課税価格に算入されなかったもの

---

338 相続財産を取得しなかった人が、相続があった同年中に被相続人から生前贈与により取得した財産は、相続税ではなく贈与税の対象となる。
339 国税庁ホームページより
340 ここでいう生活費は、その人にとって通常の日常生活に必要な費用をいい、また、教育費とは、学費や教材費、文具費などをいう。なお、生活費や教育費の名目で贈与を受けた場合であっても、それを預金したり株式や不動産などの買入資金に充てている場合には贈与税がかかる。
341 国内に居住する特定障害者（特別障害者又は特別障害者以外で精神上の障害により事理を弁識する能力を欠く常況にあるなどその他の精神に障害がある者として一定の要件に当てはまる人）が特定障害者扶養信託契約に基づいて信託受益権を贈与により取得した場合には、その信託の際に「障害者非課税信託申告書」を信託会社などの営業所を経由して特定障害者の納税地の所轄税務署長に提出することにより、信託受益権の価額（信託財産の価額）のうち、6,000万円（特別障害者以外の者は3,000万円）までの金額に相当する部分については贈与税がかからない。

(3) 暦年課税制度と相続時精算課税制度の比較

贈与税には、暦年課税制度以外に、相続時精算課税制度が準備されている。両者の比較は以下のとおりであるが、相続時精算課税制度はデメリットも多く、利用されるのは①将来値上がりする可能性が高い資産を早期に贈与することにより相続税の負担が減らせる場合、②収益物件を贈与する場合（贈与後の収益は、相続財産とならないため）などに限られるものと考えられる。

項 目	暦年課税制度 （相法21条～21条の8）	相続時精算課税制度 （相法21条の9～21条の18）
概 要	暦年（1月1日から12月31日までの1年間）毎に、贈与額に対して課税する制度	贈与時には軽減された贈与税となり、相続時に相続税で精算する。
対象となる贈与	制限なし	60歳以上の親から20歳以上の推定相続人[342] に対する贈与のみ
届 出	不要	選択の届出が必要[343]
控除（非課税枠）	基礎控除額110万円（贈与を受ける人毎に）	2500万円（限度額まで複数年で使用ができる）
税 率	10%～55%	20%
相続時の対応	・相続開始前3年以内の贈与を除き、相続税とは無関係 ・相続開始前3年以内に支払った贈与税額は相続税額から控除される。 ・相続放棄をすれば相続税を納付する義務はなくなる。	・相続時に全額を精算する。 ・贈与財産は贈与時の時価で計算されるため、贈与時以降の時価の変動は贈与税額に影響しない[344]。 ・支払った贈与税額は相続税額から控除される。 ・相続放棄をしても相続税を納付する義務は残る。
主なデメリット	・非課税枠が小さい。 ・累進課税で、多額の贈与を行うと税率が高い。	・少額の贈与でも毎年申告が必要 ・一度選択すると暦年課税に戻れない。 ・贈与されたものが値下がりした場合、節税の目的に反することになる。

2. みなし贈与

(1) まとめ

法律上の贈与には当たらないものについても、実質的には贈与といえる場合には贈与税が課される。

具体的には、以下のものが、みなし贈与財産として贈与税の対象となる（主なもののみ）。

区 分	贈与者	受贈者	みなし贈与額
生命保険金（相法5条）	保険料の負担者	保険金受取人	贈与者の保険料に対応する保険金部分 相基通5-1以下に指針がある。

---

342 推定相続人とは相続が開始した場合に相続人となるべき者（892条）をいう。子が死亡している場合は20歳以上の孫でも可能。
343 選択に係る最初の贈与を受けた年の申告書提出期間（2月1日から3月15日までの間）に、届出書及び必要書類を提出する。一度選択すると、相続時まで継続適用され暦年課税には変更できなず（相法21条の9第6項）、届出以降の当該贈与者からの贈与はすべて相続時精算課税制度の対象となる（相法21条の9第2項）。
344 よって、株式評価が低いうちに贈与をすれば、贈与後の時価評価の上昇分相続税をおさえることができる。逆に、贈与後に時価評価が下がっても、相続税は贈与時の時価で計算されることになる。なお、贈与時の時価で計算されるのは、あくまでも相続税計算だけであり、遺留分の計算上は相続開始時で計算される（**最判S51.3.18**）。

定期金（相法6条1項）	掛金等の負担者	定期金受取人	贈与者の掛金等に対応する定期金部分 相基通6-1以下に指針がある。
低額譲渡（相法7条）	譲渡者	譲受人	時価と譲渡価格の差額 相基通7-1以下に指針がある。→(2)参照
債務免除等（相法8条）	債権者	債務者	債務免除額 相基通8-1以下に指針がある。
信託に関する権利（相法9条の2～6）	委託者	受益者等	信託に関する権利 相基通9の2～9の5に指針がある。
その他の経済的利益（相法9条）	・対価を支払わないで、又は著しく低い価額の対価で利益を受けた場合においては、当該利益を受けた時において、当該利益を受けた者が、当該利益を受けた時における当該利益の価額に相当する金額（対価の支払があった場合には、その価額を控除した金額）を当該利益を受けさせた者から贈与（当該行為が遺言によりなされた場合には、遺贈）により取得したものとみなされる。 ・相基通9-1以下に具体例や指針がある。 ・多くの裁判例がある→(3)参照			

(2) 低額譲渡（相法7条）に関連する裁判例

	裁判例	概　要
肯定例	仙台地判 H3.11.12[345]	同族会社甲社の代表者Xが従業員Aから甲社株式を額面で取得したことにつき、純資産価額方式によって株式の時価を評価し、額面額との差額が低額譲渡にあたるとされた事例
	横浜地判 S57.7.28[346]	不動産の譲渡が、相続評価額の2分の1を若干上回る金額でされた場合、みなし贈与になるか否かが争われた事案で「同条にいう著しく低い価額の対価に該当するか否かは、当該財産の譲受の事情、当該譲受の対価、当該譲受に係る財産の市場価額、当該財産の相続税評価額などを勘案して社会通念に従い判断すべきものと解するのが相当である。」として、みなし贈与にあたるとした。
否定例	東京地判 H19.8.23	親族間が相続評価額で行った売買につき、「『著しく低い価額』の対価とは、その対価に経済合理性のないことが明らかな場合をいうものと解され、その判定は、個々の財産の譲渡ごとに、当該財産の種類、性質、その取引価額の決まり方、その取引の実情等を勘案して、社会通念に従い、時価と当該譲渡の対価との開差が著しいか否かによって行うべきである。……相続税評価額と同水準の価額かそれ以上の価額を対価として土地の譲渡が行われた場合は、原則として『著しく低い価額』の対価による譲渡ということはできず、例外として、何らかの事情により当該土地の相続税評価額が時価の80パーセントよりも低くなっており、それが明らかであると認められる場合に限って、『著しく低い価額』の対価による譲渡になり得ると解すべきである。もっとも、その例外の場合でも、さらに、当該対価と時価との開差が著しいか否かを個別に検討する必要があることはいうまでもない」としてみなし贈与にあたらないとした。

　上記以外に、少々複雑な事案として、**東京地判H13.2.15**などがある。また、低額譲渡であるとして贈与税の決定処分があった後に、法定申告期間経過後に売買契約の錯誤無効は主張できないとした裁判例がある（**高松高判H18.2.23**）。

345　同種の事案で、同様の判断がされたものとして、**東京地判H19.1.31**、**大阪高判S62.6.16**がある。
346　**東京高判S58.4.19**で控訴棄却。また、**東京地判S44.12.25**も同旨の判断をしている。

(3) その他の経済的利益（相法9条）に関連する裁判例（いずれもみなし贈与にあたるとされた事例）

(i) 預金の移動

裁判例	概　要
東京地判 H元.10.26	夫A名義の定期預金の満期返戻金を妻X名義の預金としたことにつき、XはAの支払うべき生活費、交際費、医療費等を立て替えて支出してきたから対価を支払わなかったのではないなどとして争ったが、みなし贈与にあたるとした事例
東京地判 H22.10.29	被相続人Aの相続人XがA名義の普通預金口座から引き出された金員の交付を受け自らが発注した建築工事請負契約の代金の一部に充てた行為がみなし贈与に、XがA所有の不動産につき代金50万円で譲り受けたことが低額譲渡にあたるとされた。

(ii) 第三者を介さない利益の移転

裁判例	概　要
大阪地判 S43.11.25	妻Xが夫Aから無償で土地を借り受け、共同住宅を建築してこれを他人に賃貸して賃料収入を得ていることにつき、「Xは本件土地を使用して共同住宅を建築し、これを他人に賃貸して賃料収入を挙げている事実が認められるから夫婦別産制をとるわが法制下においては、Xは、自己の営む事業によって自己の所得をえているのであり、Xは税法上の見地においては独立の経済主体として本件土地を夫Aから借用することによって相当の経済的利益をうけている」としてみなし贈与にあたるとした。
東京高判 S52.7.27	夫Aが妻X名義の家屋につき増改築費用を出捐し、増改築工事をなさしめた場合、当該増改築部分は附合によりXの所有に帰することから、XがAに対し増改築工事に対価を支払っていないときは、みなし贈与にあたるとした。

(iii) 第三者を介した利益移転

裁判例	概　要
東京高判 H9.6.11	甲社が、Aに対し、新株を割り当てることとしたところ、Aは、A名義で子供Xらに新株を引受けさせ、Xらが新株を取得するに至ったことにつき、Aは新株を引受けたとすれば取得するであろう株式の時価とその発行価額との差額に相当する経済的利益を失い、他方、XらはA名義で新株を引受けたことにより何らの対価の支払なくして右の経済的利益を享受したとして、みなし贈与にあたるとした。
大阪地判 S55.5.2[347]	含み資産を有する会社が、増資前の株式の割合とは異なる比率で増資した事案において、「含み資産を有する会社が増資をすれば、旧株式の価額は増資額との割合に応じて稀釈され、新株式の価額が逆に増加することとなるため増資に当たり増資前の株式の割合に応じて新株の引受がなされなかったときは、右新株の全部又は一部を引受けなかった者の財産が、旧株式の価額の稀釈に伴いそれだけ減少する反面、右割合を超えて新株を引受けた者の財産は、それだけ増加するから、後者は前者からその差額分の利益を取得したことと評価しうる。」として、みなし贈与に該当するとした。
最判 H22.7.16	Xは、社団医療法人甲の追加出資を引受けたが、甲の定款には出資の払戻しは甲の財産のうちの運用財産についてのみできる旨及び、払戻等に係る定款の定めの変更はできない旨の条項があるところ運用財産は当時債務超過状態であった。Xはみなし贈与にあたらないと争ったが、本判決は「法令において定款の再度変更を禁止する定めがない中では、このような条項があるからといって、法的に当該変更が不可能になるものではない……。基本財産と運用財産の範囲に係る定めは変更禁止の対象とされていないから、運用財産の範囲が固定的であるともいえない。そうすると、本件においては、本件増資時における定款の定めに基づく出資の権利内容がその後変動しないと客観的に認めるだけの事情はないといわざるを得ず、……本件法人の出資につき、基本財産を含む本件法人の財産全体を基礎として評価通達194－2の定める類似業種比準方式により評価することには、合理性があるというべきである。」として、みなし贈与にあたるとした。

---

347 **大阪高判S56.8.27**で控訴棄却。なお、**最判S38.12.24**も同様の事案で、同様の判断をした控訴審判決に対する納税者側の上告を棄却した。

千葉地判 H10.4.23	同族会社甲社が建物を新築した際に、被相続人Aから乙土地につき無償の借地権を取得したことにより、Aの相続人Xらの甲社に対する出資持分の評価額が無償で増加して、Xらは当該持分評価の増加額相当の利益をAから無償で取得するみなし贈与に該当するとされた。
東京地判 H23.6.3	医療法人甲の社員Aが死亡し社員資格を喪失したことにより、他の社員であったAの相続人Xらの出資(持分)の価額が増加し、Xらは対価を支払わないで利益を受けたとして、みなし贈与にあたるとされた。

(注) なお、納税者がみなし贈与にあたると主張したのに対し、一時所得にあたるとした裁判例がある(**大阪高判 H26.6.18**)。

3. 贈与税率(暦年課税)[348]

(1) 一般贈与財産用(一般税率)

基礎控除後の課税価格	200万円以下	300万円以下	400万円以下	600万円以下	1,000万円以下	1,500万円以下	3,000万円以下	3,000万円超
税率	10%	15%	20%	30%	40%	45%	50%	55%
控除額	—	10万円	25万円	65万円	125万円	175万円	250万円	400万円

(2) 特例贈与財産用(特例税率)

直系尊属(祖父母や父母など)から、その年の1月1日において20歳以上の者(子・孫など)[349]への贈与税の税率表。

基礎控除後の課税価格	200万円以下	400万円以下	600万円以下	1,000万円以下	1,500万円以下	3,000万円以下	4,500万円以下	4,500万円超
税率	10%	15%	20%	30%	40%	45%	50%	55%
控除額	—	10万円	30万円	90万円	190万円	265万円	415万円	640万円

4. 贈与税の主な特例

贈与税の主な特例としては、以下のものが挙げられる。他に、特定障害者扶養信託契約に基づく信託受益権(相法21条の4第1項)、直系尊属からの教育資金の一括贈与(措置法70の2の2)などがある。

項 目	主な要件	特例の内容
夫婦間の居住用不動産等の贈与の特例(相法21条の6)	・婚姻期間が20年以上の夫婦間の贈与 ・居住用不動産又は居住用不動産を取得するための金銭の贈与 ・贈与税の申告	基礎控除110万円+2000万円(まで)が非課税 **改正点** 新法903条4項は、同様の要件で、特別受益の持戻し免除の意思表示の推定規定をおいた。ただし、新法903条の4は金銭の贈与には適用はない。
住宅取得等資金の贈与の特例(措置70条の2)	・直系尊属(=父母、祖父母など)からの住宅取得資金の贈与 ・贈与を受けた年の翌年の3月15日までに贈与資金で自己の居住用家屋の新築、取得、一定の増改築をして居住すること	住宅取得資金のうち一定の金額について非課税

---

348 国税庁ホームページより
349 贈与を受けた年の1月1日現在で20歳以上の直系卑属のこと。

第3章 主な相続税対策

1. 相続税対策の全体像

(1) 相続税対策の検討

検討（時系列）	内　　容
相続税の試算	各相続財産の評価
	相続税総額の計算
節税対策の検討	税制上の非課税枠等を利用した節税対策の検討
	基礎財産額を減らす方法
	法定相続人を増やす方法
納税資金の手当て	各相続人の納税資金の手当て

　なお、上記のような対策の他に、被相続人及び相続人が海外に移住しかつ財産も海外に移転する方法や、一般社団法人等を利用する方法、あるいは遺産管理会社を設立する方法なども考えられるが、少々複雑でもあり、また一般的な方法でもないため、本書では取り上げていない。

(2) 具体的な対策のまとめ

　相続税対策として考えられる、一般的な方法は概要以下のようなものが考えられる。

分　類	方　法	ポイント
税制上の非課税枠等を利用した節税対策	生前贈与の効果的な利用→2参照	贈与税の非課税枠を効率的に利用する。
	死亡保険金の非課税枠の利用	死亡保険金には非課税枠（500万円×法定相続人の数）があるので、それを利用する[350]。
	死亡退職金の非課税枠の利用	死亡退職金には非課税枠（500万円×法定相続人の数）があるので、それを利用する。
	上記以外の税制上の特例の利用	・承継円滑化法上の特例の利用 ・配偶者控除、小規模宅地等の特例の利用など
基礎財産額を減らす方法→(3)参照	相続対象資産の評価の引き下げ	不動産を利用した、相続対象資産の税評価額の引き下げなど
	その他	遊休土地を有する場合には、不動産の有効活用が考えられる。
法定相続人を増やす方法→(4)参照	養子縁組をすることで法定相続人を増やす	相続税の基礎控除、死亡保険金の非課税枠、死亡退職金の非課税枠などの拡大に資する。

(3) 不動産を利用した、相続対象資産の税評価額の引き下げ方

　不動産は相続税評価額と時価が乖離することが一般的であり、かかる乖離を利用して相続税の基礎財産の金額を下げる方法。最近ではタワーマンションを使った方法などもはやっているが、財産評価基本通達に基づく評価によらないことが相当であると認められるような特別の事情がある場合には、財産評価基本通達6（「この通達の定めによって評価することが著しく不適当と認められる財

350　なお、生命保険金を相続税の対象とするためには、被相続人が保険料を負担していることが必要。

産の価額は、国税庁長官の指示を受けて評価する。」）の規定を適用して、税務当局により他の合理的な評価方式による時価の算定がなされる場合もあるので注意が必要。相続開始前３年以内に取得したマンションを購入価額で評価することは、租税法律主義、遡及処罰の禁止及び平等原則に反せず、適法であるとした判例もあり（**最判 H5.10.28**）[351]、特に相続直前で無理に不動産を取得することは否認リスクが高いものと思料される。

(4) 養子縁組をすることで法定相続人を増やす方法

(ⅰ) 前提

相続税法の基礎控除（3000万円＋法定相続人×600万円）の計算上、法定相続人の数は原則として以下の計算式で算定する（相法15条２項）[352]。

相続放棄した者	相続放棄していない者として数に含める。
養　子	被相続人に実子がいる場合　　１名まで数に含める。
	被相続人が実子がいない場合　２名まで数に含める。

(ⅱ) 留意点

養子縁組をすることは、一定の節税効果が認められるが、節税目的だけで行うことは、税務否認リスクがあるだけではなく（相法63条[353]参照）、いたずらに相続人が増えることにより遺産分割協議でもめるなどの可能性もあり、安易に行うべきではないであろう。なお、専ら相続税の節税のために養子縁組をする場合であっても、直ちに当該養子縁組について802条１号にいう「当事者間に縁組をする意思がないとき」に当たるとすることはできないとされている（**最判 H29.1.31**）。

2. 生前贈与の利用

(1) 利用のポイント

贈与税率は相続税率に比較して高いため、生前贈与が相続税対策となる場面は限られるが、以下のような非課税枠などを効果的に利用することで、相続税の負担を軽減することが可能。他に、教育資金の一括贈与の特例などもある。

利用すべき部分	要　件	効　果
夫婦間の居住用不動産贈与の特例	・婚姻期間が20年以上の夫婦の贈与 ・居住用不動産又は居住用不動産を取得するための金銭の贈与 ・贈与税の申告	基礎控除110万円＋2000万円（まで）が非課税 **改正点**　新法903条４項は、同様の要件で、特別受益の持戻し免除の意思表示の推定規定をおいた。

351　旧措法69条の４（相続開始前三年以内に取得した土地又は建物についての相続税の課税価格計算の特例）が設けられる以前の相続にかかる判例であり、参考になると思われる。
352　なお、以下の者は、実子として扱われる（相法15条３項、相令３条の２）。
　　・特別養子縁組（817条の２第１項）により養子となった者
　　・被相続人の配偶者の実子で被相続人の養子となった者
　　・被相続人の実子若しくは養子又はその直系卑属が相続開始前に死亡し、又は相続権を失ったためその者に代わり相続人になったその者の直系卑属（被相続人の孫、曽孫など）
353　相法63条は「養子の数を同項の相続人の数に算入することが、相続税の負担を不当に減少させる結果となると認められる場合においては、税務署長は、相続税についての更正又は決定に際し、税務署長の認めるところにより、当該養子の数を当該相続人の数に算入しないで相続税の課税価格……及び相続税額を計算することができる」とする包括的否認規定を定める。

住宅取得等資金の贈与の特例	・直系尊属（＝父母、祖父母など）からの贈与 ・住宅取得資金の贈与 ・贈与を受けた年の翌年の3月15日までに贈与資金で自己の居住用家屋の新築、取得、一定の増改築をして居住すること	住宅取得資金のうち1500万円までの金額について非課税
暦年課税の非課税枠や税率が低い部分の利用	非課税枠内であれば贈与税の申告は不要であるが、非課税枠を超える場合には贈与税の申告が必要。	暦年課税の贈与税は、110万円までは非課税、その余については一定の税率で課税される。

(2) 具体的な手順

時系列	内　容
贈与対象資産の確定	贈与税の負担、他の相続人との公平感、事業承継目的達成に対する寄与度などを総合的に検討して贈与対象とすべき資産を確定する。
贈与契約の作成	後日トラブルが発生しないように、親族間であっても、贈与契約を作成し、贈与対象資産及び贈与日の特定をしておくべき[354]。
贈与の実行	・不動産であれば、所有権の移転等 ・贈与契約公正証書の作成時期したうえで、贈与税の除斥期間を超える時期に所有権移転登記をしたとしても、贈与税の除斥期間は公正証書作成時でなく登記時から進行すると考えられる（**名古屋高判H10.12.25**）。
贈与税の申告	贈与税が発生しないのであれば申告は不要であるが、あえて申告を要する程度の贈与として、申告書を証拠として残すことも考えられる。

354　なお、書面によらない贈与は取消しが可能である（550条）。

事項別索引

〈あ行〉

遺言執行者 ················ 22、39、60、80、91、105、122、126、129、130、131
　　――の解任 ·· 136
　　――の復任権 ······································ 25、123
遺言能力 ·· 16、111、137
遺言の検認 ·· 22、130
遺言の執行 ·· 22、130
遺言の撤回 ·· 26、115
遺言無効 ·· 53、135、137
遺産管理費用 ·· 53、82、83、91、128
遺産共有 ·· 52、89、90、123
遺産分割 ·· 53
遺産分割協議 ·· 7、51、52、77、106、108
遺贈 ······························· 20、59、60、68、80、101、105、125
一部分割 ·· 8、48、85、86
遺留分の放棄 ·· 100

〈か行〉

家事事件手続法の改正 ·· 45、49
可分債権 ·· 52、80、81
換価分割 ·· 90、142
共同遺言の禁止 ·· 18、114
寄与分 ···························· 6、53、72、84、88、97、125、128
系譜、祭具及び墳墓 ·· 3、52、63、80
限定承認 ·· 11、51、91、103
公正証書遺言 ·· 17、114、119
ゴルフ会員権 ·· 64

〈さ行〉

財産分離 ·· 13
死因贈与 ·· 98、137、141
自筆証書遺言 ·· 16、39、114、116
　　――の保管制度 ··· 39、49
死亡退職金 ·· 52、62、80、145
借地権 ·· 65、69
熟慮期間 ·· 101、102、103
承継円滑化法 ·· 68、100
使用貸借 ·· 65、69、89
生命保険 ·· 52、62、69、80、84、144
葬儀費用 ·· 53、81、83、141、145

〈た行〉

相続回復請求権 ·· 1、109
相続欠格 ···························· 2、37、44、45、53、59、79、125
相続財産から相続開始後に生じた果実 ············· 82、83、90
相続財産管理人 ·· 54、78、91、104
相続財産の管理 ·· 10、91、132
相続時精算課税 ·· 101、142、144、145、146
相続時精算課税制度 ··· 150
相続人の存否不明 ··· 14、54
相続人の廃除 ····················· 3、44、45、53、60、79、122、125、130、134
相続人の範囲 ·· 2、53、58、77
相続の対象 ·· 3、62
相続分の指定 ···················· 46、52、67、72、77、84、95、98、122、123、128、131
相続分の譲渡 ·· 53、90、104、148
相続分の取戻権 ·· 7、104
相続分の放棄 ·· 103
相続放棄 ··········· 10、13、37、44、45、51、53、58、63、79、101、125、129、143、144、150
相続預金 ·· 9、81、123、134

〈た行〉

胎児 ··· 2、58、125
代襲相続 ·· 58、70、72、123、129
代償分割 ·· 89、142
建物賃借権 ·· 65、80
特定遺贈 ························· 16、52、96、123、125、128、134
特定財産承継遺言 ··· 24、34
特別縁故者 ·· 55
特別受益 ·························· 5、33、53、62、68、84、88、94、128
　　――の持戻し免除 ······································· 28、153、155
特別の寄与 ·· 37、44、73
特別方式の遺言 ·· 18、114

〈な行〉

内縁配偶者 ·· 57、65、66

〈は行〉

配偶者居住権 ···················· 27、38、42、59、60、68、70、89、129、141、142
配偶者短期居住権 ·········· 30、38、41、59、60、65、82、91

事項別索引

被後見人 …………………… 10、16、18、61、78、113
被相続人の債務 …………………………… 52、67
秘密証書遺言 ……………………… 17、114、121
不在者財産管理人 ……………………………… 61、78
負担付遺贈 ……………………………… 22、125
包括受遺者 ………………………………………… 78
法定相続分 …………… 5、39、45、48、52、59、67、68、
　　　　　　　　　　　80、84、90、93、105、141
法定単純承認 ………………………………… 10、102

〈ま行〉

未成年者 …………… 61、78、101、113、119、131、146

みなし相続財産 ………………………… 52、101、144
みなし贈与 ………………………………………… 150
無権代理と相続 …………………………………… 66
持戻し免除の意思表示 …………… 38、44、46、68、
　　　　　　　　　　　　　　　　70、94、98、122

〈ら行〉

暦年課税制度 …………………………………… 150

〈わ行〉

割合的包括遺贈 ………… 46、67、77、95、123、125、131

判例年月日別索引

〈昭和 4 年〉
大判 S4.6.22 ··· 94

〈昭和 5 年〉
大判 S5.6.16 ··· 24、133
大決 S5.12.4 ··· 80

〈昭和 11 年〉
大判 S11.6.17 ·· 94

〈昭和 13 年〉
大判 S13.12.14 ·· 62

〈昭和 29 年〉
最判 S29.4.8 ································ 9、52、80、81
最判 S29.10.7 ·· 66
最判 S29.12.24 ··· 101

〈昭和 30 年〉
最判 S30.5.10 ·· 25
最判 S30.5.31 ·· 90

〈昭和 31 年〉
最判 S31.9.18 ·· 135、137
最判 S31.10.4 ··· 137

〈昭和 34 年〉
最判 S34.6.19 ·· 67、80

〈昭和 35 年〉
最判 S35.7.19 ·· 34、95

〈昭和 36 年〉
最判 S36.6.22 ·· 118

〈昭和 37 年〉
最判 S37.4.20 ·· 66
最判 S37.4.27 ·· 58
最判 S37.5.29 ·· 118
最判 S37.6.8 ··· 120
最判 S37.6.21 ·· 102
最判 S37.11.9 ·· 67

〈昭和 38 年〉
最判 S38.2.22 ·· 105、106

〈昭和 39 年〉
最判 S39.2.25 ·· 91
最判 S39.3.6 ························· 4、24、105、106、127
最判 S39.10.13 ·· 66

〈昭和 40 年〉
最判 S40.2.2 ··· 63
最判 S40.6.18 ·· 66

〈昭和 41 年〉
最決 S41.3.2 ·· 54、77、88
最判 S41.5.19 ······································· 29、31、91
最判 S41.7.14 ································ 46、47、95、99

〈昭和 42 年〉
最判 S42.4.27 ·· 102
最判 S42.11.1 ·· 62

〈昭和 43 年〉
最判 S43.5.31 ······························· 23、126、132、135
最判 S43.12.20 ······································ 120、133
最判 S43.12.24 ··· 116

〈昭和 46 年〉
最判 S46.1.26 ·· 105、106

〈昭和 47 年〉
最判 S47.2.15 ·· 53、137
最判 S47.12.26 ··· 145

〈昭和 48 年〉
最判 S48.4.24 ··· 79、108
最判 S48.7.3 ·· 66

〈昭和 49 年〉
最判 S49.4.26 ·· 127
最判 S49.9.20 ·· 101
最判 S49.12.24 ··· 118

〈昭和 50 年〉
最判 S50.11.7 ·· 105

〈昭和 51 年〉
最判 S51.1.1 ··· 119
最判 S51.3.18 ······························· 68、85、94、99、150
最判 S51.7.19 ·· 135、137
最判 S51.8.30 ·· 34、99

159

判例年月日別索引

〈昭和52年〉
最判 S52.4.19 …………………………………… 117
最判 S52.9.19 …………………………………… 7、82
最判 S52.11.21 ………………………………… 117
最判 S52.11.29 ………………………………… 118

〈昭和53年〉
最判 S53.6.16 …………………………………… 64
最判 S53.7.13 …………………………………… 90、104
最判 S53.12.20 ………………………………… 107、109

〈昭和54年〉
最判 S54.2.22 …………………………………… 7、82
最判 S54.5.31 …………………………………… 118
最判 S54.7.5 …………………………………… 119
最判 S54.7.10 …………………………………… 99

〈昭和55年〉
最判 S55.7.1 …………………………………… 147
最判 S55.11.27 ………………………………… 63、69
最判 S55.12.4 …………………………………… 119

〈昭和56年〉
最判 S56.4.3 …………………………………… 59
最判 S56.9.11 …………………………………… 53、115、137
最判 S56.11.13 ………………………………… 116

〈昭和57年〉
最判 S57.3.4 …………………………………… 47、96、99
最判 S57.11.12 ………………………………… 96

〈昭和58年〉
最判 S58.3.18 …………………………………… 138
最判 S58.10.14 ………………………………… 63

〈昭和59年〉
最判 S59.4.27 …………………………………… 102

〈昭和60年〉
最判 S60.1.31 …………………………………… 63

〈昭和61年〉
最判 S61.3.13 …………………………………… 7、53、90
最判 S61.3.20 …………………………………… 103
最判 S61.11.20 ………………………………… 126

〈昭和62年〉
最判 S62.3.3 …………………………………… 63、69
最判 S62.4.23 …………………………………… 24、105、106、127、133
最判 S62.9.4 …………………………………… 90
最判 S62.10.8 …………………………………… 116、117

〈平成元年〉
最判 H元.2.9 …………………………………… 108
最判 H元.2.16 ………………………………… 118
最判 H元.3.28 ………………………………… 53
最判 H元.7.18 ………………………………… 64
最判 H元.11.24 ………………………………… 55

〈平成2年〉
最判 H2.9.27 …………………………………… 108
最判 H2.10.18 ………………………………… 65
最判 H2.12.4 …………………………………… 92

〈平成3年〉
最判 H3.2.19 …………………………………… 92
最判 H3.4.19 …………………………………… 27、52、123、128、131

〈平成4年〉
最判 H4.4.10 …………………………………… 79
最判 H4.9.22 …………………………………… 54

〈平成5年〉
最判 H5.1.19 …………………………………… 138
最判 H5.1.21 …………………………………… 66
最判 H5.5.28 …………………………………… 104、148
最判 H5.7.19 …………………………………… 106
最判 H5.9.7 …………………………………… 63
最判 H5.10.19 ………………………………… 115、117
最判 H5.10.28 ………………………………… 155
最判 H5.12.16 ………………………………… 78、107

〈平成6年〉
最判 H6.6.24 …………………………………… 118
最判 H6.7.18 …………………………………… 63
最判 H6.10.13 ………………………………… 137
最判 H6.12.16 ………………………………… 59

〈平成7年〉
最判 H7.1.24 …………………………………… 24、129、131、134、135
最判 H7.3.7 …………………………………… 53、71、88
最判 H7.6.9 …………………………………… 96
最判 H7.12.5 …………………………………… 109

〈平成8年〉
最判 H8.1.26 …………………………………… 46、96、123、128
最判 H8.11.26 ………………………………… 47、94、97
最判 H8.12.17 ………………………………… 30、65、91

〈平成9年〉
最判 H9.1.28 …………………………………… 59、92
最判 H9.3.14 …………………………………… 53
最判 H9.5.27 …………………………………… 64

最判 H9.11.13 ··· *115*

〈平成 10 年〉

最判 H10.2.13 ··· *103*
最判 H10.2.26 ······································ *35、47、66、98*
最判 H10.2.27 ··· *135*
最判 H10.3.10 ·· *47、99*
最判 H10.3.13 ··· *119*
最判 H10.3.24 ································· *33、46、91、94、98*
最判 H10.6.11 ·· *95*

〈平成 11 年〉

最判 H11.1.21 ·· *55、104*
最判 H11.6.11 ······································· *101、108、137*
最判 H11.6.24 ·· *99*
最判 H11.7.19 ··· *109*
最判 H11.12.16 ································· *129、131、134、135*

〈平成 12 年〉

最判 H12.2.24 ·· *53、88*
最決 H12.3.10 ·· *58*
最判 H12.7.11 ·· *47、89、98、99*
最決 H12.9.7 ··· *89*

〈平成 13 年〉

最判 H13.3.13 ··· *138*
最判 H13.3.27 ·· *113、119、121*
最判 H13.7.10 ·· *78、104*
最判 H13.11.22 ··· *45、95*

〈平成 14 年〉

最判 H14.6.10 ································· *4、105、106、127、129*
最判 H14.9.24 ··· *121*
最判 H14.11.5 ·· *98*

〈平成 15 年〉

最判 H15.11.13 ··· *88*

〈平成 16 年〉

最判 H16.4.20 ·· *81*
最判 H16.7.6 ··· *53*
最決 H16.10.29 ··· *62、69*

〈平成 17 年〉

最判 H17.7.22 ··· *139*
最判 H17.9.8 ·· *52、82、90*

〈平成 18 年〉

最判 H18.7.14 ··· *147*

〈平成 20 年〉

最判 H20.1.24 ·· *99*

〈平成 21 年〉

最判 H21.1.22 ·· *84*
最判 H21.3.24 ································· *5、47、52、67、97、128*
最判 H21.12.10 ·· *142*
最判 H21.12.18 ·· *46、96、99*

〈平成 22 年〉

最判 H22.3.16 ·· *53*
最判 H22.7.6 ·· *145*
最判 H22.7.16 ··· *152*
最判 H22.10.8 ·· *81*
最判 H22.10.15 ·· *144*

〈平成 23 年〉

最判 H23.2.22 ·· *123、129*

〈平成 24 年〉

最決 H24.1.26 ·· *46、94、98*

〈平成 25 年〉

最決 H25.9.4 ··· *58*
最判 H25.11.29 ··· *89*

〈平成 26 年〉

最判 H26.2.14 ·· *78、104*
最判 H26.2.25 ·· *80*
最判 H26.3.14 ·· *96*
最判 H26.12.12 ··· *80*

〈平成 27 年〉

最判 H27.2.19 ·· *92*
最判 H27.11.20 ·· *115*

〈平成 28 年〉

最判 H28.2.26 ··· *107*
最判 H28.6.3 ·· *118*
最決 H28.12.19 ································· *9、48、52、80、81*

〈平成 29 年〉

最判 H29.1.31 ··· *155*
最判 H29.4.6 ·· *9、48、81*

〈平成 30 年〉

最判 H30.10.19 ··· *69*

【著者】

古川 和典（ふるかわ・かずのり）
弁護士（東京弁護士会）・公認会計士

【略歴】

慶應義塾大学経済学部卒業

平成元年
　　～15年　　大手信託銀行勤務

平成16年　　公認会計士登録
　　　　　　弁護士登録（第57期）
　　　　　　シティユーワ法律事務所入所

【主な取扱分野】

・倒産関連処理　　　　・相続及び事業承継
・会社法関連　　　　　・その他一般企業法務
・信託及び不動産関連法

動画配信サービスのご案内

改正のポイントや本書に記載している表の見方などについて、著者がご説明する動画を視聴できます。

①ご使用のPC等から、下記のURL（又はQRコード）へアクセスします。
②「購読者専用Webサイト」の案内に従って会員登録をしてください。
③会員登録したアドレスにお送りしたパスワードで、購読者専用ログインページから動画が視聴できます。

https://shop.gyosei.jp/contents/LGP/data.php?c=kaisou_login

※動画配信については、一定期間経過後サービスを終了することがございます。

新旧比較と留意点でわかる
表解 改正相続法実務ハンドブック

平成31年4月20日　第1刷発行
令和元年8月10日　第3刷発行

　著　者　古川　和典
　発　行　株式会社ぎょうせい

〒136-8575　東京都江東区新木場1-18-11
電話　編集　03-6892-6508
　　　営業　03-6892-6666
フリーコール　0120-953-431

〈検印省略〉　URL：https://gyosei.jp

印刷　ぎょうせいデジタル㈱　©2019 Printed in Japan.　禁無断転載・複製

※乱丁・落丁本はお取り替えいたします。

ISBN978-4-324-10636-5
(5108503-00-000)
〔略号：改正相続ブック〕